能登中世城郭図面集

平成27年8月

佐伯哲也

目　次

◎ 本書の概要説明

Ｉ．城館遺構

珠洲市
1．飯田城・・・・・2
2．正院川尻城・・・4
3．黒峰城・・・・・6
4．萩城・・・・・・8
5．見鳥城・・・・10
6．小太郎城・・・11
7．馬緤砦・・・・12
8．寺家物見砦・・13
9．黒丸城・・・・14

輪島市
10．渡合城・・・・15
11．南志見城・・・16
12．城あのづこ城・・19
13．安代原城・・・20
14．道下城・・・・21
15．鶴山砦・・・・22
16．是清城・・・・23
17．馬場城・・・・24
18．荒屋城・・・・26

能登町
19．立壁城・・・・27
20．松波城・・・・28
21．背継城・・・・30
22．越坂城・・・・32
23．左近田城・・・33
24．米山城・・・・34
25．棚木城・・・・36
26．大峰山城・・・38
27．鵜川館・・・・41

志賀町
28．笹波砦・・・・42
29．寺尾城・・・・43
30．大福寺砦・・・44
31．根尾御前山砦・45
32．村松砦・・・・46
33．木尾嶽城・・・47
34．富来城・・・・48

35．得田氏館・・・49
36．館開城・・・・50
37．石田館・・・・52
38．青谷城・・・・53
39．末吉城・・・・54
40．平式部館・・・56
41．土田城・・・・57

穴水町
42．甲山城・・・・58
43．丸山城・・・・60
44．下唐川砦・・・81
45．穴水城・・・・62

七尾市
46．西谷内城・・・64
47．熊木城・・・・66
48．枡形山城・・・68
49．町屋砦・・・・69
50．幾保比城・・・70
51．田鶴浜館・・・72
52．曲松城・・・・74
53．高田館・・・・75
54．二穴城・・・・76
55．野崎城・・・・77
56．向田城・・・・78
57．鰀目城・・・・80
58．古府枡形砦・・81
59．八田城ヶ峰砦・82
60．大泊後藤山砦・83
61．小丸山城・・・84
62．七尾城・・・・86
63．七尾城物見台遺構・・・122
64．七尾城展望台遺構・・・123
65．七尾城古府谷山支群・・124
66．七尾城古城新薮北支群・126
67．七尾城矢田砦・・・・128

中能登町
68．多茂城・・・・129

69. 石動山城・・・130
70. 石動山多根道砦・・・132
71. 石動山平沢道2砦・・133
72. 石動山長坂道砦・・・134
73. 石動山大窪道1砦・・136
74. 石動山大窪道2砦・・139
75. 石動山大窪道3砦・・140
76. 石動山二宮道1砦・・141
77. 石動山二宮道2砦・・142
78. 石動山荒山道砦・・・142
79. 小柴峠砦・・・144
80. 徳前砦・・・・145
81. 荒山城・・・・146
82. 石場山城・・・148
83. 勝山城・・・・150
84. 春木斎藤館・・・153
85. 徳丸城・・・・154
86. 金丸城・・・・156

羽咋市
87. 福水館・・・・158
88. 芝原将監館・・・160

宝達志水町
89. 菅原館・・・・161
90. 三日城・・・・162
91. 棚懸城・・・・163
92. 末森城・・・・164
93. 国田城・・・・173
94. 坪山砦・・・・174
95. 御舘館・・・・176

II. 城館関連遺構
96. 七尾城小池川原丸山支群・・180
97. 七尾城古城新薮南支群・・・180
98. 七尾城妙国寺伝承地・・・182
99. 七尾城蔵屋敷・・・・・・183
100. 七尾城矢田鉄砲山遺構・・・184

III. 城館候補遺構
101. 皆月城・・・・186
102. 館山砦・・・・187
103. 神和住城・・・188
104. 陣ヶ平砦・・・190
105. 石動山大御前遺構・・191
106. 石動山平沢道1砦・・192

107. 三日東城・・・・193

IV. 城館類似遺構
108. 城ヶ谷内城・・・・196
109. 虫ヶ峰山頂遺構・・・197
110. 高爪山山頂遺構・・・198
111. 西浦千ノ浦土塁遺構・・199
112. 小彦名神社遺跡・・・200
113. 牧山の陣1・・・・201
114. 牧山の陣2・・・・202
115. 牧山の陣3・・・・203
116. 赤蔵神社奥院遺構・・204
117. 東嶺寺墓所・・・・205
118. 伊掛山堀切状遺構・・206
119. 原大御前堀切状遺構・・207

V. 特別論文
・・・・209〜213

VI. 位置図
・・・・215〜264

VII. 能登中世城郭一覧表・・265〜272

あとがき・・・・・・・273

◎本書の概要説明

1．本書は旧能登国（珠洲市・輪島市・能登町・穴水町・志賀町・七尾市・中能登町・羽咋市・宝達志水町）の城館を対象とした。

2．本書は下記の通り4部構成とした。
　①城館遺構　　　：城館と断定できる遺構。
　②城館関連遺構：城館本体から遠距離に位置し、それ本体では城館とは断定できないもの。「城主屋敷」や「大手門」と称されているもの等を言う。
　③城館候補遺構：断定はできないが、城館の可能性を残しているもの。
　④城館類似遺構：城館遺構に似ているが、城館とは別の遺構のもの。猪垣や水田・畑跡・塚などの場合が多い。全く見当がつかないものも、これに含めた。

3．本書に記載する城館は、遺構がある程度確認でき、平面図（縄張図）が作成できる城館のみとした。従って伝承が残っていても、遺構が存在しないものについては記載していない。ただし遺構が破壊されていても、破壊前に筆者が縄張図を作成していたり、地籍図等により復元が可能なものは記載した。

4．本書に記載する城館は、鎌倉時代以降に築城され、慶長20年(1615)以前に廃城になった中世城館を対象としている。

5．本書は現況における詳細な平面図（縄張図）作成を第一義としている。従って伝説伝承・文献史料・発掘調査の成果は、必要最小限の記載、あるいは省略しているケースがある。

6．各項目の①～⑩の記載内容は下記の通りである。年代を絞り込むことができないものについては、世紀毎の単位で示した。また一部推定を含むものもある。複数の所在地に亘って存在しているものについては、代表的な所在地についてのみ記載した。
　①所在地　②別称　③築城年代　④主要年代　⑤廃城年代　⑥主な城主　⑦形式　⑧現存遺構　⑨規模　⑩標高・比高　⑪位置図番号

7．本書で扱う史料の概説
①能登志徴
　加賀藩士森田柿園の未定稿であったものを、子の外与吉が昭和12年（昭和13年という説もある）にまとめたもの。以下、本稿において出版年・著者は省略する。
②珠洲郡誌
　1923年に珠洲郡役所が出版。以下、本稿において出版年・著者は省略する。
③鳳至郡誌
　1923年に鳳至郡役所が出版。以下、本稿において出版年・著者は省略する。
④鹿島郡誌
　1928年に鹿島郡自治会が出版。以下、本稿において出版年・著者は省略する。

⑤羽咋郡誌
　1917年に羽咋郡役所が出版。以下、本稿において出版年・著者は省略する。
⑥越登加賀三州志故墟考
　加賀藩の歴史学者富田景周が執筆し、寛政13年(1801)に成立。故墟考と略す。
⑦長家家譜
　特に注記しないかぎり、『新修七尾市史7 七尾城編』(2006 七尾市)所収のものを使用し、出典は省略する。
⑧『新修七尾市史7 七尾城編』(2006年七尾市)所収の史料は『七尾市史七尾城編第○章 000』と記述する。
⑨『新修七尾市史3 武士編』(2001 七尾市)所収の史料は『七尾市史武士編第○章 000』と記述する。
⑩加能史料南北朝1～3・室町1～4・戦国1～12（1993～2014 石川県）所収の史料は『加能史料南北朝○○』『加能史料室町○○』『加能史料戦国○○』と記述する。
⑪『上越市史別編1 上杉氏文書集一』(2003 上越市)所収の史料は、『上杉氏文書集一 000』と略す。

8．巻末の位置図は、方位は上が北、縮尺は1/25,000を使用した。

9．筆者は平面図（縄張図）作成は、城館研究における重要な作業の一つと思っている。現況における詳細な姿を平面図作成によって一般に周知し、そのことによって城館を不慮の開発から守り、城館が地域史解明の遺跡として活用されることを切に願う次第である。

Ⅰ. 城館遺構

1. 飯田城（いいだじょう）

①珠洲市飯田　②−　③16世紀　④16世紀後半　⑤16世紀末　⑥飯田与三右衛門　⑦山城
⑧削平地・切岸・土塁・堀切・畝状空堀群　⑨240m×130m　⑩標高49m、比高45m　⑪4

　通称城山山頂に位置する。飯田湾沿岸を通る内浦街道と、奥能登山岳地帯を走る若山街道が交差する場所に選地する交通の要衝でもある。飯田城が位置する若山荘は、摂関家九条氏が領有する荘園として古くから開けていた。
　故墟考では飯田城と正院川尻城を同一としているが、明らかに別城である。飯田城の城主と伝えられている長与一景連は、正院川尻城の城主として考えるべきであろう。
　飯田城の城主として、飯田与三右衛門長家が伝えられている。長家はかつて在地土豪とされてきたが、近年の研究では越後国頸城郡夷守郷などを領有していた飯田与七郎の同族と考えられている。謙信に従って奥能登へ従軍し、奥能登制圧とともに飯田城周辺の土地を与えられたのであろう。上杉謙信知行覚（七尾市史七尾城編第4章56）により、天正5年(1577)3月に謙信から珠洲郡小伯（泊）・伏見・細谷（屋）の地を与えられていることが確認できる。いずれも飯田城の東部に現存する集落名である。従って天正5年における長家の飯田城在城は確実と言える。
　長家は天正6年謙信死去後も上杉（景勝）氏に服属し、天正7〜8年の間に景勝に年頭の祝詞や太刀などを送っている（七尾市史七尾城編第6章57・58・64・79）。天正7年8月頃七尾城将鯵坂長実が七尾城から追放され、上杉氏による七尾城支配が終了しても、奥能登は上杉方だったようである。しかし長家は天正8年閏3月上条政繁書状（七尾市史七尾城編第6章81）を最後に上杉方との交流が途絶える。天正8年6月長連龍が菱脇の戦いで温井・三宅兄弟を破り、能登における織田勢力が確立したことにより、上杉方として存続できなくなったのであろう。長家は越後へ移住し、飯田城は廃城になったと考えられるが、確証はない。
　主郭は城内最高所のA曲輪。ほぼ中央に位置する方形の高まり①・②は、かつて古墳だった可能性がある。恐らく古墳をそのまま櫓台として使用したのであろう。主郭の周囲には、高さ4〜14mの鋭角の高切岸が巡らされ、敵軍の攻撃を遮断している。下部の腰曲輪と主郭とを繋ぐ虎口は、⑦地点と考えられる。単純な平虎口だが、敵軍の進攻速度を減速する坂虎口で、しかも虎口⑦に入る前に長時間主郭からの横矢が効くようになっている。つまり多大な犠牲を被らなければ敵軍は虎口⑦にたどり着けないのである。
　主郭A一段下がった南東側にB曲輪を設けている。主郭AとB曲輪の間は、高さ4mの切岸により遮断されており、通路は設定されていない。恐らく当時は階段のようなものを切岸に設置してB曲輪から窪地③に入り、主郭Aに入ったのであろう。B曲輪から南側に伸びる尾根には、堀切④・⑤・⑥を設けて敵軍の攻撃を遮断し、さらに城内側に土塁や櫓台を設けて防御力を増強している。尾根上に設けられた曲輪は、C谷から攻め上ってくる敵軍を監視しており、また、B曲輪はC谷や尾根から進攻する敵軍を食い止め、主郭Aを保護する重要な役割を果たしている。
　飯田城の弱点は北側の尾根続きにあるため、こちらに防御施設が集中している。まず尾根続きを堀切⑧で遮断している。堀切⑧を乗り越えた敵軍は、主郭Aの切岸によって行く手を阻まれ、東西に分かれて腰曲輪を進むことになる。腰曲輪には能登半島では珍しい畝状空堀群を設けている。畝状空堀群とは畑の畝のように平坦面を凸凹に加工したもので、敵軍の進攻速度を鈍らせるために設けられた防御施設である。主郭Aには城兵が待機しており、進攻速度が鈍ったため敵兵に対して弓矢を浴びせたと考えられる。敵兵は進攻速度が鈍っているため弓矢の命中率は高まり、死傷率も格段に高まったことであろう。敵軍は多大の損害を被って虎口③・⑦にたどり着き、主郭Aに入らなければ成らないのである。ただし虎口そのものは平虎口であり、枡形虎口にまで発達していない。
　奥能登における畝状空堀群は飯田城の他に、萩城・黒峰城（いずれも珠洲市）に見られるのみである。畝状空堀群は上杉氏城郭で多用されていることを考えれば、飯田長家が在城した天正5〜8年頃に長家が飯田城を改修し、その時に畝状空堀群を構築したという仮説が立てられよう。

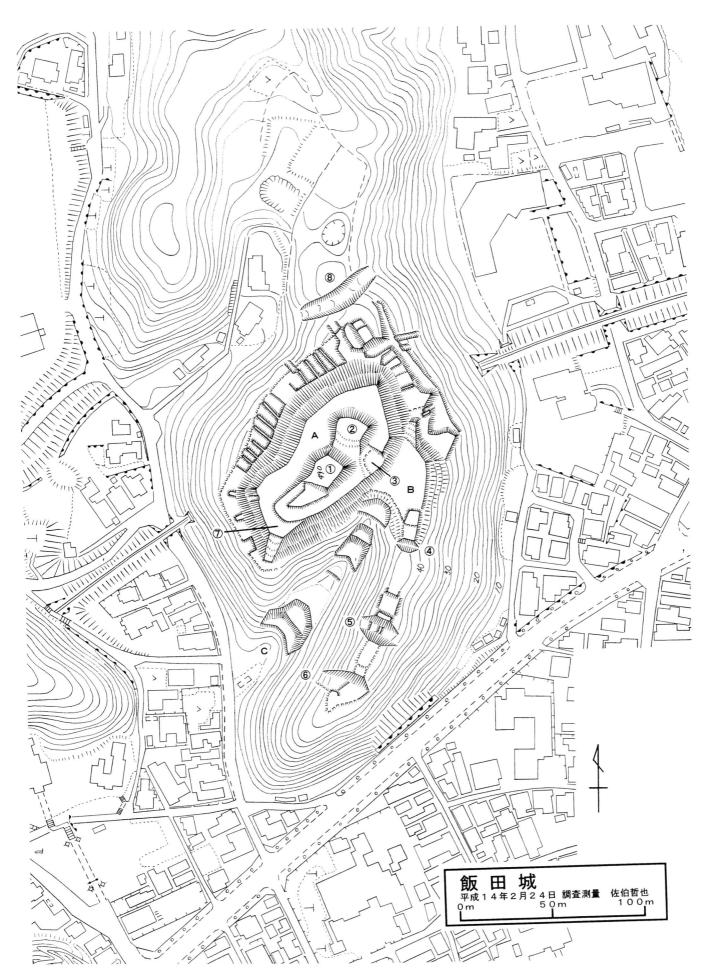

飯田城
平成14年2月24日 調査測量 佐伯哲也

2. 正院川尻城 （しょういんかわしりじょう）

①珠洲市正院町川尻　②稲荷山要害・黒滝城　③室町時代　④16世紀後半　⑤16世紀後半
⑥長川尻氏・長与一景連　⑦台地城郭　⑧削平地・横堀・切岸　⑨ 440m × 230m
⑩標高33.2m　比高30m　⑪3

　飯田湾岸沿いを走る内浦街道が城跡南直下を走る交通の要衝である。故墟考では飯田城と正院川尻城を同一の城郭としているが、勿論別城である。能登の有力国人だった長川尻氏は、正院郷川尻村を本貫地としており、長享元年(1487)室町幕府の奉公衆として見える。従って室町時代に長川尻氏によって正院川尻城は築城された可能性が高い。

　故墟考によれば、天正4年(1576)12月上杉謙信能登進攻の際に家臣の長与一景連を正院川尻城に置いた（一説には棚木城）という。その後一旦畠山勢に奪還されるが、翌天正5年3月謙信能登再征のとき再び景連を置いたという。景連は越後黒滝長氏の一族とされており、元亀3年(1572)11月、謙信と織田信長が同盟を結ぶにあたり、起請文を信長のもとへ届けている（『上杉氏文書集一1131』）。恐らく織田家との外交を担当する武将だったのであろう。景連の正院川尻城在城の時期は明確にできないが、天正5年12月上杉家家中名字尽手本（七尾市史七尾城編第6章16）には能登衆の中に景連の名が見えるので、この時点での在城は確実と言えよう。天正6年3月謙信死去により、動揺する能登上杉氏諸将の引き締めを図ったのであろうか、天正7年8月上杉景勝は飯田城主飯田長家に書状を出し（七尾市史七尾城編第6章64）、長家に景連と嶋倉泰明両人の指示で動くように命令している。これにより景連は長家の上位者であることが判明する。

　謙信の死後、織田信長に内応した旧畠山家臣温井・三宅氏は七尾城代鯵坂長実をそそのかして正院川尻城を攻めた。天正7年8月だったと伝える。城主景連は海路越後へ逃れるが、天正10年5月再び鳳至郡棚木城に舞い戻る。しかし織田方についた長連龍の猛攻を受け5月22日落城、景連も討ち取られ、その首は安土に送られている（七尾市史武士編第1章49）。正院川尻城は天正7年8月の落城をもって廃城になったとも、あるいは天正10年再度使用されたとも伝えるが、詳らかにできない。

　城跡は耕作等により破壊され、遺構の残存状況は良くない。A曲輪は高要害（タカヨウガイ）と呼ばれており、主郭と推定される。背後に設けられた横堀①は発掘調査（『正院川尻城跡遺跡分布調査報告書』1987　珠洲市教育委員会　以下、報告書と略す）は主郭Aより5m以上の深さを有していることが判明した。B曲輪は下要害（シモヨウガイ）と呼ばれており、その西側には櫓台②があり、集落とその直下を通る内浦街道を監視している。C曲輪の北側から東側を巡る横堀③も発掘調査の結果、曲輪面から5.6mのさを有していることが判明した。横堀③は恐らくD谷と繋がっていたと考えられ、内堀として機能していたと考えられる。E曲輪の東側を巡る横堀④も発掘調査により、曲輪面から深さ5mを有していたことが判明した。恐らく北端はG谷、南端はF谷に繋がり、外堀のような役目を果たしていたのであろう。正院川尻城は天然の要害に頼ることができないため、深さ5mの横堀を巡らせ、敵軍の攻撃を遮断していたのである。城跡の南側の⑦地点は内濠（ウチゴウ）と呼ばれており、現在も堀の片を僅かに残しているため、伝承通り横堀だった可能性は高い。恐らく惣堀のような存在だったのであろう。

　井戸は⑤・⑥が考えられる。報告書では主郭Aの周囲にさらに3ヶ所の井戸を図示しているが、見当たらなかった。大手方向については残念ながら詳らかにできない。

　主郭Aで発掘調査を実施した結果、柱穴が検出されたが、建物を復元するに至らなかった。遺物は珠洲焼・中国製白磁・近世陶磁が出土したが、いずれも細片のため制作年代は不明。

　惣堀の存在から、正院川尻城は極めて大規模な城郭で、地域支配の城郭だったと推定される。恐らく天正5～7年の間に、上杉氏が奥能登支配の拠点として改修したのであろう。なお、城跡西側のH地点に殿山（トノヤマ）と称される地点があり、若干の遺構が残るが、正院川尻城との具体的な因果関係は不明。

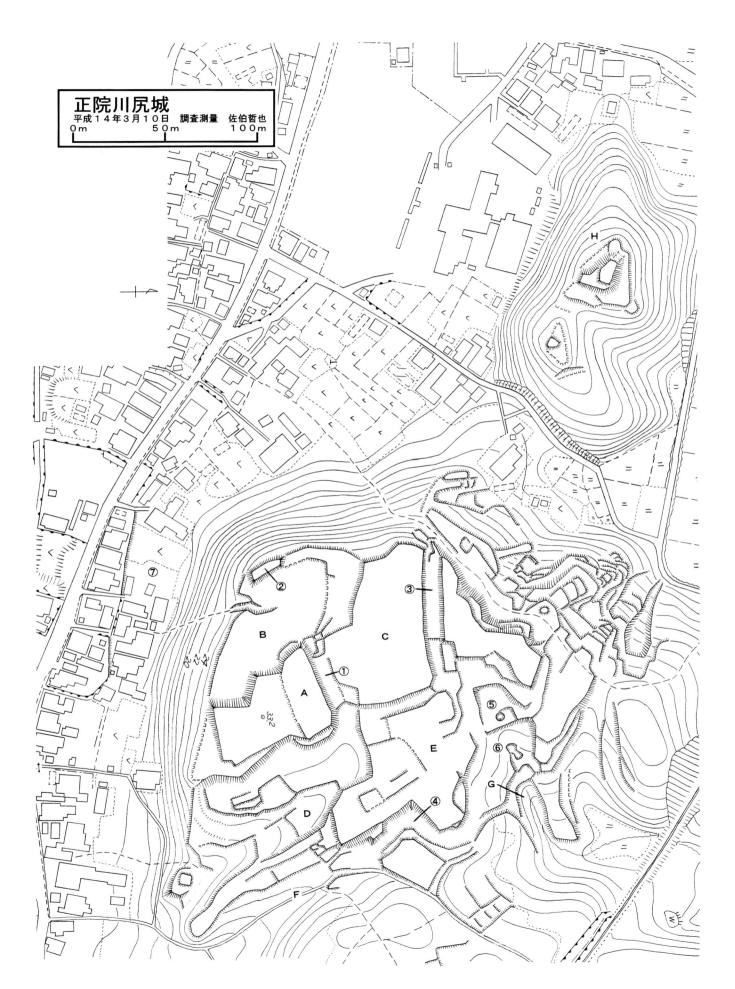

3．黒峰城（くろみねじょう）

①珠洲市宝立町春日野　②－　③室町時代　④１６世紀後半　⑤１６世紀後半　⑥阿部判官義宗
⑦山城　⑧削平地・切岸・土塁・堀切・竪堀・畝状空堀群　⑨ 230m × 130m
⑩標高 436.0m、比高 360m　⑪ 7

　黒峰城は珠洲・鳳至郡境に聳える珠洲市の最高峰宝立山山頂に位置する。宝立山は宝嶺山（宝嶺御前、標高 471 m。以下、標高は国土地理院発行 1/25000 による）、宝立山（丸山、標高 468.6 m）、黒峰山（標高 436 m）の三山から成り立っている。宝嶺山には宝嶺大権現の御堂、宝立山には三角点がそれぞれ建っている。さらに宝立山の山頂には城主と伝える阿部判官墓も存在する。そして黒峰城が築かれているのが黒峰山である。

　黒峰城は珠洲・鳳至の郡境に位置しているため、多くの街道が交差する交通の要衝でもあった。まず①道は黒峰往還、②道が法住寺道・柏原道、③道が黒峰往還・白米坂道・南山道となる。いずれも内浦側と内陸集落を繋ぐ古代からの重要な街道である。こまた宝嶺大権現の御堂が存在することからもわかるように、宝立山は山岳修験の山でもあった。宝立山が古くから開けた要因の一つであろう。

　故墟考によれば、阿部判官義宗が居城していたとしている。阿部判官については謎の人物で、事跡について詳らかにできない。さらに故墟考は天正中頃に上杉謙信の部将由井浄定を置いたが、前田利家に攻められて落城したとしている。

　主郭はA曲輪。ここに立てば①・②・③道全てを見下ろすことができる。さらに三道全てが城域に接するように通っている。三道を監視掌握するために黒峰城が築かれたのは明白である。三道のうち、主郭Aと直接出入りできるのは②道だけであり、②道との親密性を指摘することができる。②道＝法住寺道には中世の武装勢力でもあった法住寺があり、さらにその先には黒峰城の支城だったと伝える見鳥（緑）城がある。これらとの因果関係を調査するのも重要な課題の一つであろう。

　主郭Aは土塁で囲まれており、南北に各一ヶ所虎口が開口している。単純な平虎口だが、櫓台が併設され、防御力を増強している。B曲輪の土塁④は、②道からB曲輪に入ろうとする敵兵を防いでいる。B曲輪は主郭Aに入る敵軍に横矢攻撃を加える重要な曲輪なのだが、A・B両曲輪を繋ぐ明確な通路が存在しない。技術的な未熟を指摘するとともに、従郭に対する主郭の求心力の低さを指摘できよう。竪穴⑤は井戸跡であろうか。

　②道からは敵軍も直接主郭Aに入れてしまうため、弱点にもなっている。この弱点を克服するため次の防御施設を設けている。まず城域の北端に二重堀切を設けて敵軍の攻撃を遮断している。南端に堀切を設けておらず、北側を警戒した縄張りとなっている。主郭Aの虎口は南側から出入りしているのも、北側を警戒している証拠となる。

　次にC曲輪を設けていること。恐らくここに木戸を設けて関所の機能を持たせ、③道を南下する敵軍を食い止めたのであろう。万一の場合、C曲輪の城兵が城内に逃れる避難路として通路⑦が設けられている。C曲輪が陥落しても竪堀⑥を設けているため小人数しか進攻できず、敵兵の頭上に主郭Aから弓矢が降り注がれたことであろう。

　最も注目したいのが、C曲輪の北側に七ツ塚と呼ばれる畝状空堀群⑧である。かつては金品が埋まっている塚と思われ、盗掘の跡が残っている。③道を南下する敵兵が斜面を迂回するのを防ぎ、強制的にC曲輪を通過させようとしたのであろう。畝状空堀群で進攻速度の鈍った敵兵に対して城内から横矢が効いていることも忘れてはならない。奥能登における畝状空堀群は上杉方だった飯田城や、その支城と思われる萩城にしか存在しない。現存の遺構は、飯田城と同じく天正5～8年に上杉氏が構築した可能性は高いと言えよう。B曲輪南側の尾根の頂部にも削平地が残るが、城郭遺構かどうか判然としない。

　以上、黒峰城の縄張りを述べた。築城者は吼木山法住寺かもしれないが、現存する遺構は天正5～8年上杉氏が構築した可能性は高いと言えよう。

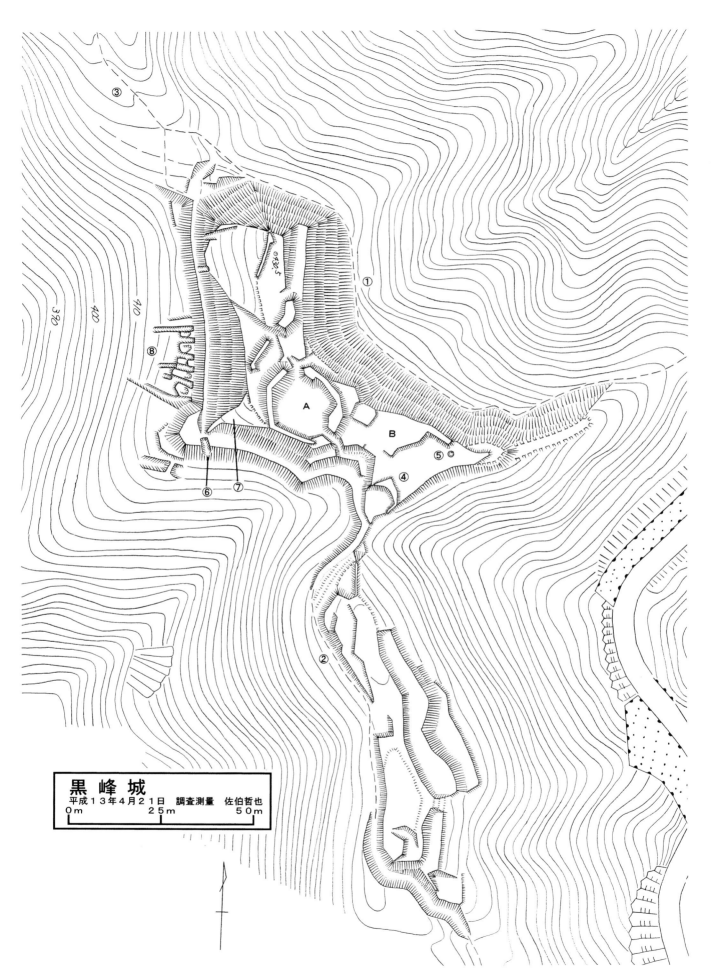

4．萩 城 (はぎじょう)

①珠洲市上戸町　②－　③16世紀後半　④16世紀後半　⑤16世紀後半　⑥上杉氏？　⑦山城
⑧削平地・土塁・堀切・切岸・畝状空堀群　⑨180m×60m　⑩標高41.1m　比高36m　⑪4

　『上戸の遺跡と伝説地』（1984　上戸知ろう会）によれば、「永禅寺のちんちん堂山には黒峰城の出城があった」と記載している。ちんちん堂山とは萩城のあった山であり、つまり萩城は地元では黒峰城の出城と伝わっているのである。残念ながら具体的な城主名までは伝えていない。なお萩城は永禅寺古墳群（市指定史跡）の範囲中にあり、主郭Aは古墳として認識されている。後述のB・C曲輪も古墳を利用しているのかもしれない。

　主郭はA曲輪で、平坦面の北側に白山神社（通称ちんちん堂）が鎮座している。前後を堀切①・②で遮断している。堀切で遮断しているものの、土橋を設け、堀切の対岸には小曲輪B・Cを配置している。小曲輪B・Cは土橋を渡った城内側に存在していた虎口を守備する前衛だったことは確実であり、馬出曲輪としての機能も兼ね備えていたと考えられる。つま南側の尾根伝いには、集落に降りる大手道が存在していたと考えられ、大手道を確保するためにも小曲輪B・Cが設けられたのであろう。一方、堀切③の対岸に小曲輪は設けられておらず、防御構想に明確な相違が発生している。重要なルートが存在していなかった証拠である。

　しかし、主郭Aが敵軍に直撃されることに不安を感じていたのであろうか、少し離れた場所にD曲輪を設けている。D曲輪は主郭A側（城内側）に堀切は設けていないが、城外側に堀切④を設け尾根続きを遮断している。これはD曲輪が主郭Aに従属していることを意味し、主郭AとD曲輪との親密性を物語っている。

　堀切④は土橋は設けているものの、⑤地点に横矢を掛け、土橋を渡る敵兵を狙っている。堀切①・②と違うのは、堀切の城外側に小曲輪を設けいないことで、ルートを確保しようとする意図が見られない点である。これは北側の尾根続きに重要なルートが存在していなかった証拠である。このように北側と南側では、防御構想に明確な違いを認めることができるのである。

　萩城で最も注目したいのが畝状空堀群である。畝状空堀群とは堅堀等を用いて畑の畝のように平面を凸凹状に加工するもので、帯曲輪や斜面を横移動する敵軍の動きを鈍らせる防御施設である。萩城の畝状空堀群は、黒峰城と同様に七ツ塚と称されている。

　畝状空堀群はC曲輪から主郭Aの西斜面に設けられ、堀切②も含めると12本の堅堀から構成されている。さらに横堀とセットになった極めて防御力の高いものである。C曲輪から主郭Aの直下には、高さ8mの高切岸が巡らされており、切岸を越えれぬ敵兵が曲輪直下で右往左往していたはずである。敵兵の横移動を鈍らせ、城兵達が放つ弓矢の命中率を高めるために畝状空堀群が設けられたのであり、横移動だけでなく、前後の動きを封じるために横堀も導入されたのである。弓矢の命中率は高まり、敵兵の殺傷率も格段に高まったことであろう。

　畝状空堀群は西斜面に設けているが、東斜面に設けられていない。これは等高線を見ていただければわかると思うが、西斜面は緩やかだが東斜面は急峻な地形となっている。つまり敵軍の進攻してくる可能性は、西斜面は高く、東斜面は低いわけで、東斜面は畝状空堀群等の防御施設を設ける必要がなかったわけである。それでも多少心配だったのであろう、堀切③の東端を必要以上に伸ばし、また堀切②東側に切岸を伸ばしてて敵兵が東斜面に回り込むのを防いでいる。D曲輪に畝状空堀群が存在しないのは、主郭と従郭という身分差の違いと言えよう。

　奥能登における畝状空堀群は、萩城の他に、飯田城・黒峰城にしか存在せず、萩城も含め全て上杉氏に関する伝承を持つ城郭である。とくに萩城と飯田城とは2．5kmしか離れておらず、両城の因果関係が指摘できる。三城とも虎口の位置は明確になっているものの、枡形にまで発展していない点も同様である。

　以上の考察から萩城を含む三城は、天正5～8年上杉氏が構築した可能性は高い。萩城の場合、居住空間を伴っていないことから、純軍事的な目的で築城されたと考えられよう。

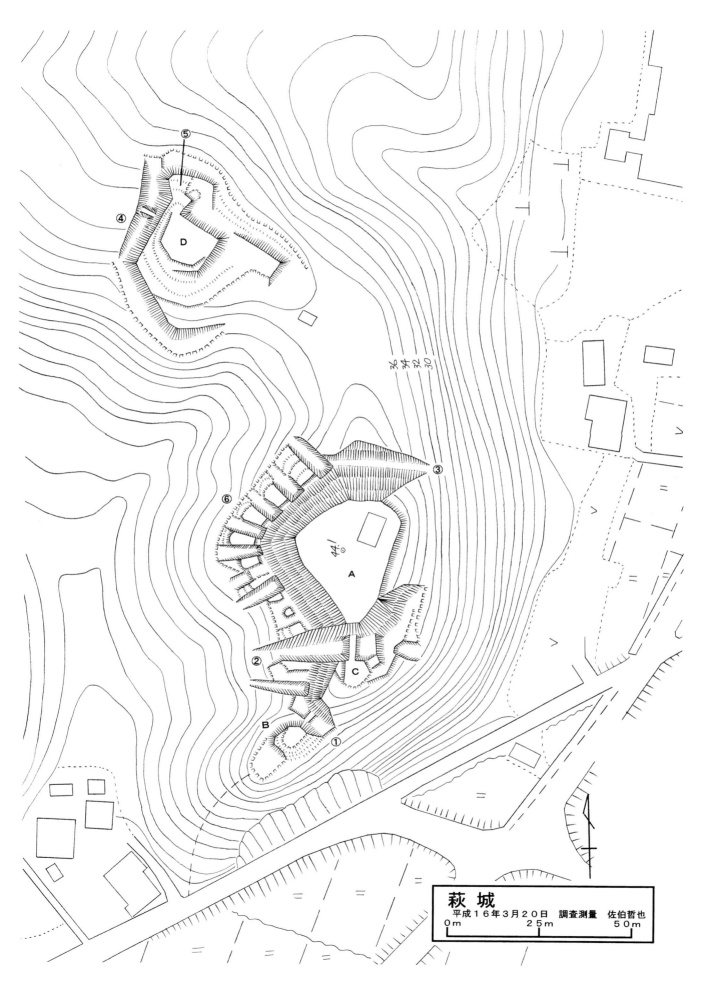

5. 見 鳥 城 (みとりじょう)

①珠洲市宝立町　②緑城　③16世紀　④16世紀　⑤16世紀　⑥上杉氏？　⑦山城
⑧削平地・土塁・堀切・切岸　⑨100m×50m　⑩標高31.1m　比高30m　⑪5

　黒峰城が位置する宝立山から派生する法住寺道が城跡直下を通っており、また、城跡からは飯田湾岸沿いを走る内浦街道を見下ろすことができる。このようなことを考慮して選地されたのであろう。

　故塘考や『上戸の遺跡と伝説地』（1984　上戸知ろう会）によれば、黒峰城の支城と伝えている。また『能登名跡志』（1817 太田道兼）には「吼木山衆徒（法住寺）の取手」と記載している。

　城跡は尾根の先端に築かれている。城内最高所のA曲輪が主郭。その背後を堀切①で遮断するが、遮断性は低い。恐らくB地点が曲輪として機能していたので、遮断性の低い堀切を設けたのであろう。とすればB曲輪の西側（城外側）に敵軍の攻撃を遮断するような大堀切を設けていた可能性を指摘することができる。しかし土砂採取により大きく現状が変化してしまい、確認できない。

　主郭Aの東側にB曲輪を設けている。この曲輪の周囲に高さ6mの高切岸を巡らせており、これが実質的な遮断線となっている。わずか比高が30mしかないため、尾根先端から敵軍が進攻してくることも当然予想していたのであろう。B曲輪の切岸を乗り越えれない敵兵は、B曲輪北側の腰曲輪を通ることになるが、このとき敵兵はB曲輪や主郭Aからの横矢攻撃に長時間さらされることになる。

　奥能登上杉氏城郭に特徴的な畝状空堀群が存在しない。このようなことから、中世の武装勢力だった法住寺によって築城された可能性は高いといえよう。

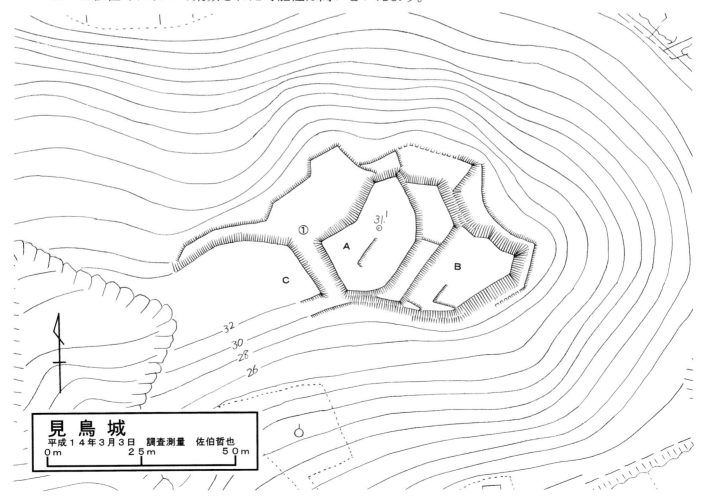

6. 小太郎城（こたろうじょう）

①珠洲市若山町　②緑城　③16世紀　④16世紀　⑤16世紀　⑥某小太郎？　⑦山城
⑧削平地・切岸・堀切・土塁・竪堀　⑨150m×150m　⑩標高54.3m　比高38m　⑪4

　通称城山山頂に位置する。城跡は飯田湾から馬緤浦へ抜ける馬緤街道を眼下におさめる交通の要衝でもある。『珠洲郡誌』に「鈴村内に古城址あり。小太郎の城といふ。即ち村の筋目ある者に小太郎といふ百姓あり。広大な馬場塹壕の遺を存す。」と簡単に記述しているのみで、小太郎という人物についても全く不明。

　城内最高所でほぼ中央にA・B曲輪が存在する。どちらが主郭なのか判然としないが、より多くの曲輪に防御されているA曲輪が主郭と推定される。尾根続きを堀切①・②・③で遮断し、切岸直下で移動する敵兵の動きを鈍らせるために竪堀を設けている。

　C曲輪の先端に連続竪堀④が残っている。西隣りに自然崩落地があり、ひょっとしたらそこにも竪堀が存在していて畝状空堀群として存在していたのかもしれない。とすれば切岸直下を移動する敵兵の横移動を阻止するための防御施設と考えられる。奥能登に畝状空堀群を持つ城郭は、飯田・黒峰・萩の三城が確認されているが、全て主郭直下に設けられており、主郭の防御に主眼を置いていることは明白である。小太郎城の場合、主郭Aからかなり離れている。従って連続竪堀④は畝状空堀群でなかった可能性が高い。

　A・B曲輪の周囲には高さ7mの高切岸が巡らされ、敵軍の攻撃を遮断しているが、虎口は明確でなく、どのようにして下部の帯曲輪から入ったか判然としない。

　このように虎口が明確になっていない点からも、上杉氏城郭とは違う縄張りを指摘できる。在地土豪の城郭と評価できよう。

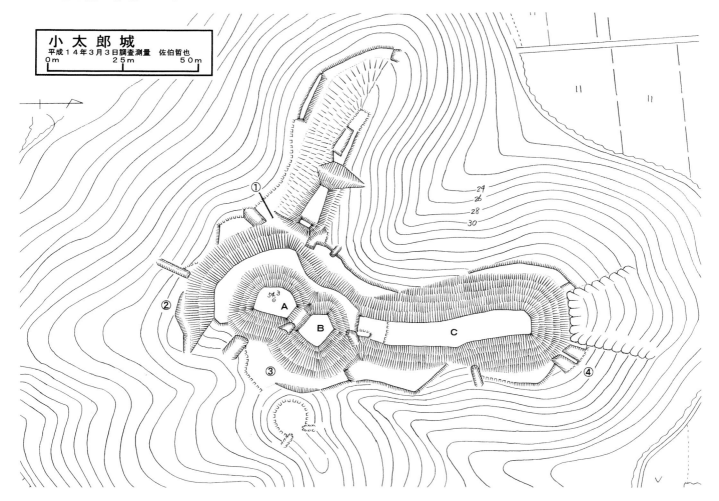

7. 馬繋砦 (まつなぎとりで)

①珠洲市馬繋　②－　③16世紀　④16世紀　⑤16世紀　⑥恒利氏　⑦山城
⑧削平地・切岸・堀切　⑨60m×30m　⑩標高47.0m　比高40m　⑪2

　恒利（常利）家は馬繋集落が位置する馬繋浦一帯を南北朝～戦国期にかけて支配した土豪である。砦跡直下に鎮座する春日神社随身像（木像）脚部裏の墨書に（大永8年＝1528）「領主馬繋（繋）浦秦恒利左□□」「馬繋（繋）浦秦恒利左衛門□□」とあり（『加能史料』戦国Ⅷ）、戦国期になっても恒利氏が馬繋浦一帯を支配していたことが判明する。城跡に立てば馬繋浦や沿岸の集落一帯を見渡すことができる。さらに城跡直下には外浦街道が走る交通の要衝でもある。このようなことを考慮して城の選地が決定されたのであろう。
　主郭はA曲輪。その前後を堀切①・②で尾根続きを遮断している。敵軍は尾根の上から攻め下ってくることが容易にできるため、尾根続きが最大の弱点となっている。このため堀切②は上幅10mの遮断性の高い大堀切となっている。主郭Aの西側に設けられた土塁は現在は低くなっているが、かつてはもっと高くて、海から吹きつける強風除けの土塁だったと考えられる。堀切①の北側に小さな切岸を設け、また、堀切②の南側に低い堀切を設けているが、いずれも遮断効果は薄い。実質的な遮断線は堀切①・②のみと言える。単純な縄張りと言え、曲輪の面積も狭いことから、見張り台等として使用されたのであろう。
　なお城跡の南方に位置する本光寺の裏手に残る土塁は、墓域としての土塁。さらにその南側に殿居（ドノイ）と呼ばれている畑に残る土塁は、耕作地を得るために尾根を細く削った後の削り残し、あるいは苗や種・肥料の風による飛散防止のための土塁と思われる。従って城郭遺構として扱わないこととした。

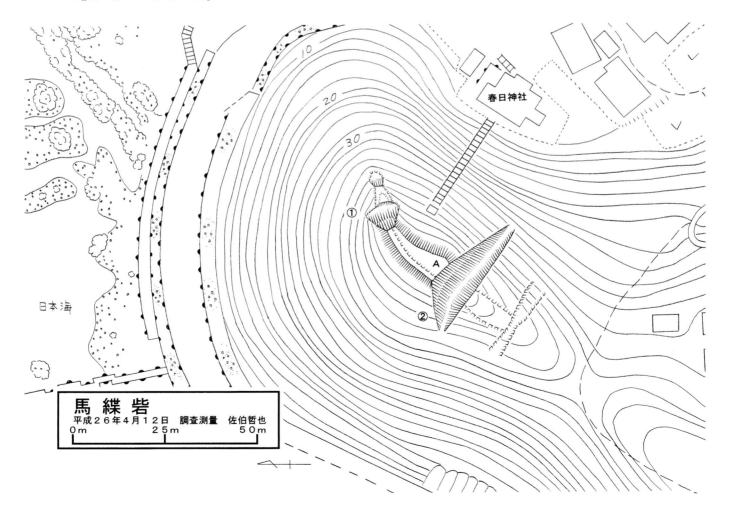

8. 寺家物見砦（じけものみとりで）

①珠洲市三崎町寺家　②－　③16世紀後半　④16世紀後半　⑤16世紀後半　⑥刀禰氏？
⑦台地城郭　⑧削平地・切岸・横堀・土塁　⑨90m×60m　⑩標高22.0m　比高20m　⑪1

　砦跡に関する伝承や地誌類は一切残っておらず、城主等の事跡を詳らかにすることはできない。しかし城跡が位置する塩津集落の領主と推定される刀禰四郎右衛門尉に、天正6年(1578)8月上杉氏年寄衆は海上業務（人馬・物資の輸送か）を命ずると共に、その見返りとして正院湊所属の船1艘について上杉氏分国の浦々における所役を免除している（七尾市史七尾城編第6章 40）。城跡に立てば塩津集落や寺家港、葭ヶ浦の集落を一望することができる。このことを強く意識して築城されたことは明白であり、領主だった刀禰氏が港や集落を支配するために築城した可能性は高いと言えよう。

　砦跡は物見（モノミ）と言われている。主郭はA曲輪。広大な平坦面を持ち、居住空間として使用できそうである。城跡からは眼下に寺家港を見下ろすことができる。窪地①は太平洋戦争中日本海軍が設置したレーダー跡で、城郭遺構ではない。西直下のB谷は、現在は埋立てて陸地になっているが、かつては海で、舟入として使用されていたと考えられる。

　城域北端を土塁②と横堀（現在はほとんど埋まっている）で遮断している。虎口④は近代の破壊虎口。かつては虎口③から虎口⑤を通り主郭Aに入ったと考えられる。⑥地点は櫓台と考えられ、虎口③から虎口⑤に移動するとき横矢が掛かっており、さらに東側の横堀内にも横矢が掛かる。虎口⑦は舟入から直接入る虎口だが、ここも櫓台を設けて虎口を監視している。

　明確な虎口と櫓台・横矢掛けはいずれも16世紀後半の城郭遺構である。港湾確保を主眼においた在地土豪（刀禰氏）支配の城郭という仮説が成り立とう。

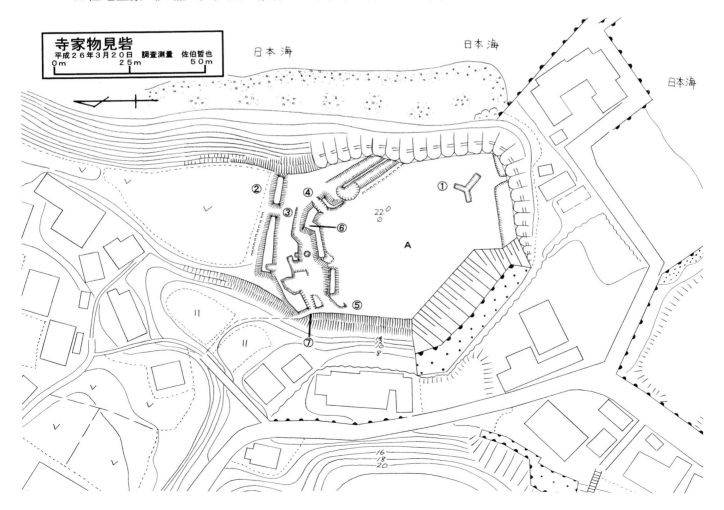

9．黒丸城（くろまるじょう）

①珠洲市若山町上黒丸　②－　③16世紀　④16世紀　⑤16世紀　⑥不明　⑦山城
⑧削平地・切岸・堀切　⑨40m×20m　⑩標高145m　比高35m　⑪7

　城跡は若山川と吉原川の合流点に突き出た尾根の先端に位置する。吉原川の対岸に、黒峰城が位置する宝立山から派生するつ南山道が通っている。しかし吉原川の対岸のため、往来する人馬・物資を監視することはできるが、掌握することは難しい。また、城跡と黒丸集落との間にも吉原川が横たわり、また城跡から集落を見ることはできない。在地土豪の城としては不可解な選地である。

　城跡に関する地誌類の記述や伝承は全く残っていない。尾根の先端に主郭Aを置き、尾根続きを堀切①で遮断した単純な縄張り。主郭Aの平坦面は14m×8mしかなく、見張り台といった感じである。在地土豪の領地支配の城ではなく、見張り台として使用されていたと考えられる。しかし選地の点からは、城ではなく古墳等の可能性も考える必要性があろう。

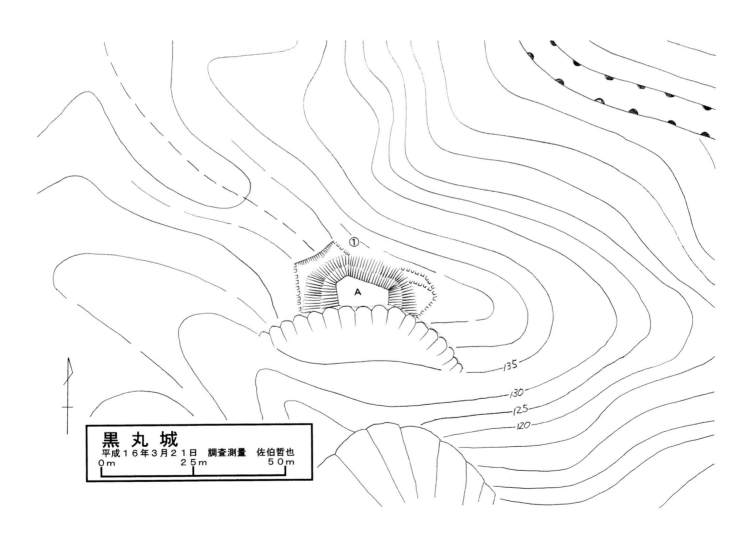

10. 渡合城（どあいじょう）

①輪島市三井町渡合　②姫ヶ城・興徳寺城　③16世紀　④16世紀　⑤16世紀　⑥三井氏
⑦山城　⑧削平地・切岸・堀切・竪堀　⑨80m×70m　⑩標高204.1m　比高120m　⑪15

　城跡に立てば三井盆地の集落全てを見渡すことができ、また三井盆地の北の出口を占地する要衝の地でもある。故墟考によれば「三井某居せし」とあるのみで、城主歴等について詳らかにすることはできない。
　城内最高所に主郭Aを置き、同心円状に腰曲輪B・Cを配置する。竪堀②で腰曲輪Cを横移動する敵兵の動きを阻止している。尾根続きを堀切①で遮断している。堀切①そのものの遮断性は低く、実質的な遮断線は腰曲輪Cの周囲を巡る切岸である。高さは7m以上もある鋭角の高切岸で、堀切①を越えても切岸を越えられず、敵兵は右往左往したことであろう。右往左往する敵兵に対して、腰曲輪Cに駐屯する城兵は弓矢を放ったことであろう。
　A・B・C曲輪には、地表面観察で確認できる虎口は存在していない。どのようにして城外から城内に入り、各曲輪間で連絡しあったのか不明。
　以上、渡合城の縄張りを紹介した。生活空間が存在しないため、三井盆地の監視所として機能したと考えられる。それは恐らく三井盆地を支配していた在地土豪三井氏が築城・使用したと考えられる。なお主郭Aは宗教行事を行った場の可能性もあり、塚の可能性も捨てきれない。今後宗教施設としての研究も重要になるであろう。なお、尾根続きにさらにもう一本の堀切があるとの説も存在するため、調査を行ったが、発見できなかった。

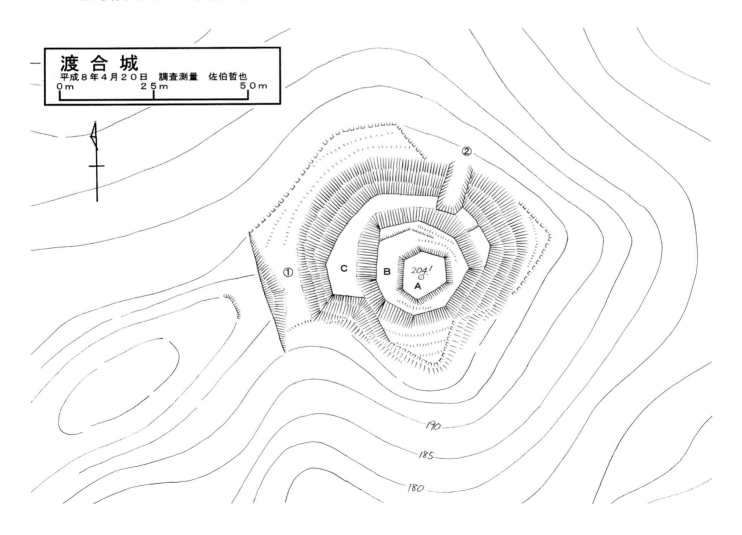

11. 南志見城（なじみじょう）

①輪島市里町　②－　③15世紀末　④16世紀　⑤16世紀　⑥南志見氏・井口氏　⑦山城
⑧削平地・切岸・堀切・土塁　⑨580m×120m　⑩標高90m　比高80m　⑪11

　通称城山山頂に位置する。城山は日本海に面しており、山頂の主郭からは日本海の荒波を遠望することができる。城山の西麓に南志見郷五ヶ村の中心里町が存在し、北麓に外浦街道が通る交通の要衝でもある。
　故墟考に「長氏の四世左衛門有連の子四郎といへる者、南志見の地頭たり。又土人相伝ふ。弘治年中国士南志見中務大輔居たりと。又井口藤弥丞居たり」とある。南志見氏は能登有数の国人長氏の庶流であり、南志見郷を支配する領主と考えられる。長享元年(1487)9月、将軍足利義尚が近江の六角高頼を討伐するため、出陣した際の在陣衆の中に、三番衆として長南志見五郎左衛門の名を見出すことができる（『加能史料』戦国Ⅱ）。15世紀末には南志見郷の領主として存在し、さらに室町幕府に使える有力武家に成長していたことが判明する。この頃南志見氏が南志見城を築城したという仮説が立てられよう。
　戦国末期の元亀2年(1571)5月には、南志見光連が能登守護畠山氏の奥能登外浦地区の代官となっていることが判明している（七尾市史七尾城編第4章8）。戦国期になっても南志見氏が奥能登の領主として存在していたことが判明する。天正5年(1577)9月七尾城が落城すると、専横を誇った長一族100人余が討ち取られ、南志見氏も没落したと考えられる。その後南志見城に井口氏が入ったとも考えられるが、詳らかにできない。
　主郭は城内最高所のA曲輪。西側に土塁①を設けて尾根続き方面の防御力を増強している。しかし尾根続き全てを土塁で塞いでいるので、どのようにして主郭Aに入ったかは明確にできない。東側を巡る腰曲輪から入ったのであろうか。背後を堀切②で遮断し、その外側に土塁を設けている。現在堀切②と外側の土塁は東半分しか残っていないが、かつては西半分にも堀切と土塁を設けていて尾根全てを遮断していたのであろう。
　南東側の尾根続きに残る雛壇状の平坦面は、耕作による平坦面と思われる。ただし、④地点の窪地は横堀の残存と思われる。恐らく尾根全てに横堀を巡らし、尾根続きを遮断していたのであろう。
　B地点に出丸的性格の遺構が存在すると思われるが、ブッシュがひどく調査不能。横堀⑤は出丸Bを防御する横堀と考えられる。土塁⑥は尾根続きを監視する櫓台だったと思われる。土塁⑦の性格は不明。城郭遺構でないかもしれない。⑧は竪堀の残骸。とすれば林道で破壊されてしまった箇所に堀切が存在していた可能性が高い。
　以上、南志見城の縄張りを紹介した。耕作による破壊が著しく、詳らかにできない箇所も多く存在する。それでも旧輪島市に残る城郭の中では、地表面観察でも判明する確実な城郭遺構として貴重な史跡と言えよう。

12. 城あのづこ城（じょうあのづこじょう）

①輪島市百成大角間　②城アンヅコ城　③16世紀　④16世紀　⑤16世紀　⑥大舘将監？
⑦山城　⑧削平地・切岸・竪堀　⑨70m×30m　⑩標高138m　比高90m　⑪18

　『七浦村志』（1920　七浦小学校同窓会）には「字百成大角間城ヶ谷内の東南井守川の左岸に要害の地あり。之を城アノヅコと称す。相伝ふ、昔此所に城廓ありたるを上杉謙信の部下来りて牛ネヲより之を攻落したりと。其の西方に馬馳場といふ所あり。又井守川に沿うてカグマといふ所あり。水を湛えて敵襲防備の用に供したるなりと。城ヶ谷内の名称もこの城廓にありたるに起因せりといふう。」とある。
　城が築かれている尾根上には尾根道が通っており、かなり利用されていたとみえ、V字形に掘り込まれている。古老の話によれば、皆月湾で取れた海産物を門前の町まで運ぶのに通ったということで、城あのづこ城も、こうした尾根道を掌握するために築かれたのであろう。城跡から1.8kmはなれた皆月湾と付近の集落を支配していたと伝える大舘将監が、尾根道を掌握するために城あのづこ城を築城したという仮説も成り立とう。
　城内最高所に、ほぼ自然地形の主郭Aを置く。尾根続きに両竪堀①を置き、敵軍の攻撃を遮断している。確実に城郭遺構と思えるのはこれだけで、②の溝状遺構の性格は不明。③の切岸は、尾根続きを遮断する防御遺構なのかもしれない。
　いずれにせよ単純な縄張りである。城主名の伝承は残っていないが、在地土豪が一時的な城郭として築城したと考えられよう。なお地元ではジョウアンヅコと呼ばれている。

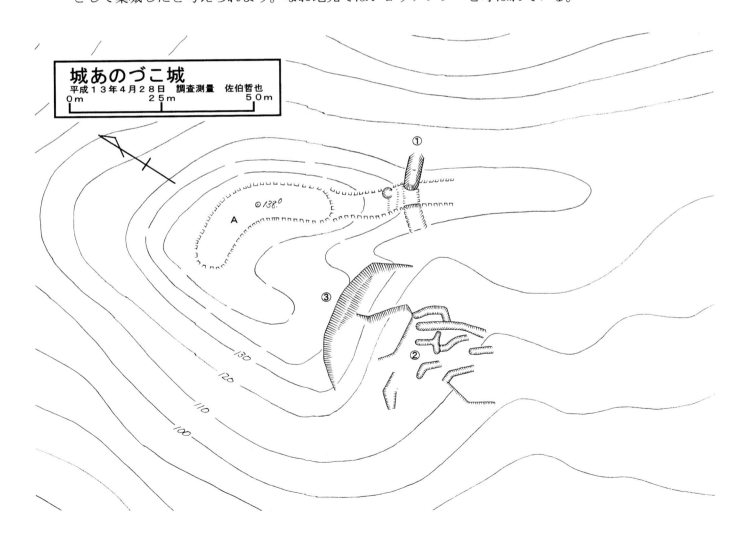

13. 安代原城（あんだいばらじょう）

①輪島市安代原　②浅生田城　③16世紀後半　④16世紀後半　⑤16世紀後半
⑥四柳氏・石田三成　⑦山城　⑧削平地・切岸・竪堀　⑨100m×100m
⑩標高240m　比高100m　⑪19

　通称城ヶ山山頂に位置する。三方は急峻な地形に守られ、一方のみ尾根続きという天然の要害である。故墟考は城主を四柳氏としており、『浦上の歴史』（1997　浦上の歴史編集委員会）に記載された地元の伝承として、石田三成の城跡だとしている。これについて『鳳至郡誌』（）は三成の甥の佐兵衛が構えた城とし、佐兵衛は東軍の追手から逃れられないことを悟ると、山中にて自刃したとしている。三成・佐兵衛でないにしても、慶長五年(1600)関ヶ原合戦における西軍関係者の事跡を伝えているのであろうか。

　城跡は安代原集落を見下ろしているが、城と集落の間には浅生川の深い渓谷があり、容易に近づくことはできない。城内最高所のA曲輪が主郭。自然地形が多く残っているが、周囲の切岸は完成している。主郭Aの両側にB・C曲輪を配置して主郭を防御している。C曲輪の先端は切岸①・②で遮断しているが、尾根続きとなるB曲輪は竪堀③で通行を制限しているが遮断までしていない。B曲輪から尾根続き方面を大手方向とすることができよう。尾根続きから進攻した敵軍は、竪堀③で著しく人数が制限され、少人数しか主郭Aに入れないようにしている。その少人数に対してB曲輪からの横矢が効いている。

　このようにある程度計画的に築かれているが、虎口は単純な平虎口でしかない。現存の遺構は16世紀後半に在地土豪が構築したと考えられる。慶長年間は西軍関係者（前田利政？）が縄張りを改修せず、一時的に使用したという仮説が成り立とう。

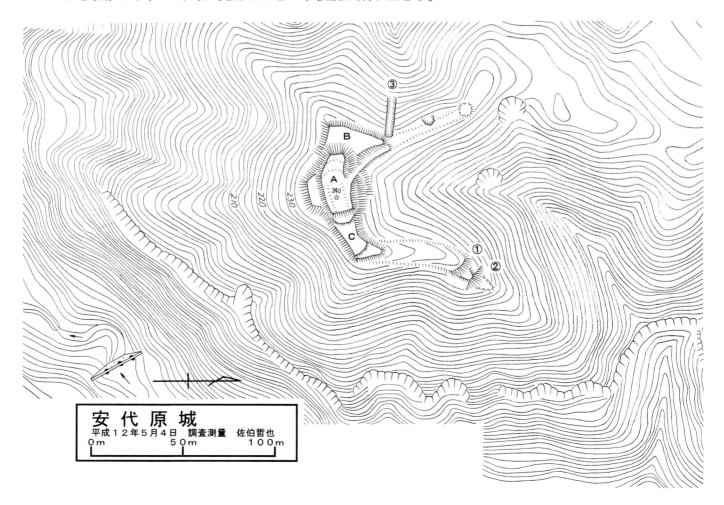

安代原城
平成12年5月4日　調査測量　佐伯哲也

14. 道下城 （どうげじょう）

①輪島市道下　②－　③弘治元年(1555)?　④16世紀後半　⑤16世紀後半　⑥畠山氏　⑦山城
⑧削平地・切岸・堀切・土塁・竪堀　⑨90m×40m　⑩標高236.5m　比高100m　⑪19

　周囲を城谷（ジョウダン）と呼ばれる急峻な谷に三方を囲まれた天然の要害である。故墟考に「弘治元年(1555)謙信能州奥郡を侵すとき、七尾方より道下村に砦を構へ、越後勢を防ぐとあり」とあり、弘治元年に畠山氏が築城したとしている。また『長家家譜』は弘治元年謙信が能登に進攻したとき「屋形（畠山氏）城砦を道下村其外所々にかまへ、越後勢を押へ国内を静治す」と述べている。

　上杉謙信が奥能登に進攻したのは天正4年(1576)が最初なので、弘治元年奥能登進攻は事実誤認である。しかし弘治元年家中の造反に苦しむ能登守護畠山恵祐・義綱父子が謙信に兵糧の援助と加勢の要請をしており、それに対して謙信は援助物資のみ送っている（『上杉氏文書集一157』）。恐らくこの事跡が混同されているのであろう。

　城跡は周囲の集落から隔絶された辺境に位置している。つまり在地土豪が領地支配の城として築城したとは考えにくい。尾根先端に主郭Aを配置しているが、削平はあまく、ほとんど自然地形。簡素な建物しか存在していなかったと推定され、純軍事的な目的で築城されたことを物語っている。堀切①で尾根続きを遮断し、城内側に土塁を設けて防御力を増強している。

　以上述べたように、道下城の縄張りは単純で純軍事的目的で築城されたと考えられる。とすれば縄張りからも伝承通り、上杉軍の進攻に備えて、畠山氏が純軍事目的で築城したという仮説が成り立とう。

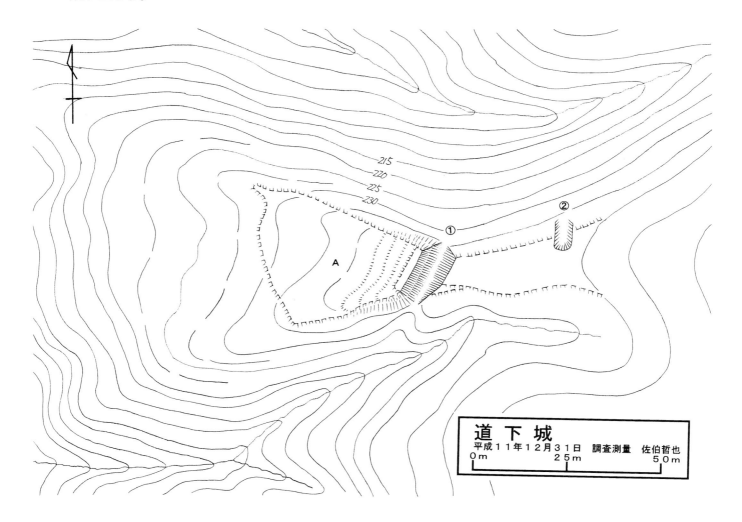

道下城
平成11年12月31日　調査測量　佐伯哲也

15. 鶴山砦 （つるやまとりで）

①輪島市鬼屋　②－　③16世紀　④16世紀　⑤16世紀　⑥畠山氏？　舘殿？　⑦山城
⑧削平地・切岸・堀切　⑨35m×25m　⑩標高72m　比高50m　⑪19

　古記録に記載されておらず、また伝承も残っていないので、城主等事跡について一切不明。しかし『長家家譜』では弘治元年謙信が能登に進攻したとき「屋形（畠山氏）城砦を道下村其外所々にかまへ、越後勢を押へ国内を静治す」と述べている。上杉謙信が奥能登に進攻したのは天正4年（1576）が最初なので、弘治元年奥能登進攻は事実誤認である（前頁「道下城」参照）。しかし天正4年上杉軍の進攻に備えて畠山氏が構築した可能性は残る。
　主郭はA曲輪。最大の弱点をカバーするために、遮断性の強い堀切①を尾根続きに設けている。窪地③は井戸跡の可能性がある。麓方面の遮断設備としては堀切②を設けているが、遮断性は弱い。主郭Aの中を尾根道が通っており、かなり通行量があったとみえてV字形に掘り込まれている。中世からの尾根道の可能性もあり、とすれば鶴山砦は、尾根道を直接監視・掌握するために築かれた可能性があろう。
　以上述べたように縄張りは単純で、虎口も明確化なっていない。16世紀に尾根道を押さえるために築城されたと考えられ、畠山氏が築いた可能性を指摘することができる。
　これとは別に、砦跡から330m離れた山麓に舘集落があり、領主の館があったことから名付けられたという。伝承では館の名前は「舘殿」と呼ばれている（『門前町史』1970　門前町）。平時の居館に対して、鶴山砦は非常時の詰城という考え方も成り立とう。

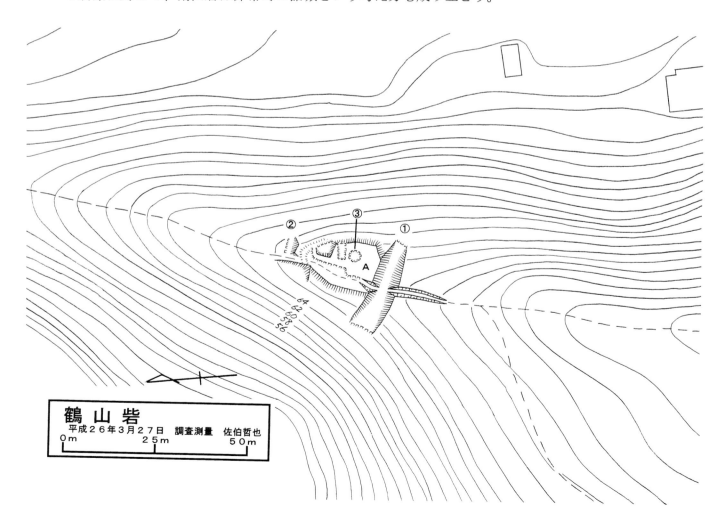

16. 是 清 城 (これきよじょう)

①輪島市是清　②−　③14世紀？　④16世紀　⑤16世紀　⑥長氏・大舘氏　⑦山城
⑧削平地・切岸・堀切・土塁　⑨45m×25m　⑩標高216.3m　比高200m　⑪20

　城跡は門山と呼ばれる山頂に位置する。城跡からの眺望は素晴らしく、周辺の集落や日本海を一望することができる。故墟考に「長氏三世の政連の子某、是清の地頭となると云ふ。又方人相伝ふ、大舘伊賀守氏春居たりと」と述べている。能登有数の国人長氏の庶流阿岸長氏が是清城の位置する阿岸荘をいつから領有したのか不明だが、至徳3年(1386)総持寺法堂上棟の助成者の一人として「阿岸殿」(『加能史料』南北朝Ⅲ)の名が見える。これが阿岸長氏と考えて良く、この頃阿岸荘を領有していたことが判明する。在地領主としての存在が14世紀に遡れるのなら、是清城の築城も14世紀に遡るのかもしれない。

　是清城の主郭はA曲輪で、北東側に土塁を巡らしている。基本的に曲輪は主郭Aのみで、しかも20m×10mと狭い。見張り所として機能していたのであろうか。尾根続きは連続堀切②・③で遮断し、しかも尾根の幅が広いため、堀切も横堀状に長くなっている。

　単純ではあるが、連続堀切を設けている是清城の縄張りは明らかに16世紀のものである。故墟考は是清城主として大舘氏春の名も述べている。16世紀代の是清城主は氏春で、現存の遺構は氏春が構築したものとする仮説も成り立とう。

　『門前町史』(1970　門前町)によれば、門山の麓に「大舘」と呼ばれた館跡が存在していた。同史所収の図によれば、館跡は長方形をしており周囲に堀が巡っていた。圃場整備前までは土塁も残っていたという。昭和44年の発掘調査では珠洲焼や青磁片も出土している。館の存続期間は不明だが、山城に居住空間が存在していないことから、山上の詰城と麓の居館がセットになった在地土豪の居城として捉えることが可能であろう。

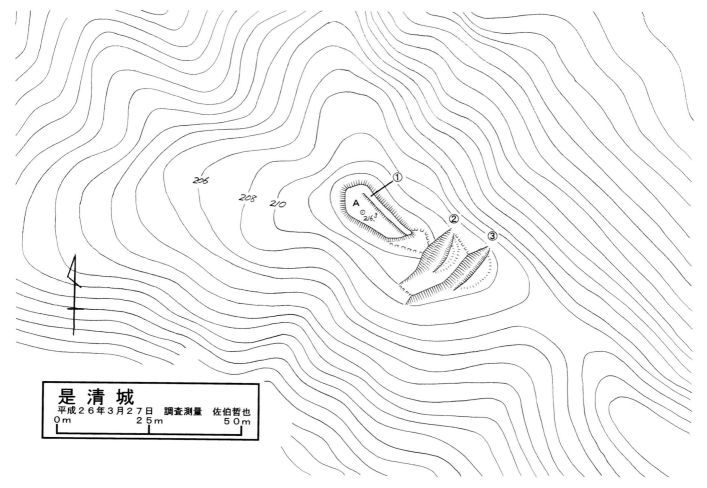

是清城
平成26年3月27日　調査測量　佐伯哲也
0m　　　　25m　　　　50m

17. 馬 場 城（ばばじょう）

①輪島市馬場　②－　③14世紀？　④16世紀後半　⑤16世紀後半　⑥仁岸（饒石）氏　⑦山城
⑧削平地・切岸・堀切・竪堀　⑨230m×160m　⑩標高102.1m　比高90m　⑪21

　通称城山山頂に位置する。城跡からの眺望は素晴らしく、仁岸川周辺の集落は勿論のこと日本海まで見渡すことができる。比高が90mと手頃なことから、仁岸川一帯を支配する領主の城としては最適の選地といえよう。

　故墟考には饒石（にぎし）石見守の居城と記している。また「仁岸系図」によれば初代仁岸石見守常清は馬場城の城主で、能登守護畠山義綱に仕えていたと記している。さらに二代與三右衛門常次は長連龍に仕え、元和7年(1621)に死去したと記している。故墟考が記す饒石氏と仁岸氏は同一の武将と見て良いであろう。仁岸氏は長連龍に使えることにより織豊政権下を生き抜き、居城の馬場城も少なくとも前田利家が七尾城に入城する天正9年(1581)まで存在していたと考えて良いであろう。

　仁岸氏は能登有数の国人長氏の庶流仁岸長氏のことで、いつから仁岸川流域一帯領有したのか不明だが、至徳3年(1386)総持寺法堂上棟の助成者の一人として「仁岸殿」（『加能史料』南北朝Ⅲ 1997 石川県）の名が見える。これが仁岸長氏と考えて良く、この頃仁岸川流域一帯を領有していたことが判明する。在地領主としての存在が14世紀に遡れるのなら、馬場城の築城も14世紀に遡るのかもしれない。

　縄張りは高城山と呼ばれる主郭A付近と、下城山と呼ばれるB曲輪付近から構成されている。城内最高所位置する主郭Aは、一つの平坦面として使用するには多少不安だったのか、中央やや西寄りに小段を設けている。B曲輪方面にむけて尾根上に段や竪堀を設けているが、いずれも小規模で遮断性は弱い。西側、即ち舘分集落側をあまり警戒していなかった証拠である。これに対して南側の尾根続きは縄張りの弱点となっているので、堀切①・②・③・④と四本の遮断線を設けている。特に主郭背後の堀切①は上幅17mもある遮断性の強い堀切である。さらに堀切①は内側を切岸にして東側に巡らしている。このため堀切①の堀底に降りた敵兵は主郭Aに入れず、必然的に腰曲輪を北上することになる。北上する敵兵に対して上部の曲輪から長時間横矢が効いている。横矢を嫌う敵兵が腰曲輪から斜面に逃れ、横移動するのを阻止するために、竪堀⑤・⑥・⑦を設けている。

　注目したいのは通路⑨で、まず入る時に竪堀⑤の制約を受け、少人数しか入れないようになっている。その後、矢印のように進んだと考えられ、通路移動中は常に上部曲輪からの横矢が効いている。通路に入らず西進する敵兵の動きを阻止するために、竪堀⑧を設けている。つまり敵兵は通路⑨に入るか、横矢に晒されながら腰曲輪を右往左往するしかないわけである。いずれにせよ横矢攻撃に長時間さらされ、多大な損害を被ったことであろう。

　虎口は明確になっていないが、堀切①から腰曲輪・通路⑨、そして敵兵の動きを阻止かる竪堀の用法、さらに長時間横矢が掛かる曲輪の配置は、明らかに計画的に設定された通路と評価することができ、現存遺構が16世紀後半まで下ることを物語る。計画的な通路が天正年間に多く用いられることから、天正年間(1573～91)に絞り込むことも可能である。仁岸氏が天正年間前半に馬場城に居城していたことがほぼ確実なことから、現存遺構は仁岸氏が天正年間前半に改修したという仮説を立てることが可能であろう。

　B曲輪は元天神社が祀られていたが、その後舘分集落地内に十村役を務めた伊藤家の屋敷神として祀られているという。従って城郭遺構てない可能性が高い。

　なお故墟考には、仁岸川対岸の黒岩集落に仁岸石見守城跡があり、馬場城の支城としている。このことを確認するために黒岩集落一帯を広く調査したが、城郭遺構を発見することはできなかった。

18. 荒屋城（あらやじょう）

①輪島市別所　②別所城・大町城　③14世紀後半？　④16世紀　⑤16世紀　⑥長氏？
⑦山城　⑧削平地・切岸・堀切　⑨65m×20m　⑩標高175m　比高80m　⑪16

　城跡は通称城山山頂に位置する。城山山麓には総持寺に抜ける街道が通る交通の要衝でもある。城跡からは周辺の集落を見下ろすことができ、かつ比高も80mと在地土豪の城としては手頃な高さでもある。

　『長家家譜』は長正連の居城としており、正連は後に穴水城に移ったとしている。正連は能登有数の国人長氏の嫡流で、初代長谷部信連から八代目の当主となる。正連は貞治元年(1362)南朝方に属しており、『長家家譜』の記述が正しければ正連の居城は14世紀後半ということになり、荒屋城の築城も14世紀後半に遡ることになる。

　城の縄張りは単純で、城内最高所に主郭Aを置き、下段にB曲輪を配置している。尾根続きに切岸①を設けており、一部堀切となっている。切岸①は高さが5mもあり遮断性の強い切岸である。切岸①の対岸にはほぼ自然地形のC曲輪が存在しているが、主郭Aとの連絡性はほとんど感じられない。A・B曲輪の大きさは両曲輪あわせても25m×10mしかなく、居住空間は存在しない。長氏嫡流の城としてはあまりにも貧弱で小さすぎる。在地土豪が非常時に立て籠もる詰城、あるいは見張り台として使用されたと考えるべきである。

　城跡から500m離れたオカブチ（大垣内？）・シモカブチ（下垣内？）と呼ばれる場所に長正連の館跡があったと伝えられている。荒屋城と長正連館との存続年代がラップするのか不明だが、荒屋城と長正連館は在地土豪の詰城・居館という関係にあった可能性がある。とすれば長正連の城ではなく、長氏の支配下にあった在地土豪の城だった可能性が出てこよう。

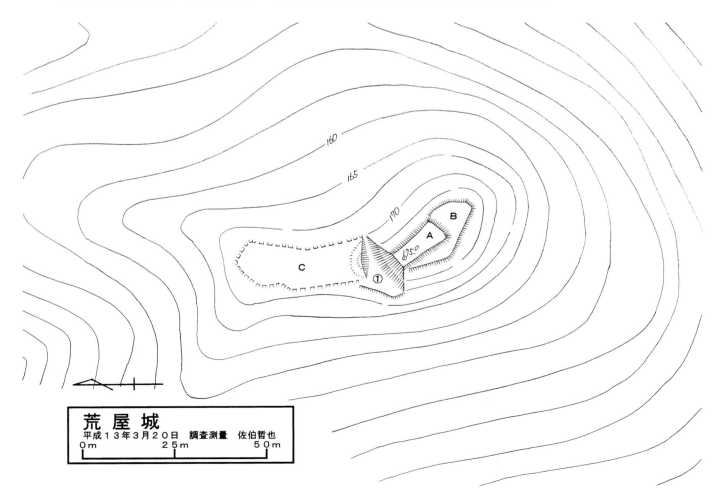

19. 立壁城 (たてかべじょう)

①鳳珠郡能登町立壁　②－　③戦国期　④16世紀　⑤16世紀後半　⑥久乃利（九ノ里）氏？
⑦山城　⑧削平地・切岸・石垣？　⑨60m×20m　⑩標高14m　比高12m　⑪6

　通称城ヶ崎と呼ばれる岬の突端に位置する。三方を断崖絶壁と日本海に囲まれた天然の要害である。珠洲郡誌は「立壁なる今の城ヶ崎に在りきと伝へ、年代城主等得て知るべからず。或は曰く上杉謙信の兵之を陥ると。城外塹壕の跡と称する所あれど、今埋没して遺状殆ど見ること能はず」と述べている。上杉謙信によって落城したということは、天正4年(1576)・5年上杉軍奥能登進攻のことを述べていると推定されるが、詳細は不明。

　天文年間(1532～54)と思われる「能登内浦村々給人注文写」(七尾市史七尾城編第3章111)に、久之利（九ノ里）浦・立壁・半尻を治める領主として「久乃利（九ノ里）殿」を記載している。久乃利氏の実態はほぼ不明だが、記述通り立壁を含む久乃利浦一帯を支配する領主なのであろう。とすれば立壁城も久乃利氏が築城・使用したという仮説が立てられよう。

　A曲輪が主郭と推定され、ほぼ中央に小段を設けている。B曲輪には現在も灯台が設置されている。従ってそこに残っている石垣①は、当時のものか疑問が残る。②地点には珠洲郡誌も述べている堀切が残っていたと推定されるが、道路造設によって破壊され確認できない。

　立壁城の縄張りは単純すぎて年代を推定できない。居住空間は存在せず、また曲輪は小規模なため多数の城兵を駐屯させることもできない。海上を通行する船を監視する見張台として使用されたのであろう。

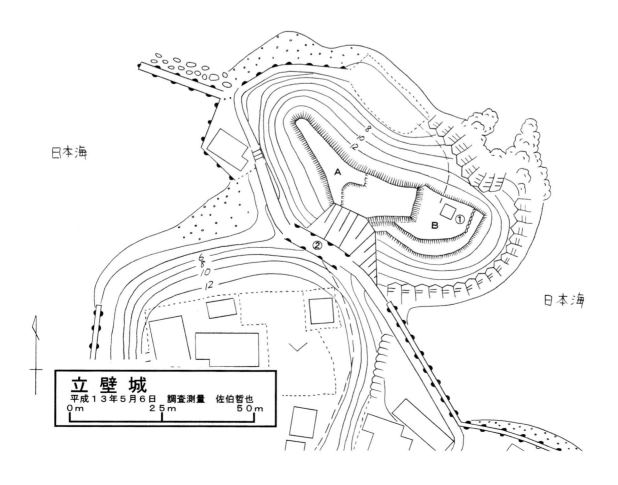

20. 松 波 城（まつなみじょう）

①鳳珠郡能登町松波　②聴松山緑ノ城　③15世紀　④16世紀後半　⑤天正5年
⑥松波(畠山)氏　⑦山城　⑧削平地・切岸・堀切・竪堀・土塁　⑨160m × 100m
⑩標高30m　比高24m　⑪6

　奥能登の国人松波氏代々の居城とされている。城跡の東麓には内浦街道が通り、さらに天然の要害となる松波川が流れている。松波川は約600m下流で日本海に至っており、港湾と繋ぐ運河の要素も持っていた。こうした地の利が選地を決定する要因となったのであろう。

　故墟考は文明6年(1474)能登守護畠山義統の三男常陸介義智が松波の地に入部したとしている。これを裏付ける確証はないが、松波城の築城もこの頃とする仮説も成り立つ。

　戦国期の松波氏の事跡を語る一次史料は少ないが、天文6年(1537)7月「能州松波常陸守」が80人の手勢を率いて京都から近江国に下向し、近江半国守護だった六角定頼に対面している（『加能史料』戦国Ⅸ）。また、天文年間(1532～54)と思われる「能登内浦村々給人注文写」（七尾市史七尾城編第3章111）に松波を治める領主として「松波殿」を記している。天正元年(1573)「気多社檀那衆交名」（七尾市史七尾城編第4章28）には能登守護畠山義慶の有力家臣の一人として「松波常陸殿」が記されている。奥能登の国人だった松波氏も、この頃には畠山氏の家臣団に組み込まれていたのであろう。

　松波城最後の城主松波義親は、能登守護畠山義綱の三男とされている。これが正しければ七尾城主畠山義慶・義隆兄弟（義綱の長男・次男）の末弟となる。松波常陸家の養子となって松波氏を相続したのであろう。天正5年9月15日七尾城落城後、義親は松波城に籠城するが、奥能登に進攻してきた上杉方の長沢筑前守の猛攻絵にあい9月25日落城、義親も討死したとされている。それ以降使用された形跡はなく、この落城をもって廃城となったのであろう。

　城跡とされている範囲には、院山・旭鶴館・嘉尚閣・一竿亭・本丸の標識が立つ。しかし城郭遺構は全く存在せず、城域と認識することはできない。北西端の堀切とされている箇所も、尾根越えの切通しと判断し、城郭遺構ではないと判断した。

　唯一城郭遺構と判断できるのは、通称鳳祥斎（景勝台）及び庭園跡付近のみである。それものと鉄道（現在廃線）により分断されている。A・Bどちらの曲輪が主郭か明確にできない。面積の広いA曲輪が主郭か。

　A・B曲輪の間に堀切①があって両曲輪を完全に遮断しており連絡性が全く無く、従って従郭に対する主郭からの求心性も窺えない。②地点には横堀と土塁・竪堀がセットになった遮断線が存在し、横堀の残骸と思われる③に繋がっていたと考えられる。北西側にる、単純ながらも北西側に巡らされた防御ラインと考えられ、A・B曲輪を防御していたのであろう。このように考えればB曲輪の北西側に土塁が設けられ、北西方面を警戒しているのも理解できる。防御施設が全く存在しないE曲輪方面とは明らかに防御思想が違っている。現在④地点に車道が入ってきているが、当時の大手道もほぼ車道と同じコースを通っていたのではないだろうか。この結果、北西方向を警戒し、防御ラインが構築されたと推定する。さらに防御ラインは天正年間に多用された防御施設で、松波城の廃城年が天正年間まで下ることとも矛盾しない。

　C曲輪には櫓台⑤を設けて西側の尾根続き方向を警戒している。しかしのと鉄道により大きく破壊され、縄張りの性格を知ることは困難になっている。

　松波城で注目されているのは、D地点の庭園跡である。平成18～22年に行われた発掘調査の結果（『石川県能登町松波城跡庭園跡　－平成18～22年度発掘調査報告書－』2011　能登町教育委員会)、礎石建物、枯山水遺構、池跡が検出された。礎石建物は東屋風建物で、火災の痕跡も見られた。枯山水は扁平な円礫によって流水を表現したもので、景石を要所に配置していた。池跡は二ヶ所検出している。庭園は14世紀から造られ始めたが、大規模な造成は15世紀後半で、天正5年の落城により廃絶したと考えられた。奥能登の国人の居城には、既に庭園を取り入れた居城が出現していることが確認できる事例として、重要な存在と言えよう。

21. 背継城 (せいつぐじょう)

①鳳珠郡能登町行延　②行延城・末次城　③16世紀　④16世紀後半　⑤16世紀後半
⑥末次(行延)氏　⑦山城　⑧削平地・切岸・堀切・竪堀・土塁　⑨180m×160m
⑩標高53.5m　比高40m　⑪8

　松波城の南西3.5kmの近距離に位置することから、松波城の支城とされている。城跡直下には松波と宇出津を繋ぐ街道が通る交通の要衝でもある。珠洲郡誌によれば、末次甚右衛門が居城していたが、天正年間上杉氏の攻撃を受けて落城したと記している。恐らく天正5年(1577)松波城と共に落城したのであろう。

　文政12年(1829)に整理したと思われる不動寺過去帳(『内浦町史』第三巻通史・集落編　1984　内浦町)には「陽宗院殿将山道金大居士　七十八歳　弘治三(1557)丁巳十二月廿三日　末次城主」とある。道金という戒名を持つ人物が死去する15日前の12月8日に、不動寺山王宮の上葺が行われており、その棟札裏に「百文　行延　道金」(前掲『内浦町史』)と寄進者名が記載されている。この棟札の道金が、過去帳の末次城主道金とみて良いであろう。道金の実名は判明しないが、過去帳は江戸末期の史料だが、棟札の存在によりの信憑性の高い史料ということが判明し、過去帳により背継城が弘治年間に存在していたことが判明する。

　城跡には独立性が極めて高い曲輪が三基存在している。どれが主郭なのか判然としないが、面積が一番広いA曲輪が主郭と推定される。地元でもA曲輪が本丸と呼ばれている。周囲に高さ6mの高切岸が巡って完全に独立しており、どのようにして入ったのか不明。B曲輪側に櫓台①を設けてB曲輪を監視している。このことからも、A曲輪はB曲輪の上位曲輪ということが判明する。比高があまり無いことから、集落からの敵軍の進攻も考慮していたのであろう。竪堀②・③を設けて山麓から登ってきた敵兵が、主郭Aの東西に回りこむことを阻止している。

　B曲輪は通称三ノ丸。主郭A方向に道④を伸ばしているが、連絡性はほとんどなく、また、従郭(B曲輪)に対する主郭Aからの求心力も全く感じられない。道④を出入りする城兵を、櫓台①が監視している。B曲輪の南側一段下にE曲輪を設け、尾根続きを監視している。この尾根続きを余程警戒していたのであろうか、塁線土塁を設け、さらにE曲輪下に空堀を設けている。警戒はしているものの、大規模な堀切で尾根を遮断するまでには至っていない。これは他の尾根も同様である。

　B・C曲輪間の尾根には竪堀を設けているが、完全に遮断していない。C曲輪も周囲に高切岸を巡らす独立性の高い曲輪で、虎口は明確でなく、どのようにして曲輪内にはいったのか判然としない。C曲輪の弱点となる尾根続き方向に、土塁を設けて防御力を増強している。

　D地点は二ノ丸と呼ばれているが、ほぼ自然地形の平坦面が残るのみで、明確な城郭遺構は存在しない。東西に続く尾根にも竪堀を設けているが、完全に遮断はしていない。

　以上、背継城の縄張りを述べた。独立性が極めて高い曲輪群が存在する点、曲輪の虎口が明確になっていない点は、松波城と同じである。この点からも背継城は松波城と同勢力の城と言える。松波城に残る防御ラインが存在しないのは、背継城が松波城の支城だからなのであろう。このような点を考慮すれば、背継城は松波氏に服属した在地土豪末次氏の城と考えて良いであろう。ただし、独立性が強い曲輪群が存在するのは、末次氏単独の城ではなく、末次氏を含む小土豪連合体(身分差がほとんど無い小土豪連合体)の城としたほうが良いかもしれない。従郭に対する主郭からの求心力がほとんど感じられないのは、このことを物語っているのであろう。

　なお、背後に続く尾根や谷を全て城郭遺構とし、広大な範囲を城域としている説もある。このため全て調査したが、全て自然地形あるいは耕作地と判断し、紹介しないこととした。

22. 越 坂 城 （おっさかじょう）

①鳳珠郡能登町越坂　②－　③戦国期　④16世紀　⑤16世紀後半　⑥太田氏　⑦山城
⑧削平地・切岸・土塁・石垣？　⑨140m×80m　⑩標高14ｍ　比高12ｍ　⑪8

　通称城ヶ端（あるいは城ヶ崎）と呼ばれた岬の突端に位置する。城ヶ端は九十九湾の入口に突き出すような形状になっているため湾の入口の幅は250ｍしかない。このため湾を出入りする船は必然的に越坂城近くを航行することになり、越坂城の築城目的は九十九湾を出入りする船を監視することだったと考えられる。故墟考は「堡迹今不詳なれども、越坂村より左の出崎の頭を城ヶ端と呼び、夫れより此の方に城ヶ下と呼ぶ地名あり。古へ城ありし時の遺名ならん。一書に太田某居たりと云ふ。無伝」と述べている。城主が太田氏という以外は全く不明である。
　三方が断崖絶壁と日本海に囲まれた天然の要害である。城跡に立てば、九十九湾の奥まで見通すことができ、越坂城の築城目的が九十九湾を出入りする船の監視役だったことを物語っている。現在城跡に九十九湾キャンプ場が設営され、遺構が破壊されている。主郭Aは現在広大な平坦面となっているが、キャンプ場設営によって削平された可能性も否定できない。それでも多数の城兵は駐屯できたようで、単なる見張台だけではなく、万一の場合籠城もできたようである。②地点は現在はかなり埋まっているが、土橋を併設した堀切だったと考えられ、尾根続きを遮断している。遮断線の防御力を増強しようとしていたのであろう、土塁の残骸が①地点に残っている。
　以上述べたように、越坂城は在地土豪の城郭としても機能していたようである。九十九湾監視用の他に、九十九湾一帯を支配する在地土豪の城郭として築城・使用されていたと考えられよう。

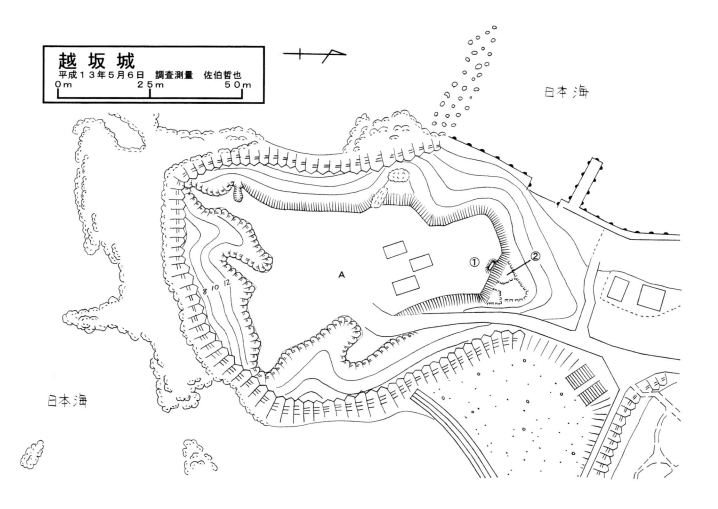

23. 左近田砦 (さこんだとりで)

①鳳珠郡能登町当目　②－　③戦国時代　④戦国時代　⑤戦国時代　⑥左近田氏？　⑦山城
⑧削平地・切岸・堀切　⑨40m×25m　⑩標高207.2m　比高40m　⑪47

　通称的山あるいは学校山の山頂に位置する。麓には穴水から米山城下に至る街道が通る交通の要衝でもある。平成13年度まで旧当目小学校の公園として利用されていたため、現在でも旧校舎の裏側から城跡へ登る道がついている。城跡からの眺望は素晴らしく、上当目・下当目集落を一望することができる。

　縄張りは単純で、中央に主郭Aを置き、尾根続きを遮断するために堀切①・②・③を設けている。背後の連絡性を残すために、堀切①には土橋を設けている。地表面観察で識別できるような明瞭な虎口は残っていない。

　城主名については伝わっていないが、『二千年の巣ヶ前村史』(1999 当目公民館) によれば、砦跡の近くに左近田太郎右衛門家があり、江戸時代の有力百姓の一人であり、平家の落人伝説を持つ旧家でもあったという。とすれば左近田家が当目地域を支配していた中世の土豪で、城主が左近田氏だった可能性も指摘できよう。比高も在地土豪が支配する城としては手頃であり、城跡からは支配地域を一望することができる。縄張りも織豊政権等の外部勢力が改修した形跡は残っていない。この点からも左近田氏が城主だった可能性は強いと言えよう。

　城跡は公園として整備されており、主郭Aはきれいに刈り払われている。約30分ほど歩けば到着する距離である。郷土の貴重な文化遺産として一度探訪されることをお勧めしたい。

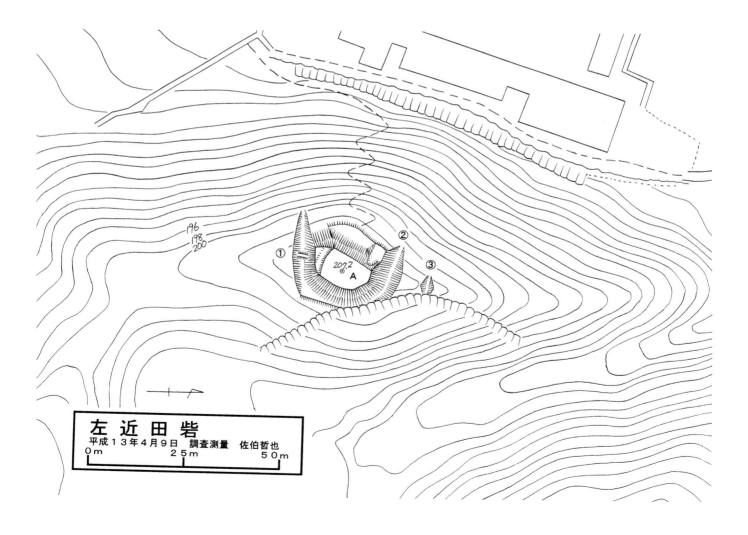

24. 米 山 城（よねやまじょう）

①鳳珠郡能登町笹川　②－　③鎌倉時代？　④16世紀後半　⑤16世紀後半
⑥町野（牧野）上総介　⑦山城　⑧削平地・切岸・竪堀・堀切・土塁　⑨400m×260m
⑩標高170.2m　比高130m　⑪10

　中世の荘園町野荘のほぼ中央に位置し、町野荘の集落を見下ろす通称御前山山頂に位置する。御前山の東麓は、奥能登の主要集落である曽々木・松波・宇出津・穴水へ通じる街道が集中する交通の要衝である。さらに奥能登屈指の河川・町野川が流れている。町野荘は海に面していないのにもかかわらず、こうした物流の良さが早くから早くから町野荘が開けた理由であり、多くの物資が御前山周辺に集まったことであろう。標高及び比高とも手頃な高さであり、町野荘を支配する領主の城としては最適の選地といえよう。
　町野氏は鎌倉時代に町野荘に移り住んだ外来地頭と考えられ、以後、在地領主化していったのであろう。とすれば町野氏による米山城築城も鎌倉時代に遡るのかもしれない。
　町野荘は16世紀に室町幕府の料所となっていることが判明している。すなわち（天文5年＝1536）5月24日畠山義続宛足利義晴御内書案（『加能史料』戦国Ⅸ）によれば、12代将軍足利義晴は幕府料所の能登国町野荘の年貢進納が、大永7年（1527）から滞っているので、早々に進納するよう能登守護畠山義続に督促している。実に9年間も年貢が納められていないわけだが、いかなる理由で滞ったのか、そして結末はどうなったのか、興味は尽きないが、一切不明である。料所の代官をしていた町野氏が在地領主化し、幕府に進納する年貢を横取りしていたことが容易に推定されるが、幕府の料所になるほど町野荘は経済力が豊かな場所だったのである。この経済力を背景に町野氏は自立し、在地領主化していったのであろう。
　鳳至郡誌によれば、天正年間（1573〜92）に牧野上総介が米山城に居城していたが、上杉謙信に攻められて米山城は落城し、上総介は本丸の断崖絶壁から四ツ谷川に入水したと伝えている。牧野上総介は町野上総介の誤記とされている。上杉謙信の奥能登進攻は天正4・5年（1576・77）のことなので、恐らくそのときに米山城は上杉軍に攻められ落城したのであろう。その後使用された形跡はなく、落城をもって廃城になったと考えたい。
　御前山山頂に主郭Ａを置く。地表面観察で確認できる明確な虎口は残っていない。西側の尾根続きを警戒していたと見え、二本の堀切①・②を設けている。この堀切は端部を竪堀状に落としており、遮断効果の高い堀切となっている。これは堀切③・④にも同様のことが言える。堀切④の城内側にＢ曲輪を設けている。曲輪と呼べそうなのはＡ・Ｂの二曲輪のみで、ここに数少ない曲輪を設けて城兵を駐屯させなければならないことがあったと考えなければならない。
　Ｂ曲輪からＣ・Ｄ二つの尾根が派生しているが、緩やかに、しかもより町野荘の集落の近くまで伸びているのはＣ尾根である。しかも集落から城に登る場合、Ｃ尾根だけが堀切を越えずに主郭Ａにたどり着くことができる。従って大手方向はＣ尾根と推定することができ、Ｂ曲輪はＣ尾根から登ってくる武士等をチェックする役割を果たしていたと言えよう。
　一方、Ｅ尾根も切岸を設けて加工し、通路を設定している。その通路は別添詳細図の矢印のように通ったと考えられる。敵兵が通路を通る間、常に尾根上から横矢が効いており、堀切で遮断するだけの単純な防御施設より技術的に進歩した新しい時代の防御施設と評価できる。構築された年代は16世紀後半に下ることは間違いあるまい。Ｅ尾根は四ツ谷川の断崖絶壁に面した尾根で、16世紀後半までは無防備でよかった。しかし16世紀後半以降は最新の技術を導入して警戒しなければならなかったのである。それが天正4・5年における上杉軍の進攻だったという仮説を提唱することが可能であろう。
　米山城から1.6km離れた場所に、町野氏の平時の居館跡と思われる町野氏館跡が残っている。自然丘陵の微高地に位置するが、明確な城郭遺構は残っていない。堀跡と思われる窪地は幅が80mもあり、とても堀跡とは思われない。孤島状態で微高地が残っていることから、付近を流れている町野川のかつての流路跡ではないかと推定されよう。

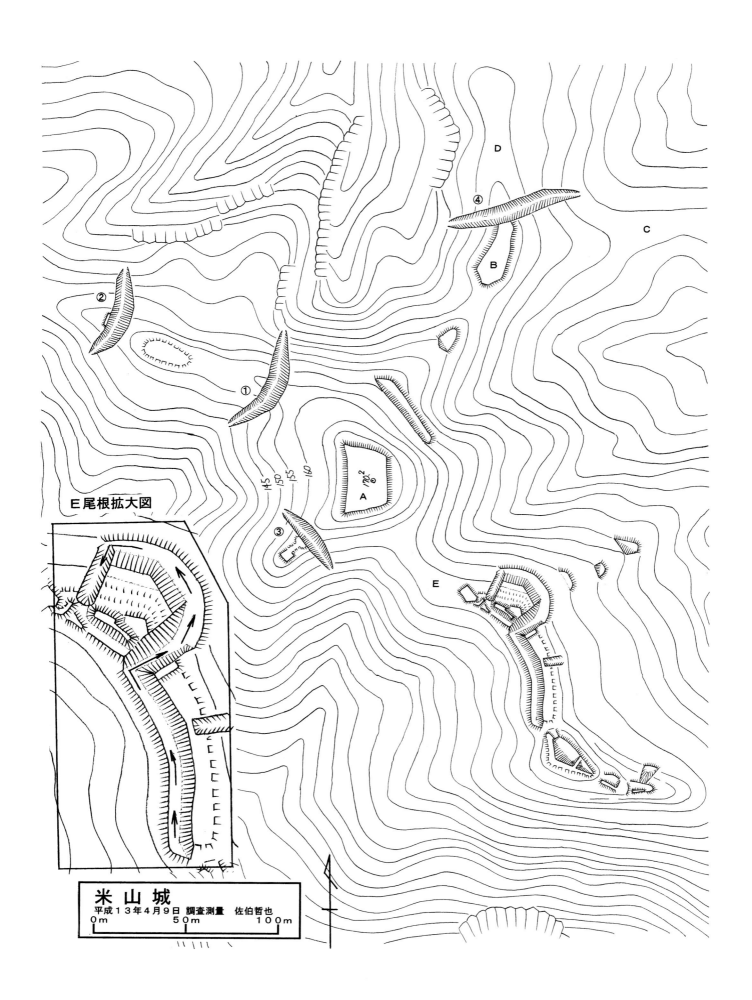

25. 棚 木 城 (たなぎじょう)

①鳳珠郡能登町棚木　②遠島山の城　③15世紀　④16世紀後半　⑤天正10年
⑥棚木氏・長景連　⑦山城　⑧削平地・切岸・堀切　⑨ 590m × 280m
⑩標高32m　比高－　⑪9

　田ノ浦に突き出た通称城山あるいは遠島山と呼ばれる海成丘陵に築かれている。三方を断崖絶壁と日本海に囲まれた天然の要害である。城跡の北西には古くから重要な役割を果たしてきた宇出津港があり、これを強く意識して築城されたことは明白である。

　江戸期の地誌類によると、穴水城14代長光連の弟多奈木左近が応仁の乱の頃（1467～77）に築城したという。その後天正4年（1576）上杉謙信奥能登進攻に伴い、棚木城には上杉方の長景連が在城したという。しかし、これについては正院川尻城とも言われている。

　長景連の棚木在城が確実なのは天正10年（1582）である（七尾市史武士編第1章40～53・55・56）。天正10年5月15日頃、景連は越中魚津城に出陣した前田利家の隙をついて、越後から海路奥能登へ進攻し、棚木城に籠城した。これに対して利家は、従軍している長連龍等に千人の手勢を与えて向わせると共に、棚木城近隣の長百姓に船を集めて棚木城を包囲し、景連の動きを阻止するように命じている。

　利家の景連とそれに味方した能登土豪に対する処分は厳しく、兄安勝に対して越後から来た武士は助命してもよいが、能登の武士は一人も助けてはならず、七尾城下にて火あぶりにするよう命じている。中途半端な処分が織田信長の耳に入ったら国主としての責任を問われる、と述べている。信長を気にする利家の意外な一面が見える。

　棚木城総攻撃は5月22日午前6時頃から開始され、その日のうちに落城し、景連は討死、首は安土に送られている。敵兵に対する利家の処分は厳しく、生け捕った捕虜を釜煎りするための大釜を、鉄砲鋳造を後回しにしてでも製造するよう安勝に命じている。以後棚木城は使用された形跡はない。天正10年落城をもって廃城になったのであろう。

　棚木城は現在郷土館や民族館等として使用されているため、保存状態は極めて悪い。城郭遺構として確認できるのは、堀切①・②ぐらいである。堀切⑤も城郭遺構の可能性もあるが、別の可能性もあり、これについては後述する。伝承ではA地点が本丸と呼ばれている。④地点に馬洗池があったとされているが、現存していない。⑥地点は月見御殿の跡といわれるが、遺構は残っていない。⑦地点は舟隠しと呼ばれており、船入りとして使用されたと考えられる。

　周囲には多数の階段状削平地あるいは石垣が存在しており、これを含めると広大な城域が発生する。しかし殆どが無計画に造成され、さらに防御施設としての効果を発揮していない。恐らく階段状削平地は耕作地であり、石垣は耕作地崩壊防止あるいは土砂流失防止のための造作と考えた。このため③地点にかつて堀切が存在していたと推定し、そこから西側を城域とした。

　棚木城は平成元～3年にかけて発掘調査が実施された（『棚木城跡遺跡詳細分布調査報告書』1991　能都町教育委員会）。注目されたのは、③地点から北西に370m離れた小尾根で、№1トレンチから上幅2.4m、深さ1.5mの明確な溝状遺構が検出された。その西側平坦面を発掘したところ、4つの柱穴が検出され、1間四面の小建物が推定された。さらに柱穴からは3～10枚の土師質皿が出土した。これは地鎮具と推定され、小建物は宗教建造物、具体的には祠のような建物と推定された。土師質皿の制作年代は18世紀中～後半と推定された。また平坦面からは瓦も出土しており、瓦の制作年代は18世紀第4四半期～19世紀第1四半期と推定された。つまり小建物の存在年代は18世紀後半と推定されるのである。とすれば背面の溝状遺構は城郭施設としての堀切ではなく、宗教建造物の結界（区画）としての溝と推定され、これも18世紀後半に構築されたと考えられよう。このように考えれば堀切⑤とその平坦面も、宗教関連遺構の可能性が高い。堀切⑤からは宇出津港を出入りする船を見下ろすことができる。平坦面には港を出入りする船の航行の安全を祈願する祠が建っていたと推定することが可能であろう。なお、その他の地点でも試掘調査が行われたが、明確な城郭遺構及びそれに伴う遺物は出土しなかった。

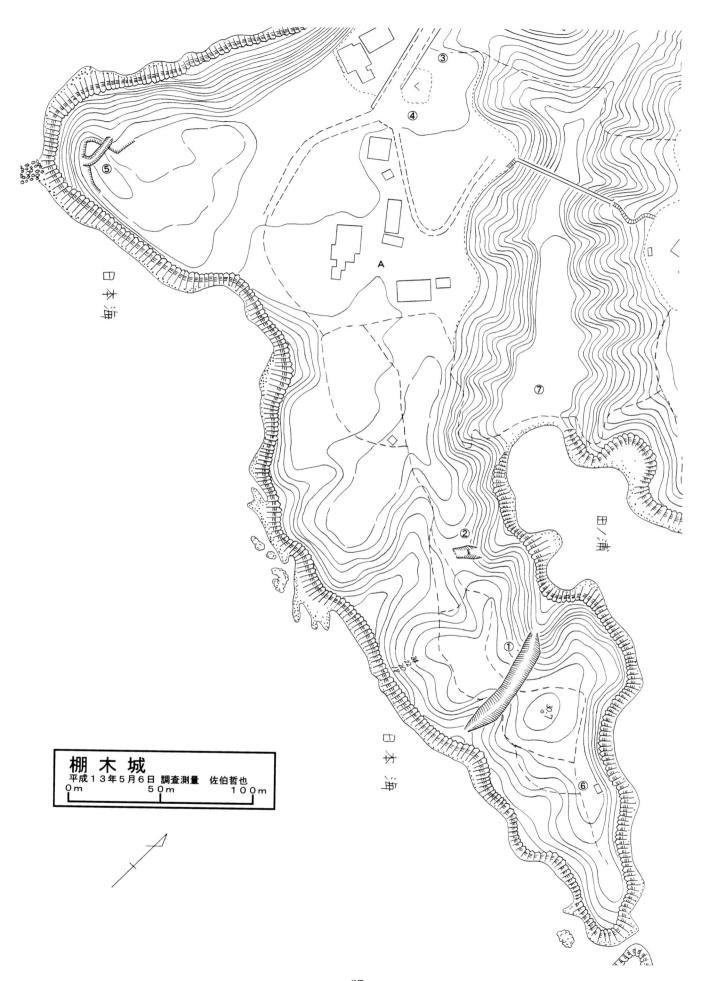

26. 大 峰 山 城（おおみねやまじょう）

①鳳珠郡能登町院内　②－　③16世紀後半　④16世紀後半　⑤16世紀後半　⑥大峰神社？
⑦山城　⑧削平地・切岸・堀切・竪堀・畝状空堀群　⑨480m × 100m
⑩標高 148.1 m　比高 110 m　⑪12

　通称御前ヶ峰の山頂に位置する。穴水町比良と曽山峠を越えて能登町鵜川を繋ぐ街道が山麓を通る交通の要衝でもある。残念ながら築城者等事跡は一切伝わっていない。

　『能都町史』（第五巻　通史・人物誌編、1983　能都町）によれば、御前山山麓に位置する大峰神社は天平勝宝8年（756）石動山五社権現を勧請して泰澄が開いたと伝えている。山頂の本殿に祀られている木造蔵王権現立像は、平安末期の作とされている。同じく山麓に位置する霊山寺は大峰神社の別当寺で、やはり平安末期作の木造薬師如来坐像と木造聖観音坐像・千手観音立像が祀られている。

　霊山寺は正平4年（1349）村上天皇の勅願所となるが、天正10年（1582）長景連が棚木城と共に滅ぶと、大檀那を失ったために急速に寺勢が衰え、七堂伽藍・十余坊舎の面影も失われてしまった（『能都町史』（第三巻　歴史編、1982　能都町）。これに従えば、天正10年まで霊山寺や大峰神社は大きな寺社勢力として存在していたことになる。

　大峰山城は御前ヶ峰山頂に位置する大峰神社奥の院の周辺に存在する。主郭はA曲輪だが、平坦面の削平は甘く、ほとんど自然地形となっている。これでは堅牢かつ大規模な建物は建たない。プレハブのような小規模かつ簡易的な建物が建っていたと考えられよう。このことから、軍事的緊張が高まった結果、一時的に使用された短期的な城郭が推定される。手奥の院前の石垣も神社としての石垣であり、城郭遺構ではない。

　注目したいのは、周囲を巡る切岸と畝状空堀群である。主郭Aの周囲に高さ6mの高切岸を巡らせ、敵軍の攻撃を遮断している。高切岸を設けると、必然的に腰曲輪が発生し、そこを敵兵が自由に動き回ることになり、城方にとって弱点にもなってしまう（勿論腰曲輪は城兵駐屯地ともなるので、城方にとって長所にもなる）。この弱点を克服するために、腰曲輪に竪堀や畝状空堀群を設け、平坦面に凹凸を設けている。凹凸を設けることにより敵兵の動きは鈍り、動きの鈍った敵兵に対して、城内からは城兵が弓矢を放つ。敵兵は動きが鈍っているため、城兵は照準を合わせやすくなり、これにより敵兵の死傷率は格段に高くなり、敵軍は大損害を被ったことであろう。

　この畝状空堀群は、上杉氏が構築した飯田城や萩城（いずれも珠洲市）のように規則正しく並んだ櫛の歯状畝状空堀群とは違い、大小雑多な竪堀を不規則に並べている。とにかく平坦面に凹凸を設けて敵兵の動きを鈍らせたい、という目的のみで構築したのであろう。上杉氏とは違う構築者が推定され、在地勢力が構築したのであろう。

　主郭Aから離れた場所に、堀切①・竪堀②③が設けられている。尾根続きを進攻してくる敵軍の攻撃を遮断するための防御施設とも考えられるが、あまりにも主郭Aから距離が離れすぎており、あまり役に立ちそうに無い。さらに最も堀切を設けなければならない④地点には、防御施設が全く設けられていない。不自然な点があり、城郭施設と即断するのは禁物である。猪垣等の施設も視野に入れて総合的に検討したい。

　畝状空堀群は16世紀後半に多用される城郭遺構である。仮に大峰神社が天正10年まで宗教勢力として存続していたのなら、天正4〜10年までの上杉氏・前田氏による軍事的進攻に対応するために、大峰山城は大峰神社が一時的に構築した山城と推定することが可能であろう。

　なお大峰山城から1.1km離れた場所に山田（院内）城址がある。山田秀次が居城したという伝承は残るものの、明確な城郭遺構は存在せず、城跡でない可能性も否定できない。仮に大峰山城の築城者が大峰神社でないとしたら、本来は山田城が大峰山城跡で、現在の山田城跡は誤って伝承されてしまった可能性も考えるべきであろう。

27. 鵜 川 館 （うかわやかた）

①鳳珠郡能登町鵜川　②－　③室町〜戦国時代　④室町〜戦国時代　⑤室町〜戦国時代
⑥温井氏　⑦平地館址　⑧切岸・横堀　⑨90m×150m　⑩標高 28 m　比高 20 m　⑪48

　通称城の上と呼ばれる台地先端に位置する。ここに立てば、山田川河口の港や港の周囲に広がる鵜川集落等を一望することができ、在地領主の居館としては最適の選地と言えよう。
　『能登志徴』によれば、戦国期の有力国人温井備中の弟温井兵庫助が居住していたとしており、また一説には藤岡平右衛門が居住したとも述べている。
　能登守護畠山氏の重臣だった温井氏の本貫地は輪島市なので、遠く離れた鵜川に温井氏が居住していたとは考えにくい。鵜川集落に鵜川菅原神社があり同社が所蔵する棟札に、天文三年(1534)温井兵庫助総貞が鵜川天神社を造立した棟札がある（『加能史料』戦国Ⅷ）。ただしこの棟札の総貞の名は「領主温井兵庫助　総貞代官　丸山源左衛門尉　同福田藤左衛門尉」とあり、代官が存在したことも判明する。恐らく温井氏代官が支配する地であり、藤岡平右衛門は代官だった可能性もある。 天文年間(1532〜54)と思われる「能登内浦村々給人注文写」（七尾市史七尾城編第3章 111）にも鵜川の領主として温井兵庫助の名を記載しており、天文年間の鵜川館には、温井氏の代官が居住していた可能性は高い。
　館跡の構造は単純で、①・②地点に横堀の残骸が残っており、それを繋ぐ横堀が破線のように構築されていたと推定される。恐らくその東側が館内と推定され、一重の横堀で区画された居館だったと推定されよう。今後は詰城の存在の有無を確認するのが重要な課題となろう。

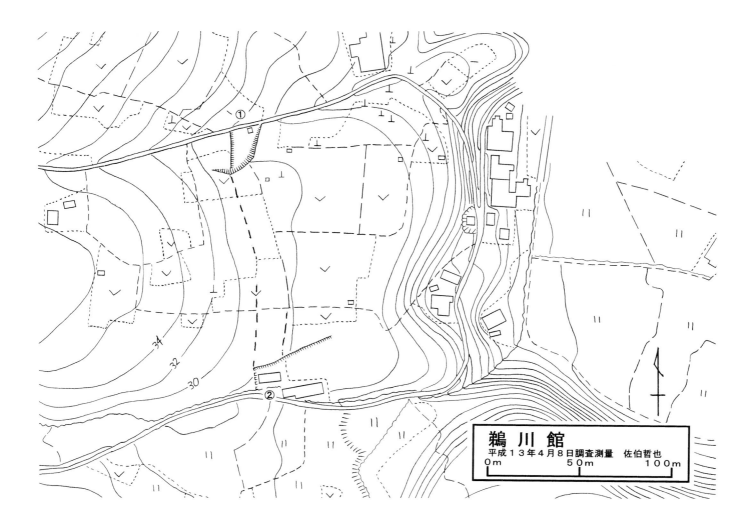

鵜 川 館
平成13年4月8日調査測量　佐伯哲也
0m　　　50m　　　100m

28. 笹 波 砦 （ささなみとりで）

①羽咋郡志賀町笹波　②－　③室町～戦国時代　④室町～戦国時代　⑤室町～戦国時代
⑥－　⑦山城　⑧平坦面・堀切・土橋　⑨30m×25m　⑩標高77.8m　比高40m　⑪22

　伝承及び古記録は残っていない。笹波集落を見下ろす尾根の先端に築かれている。集落との比高は約40mと在地土豪が領地支配するには手頃な高さとなっている。

　縄張りは単純で、尾根に堀切①を設けて敵軍の攻撃を遮断し、その先端に主郭Aを設けている。麓から尾根道が登ってきており、尾根道で削られた窪地が②地点と推定され、従って堀切①に設けられている土橋は、尾根道を通すために廃城後に設けられた可能性が高い。②の切岸は地滑り跡と推定される。

　縄張りが単純すぎて特徴が無い。このため築城年代・築城者を絞り込むことができない。主郭Aの平坦面の削平が甘いこと、枡形虎口等特徴的な遺構が無いことから、在地土豪が軍事的緊張が高まった結果、一時的に使用するために築いた臨時城郭ということが推定されよう。

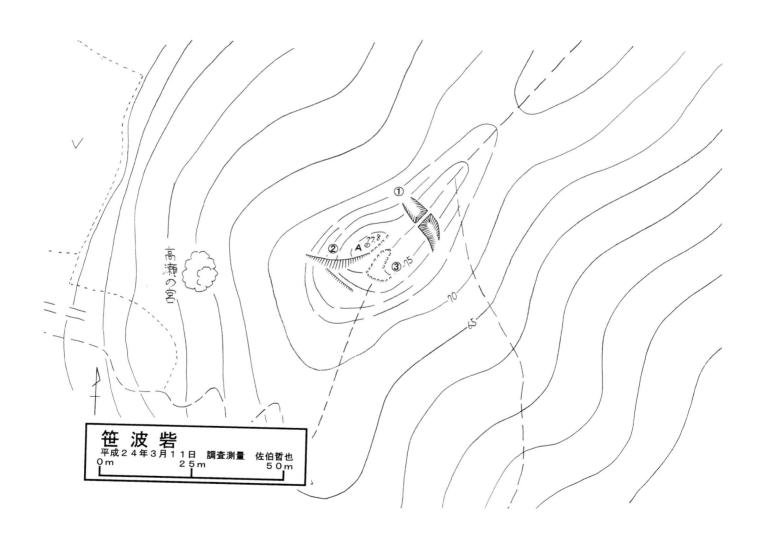

29. 寺尾城 （てらおじょう）

①羽咋郡志賀町鹿頭　②－　③16世紀後半　④16世紀後半　⑤16世紀後半　⑥－　⑦山城
⑧平坦面・切岸・堀切・土橋・土塁・虎口　⑨50m×60m　⑩標高78.3m　比高60m　⑪22

　城跡の存在は知られていたが、城主・来歴等の伝承及び古記録は残っていない。鹿頭（ししず）集落を見下ろす尾根の先端に築かれている。集落との比高は60mと在地土豪が領地支配するには手頃な高さとなっている。背後の④地点には鹿頭集落から尾根を越えて、酒見川沿いの集落へ下りる道が通っている。かつては尾根越えの道として通行量も多く、重要な道だったという。

　尾根の先端に主郭Aを設けているが、平坦面の削平は甘く、ほとんどが自然地形。尾根続きを堀切②で遮断し、しかも先端を切岸状に加工して斜面に落とし、堀切を越えないで回り込もうとする敵兵に対処している。

　寺尾城の遺構で注目したいのは、内枡形虎口①の存在である。堀切のほぼ中央に土橋を設け、城内側に小規模だが内枡形虎口①を設けている。寺尾城の築城年代を推定するのに重要なパーツである。内枡形虎口①に敵兵が直撃しないように、堀切の対岸を土塁状に加工している。これは明らかに道④からの敵軍の攻撃を警戒した措置である。従って道④は中世から存在していた可能性は高い。湧水③は現在は池となっているが、これは昭和30年代に道④を拡幅した結果、小川がせき止められて池となったもので、当初から池だったわけではない。

　主郭Aの削平の甘さから、臨時的な城郭と推定される。内枡形虎口は16世紀後半から多用されるものだが、織豊系城郭のように土塁で構築されたハイレベルなものにまで発達していない。従って寺尾城は、16世紀後半に在地土豪が道④を監視掌握するために築いた臨時城郭とすることができよう。南北朝期の城とする説もあるが、根拠は存在せず、否定したい。

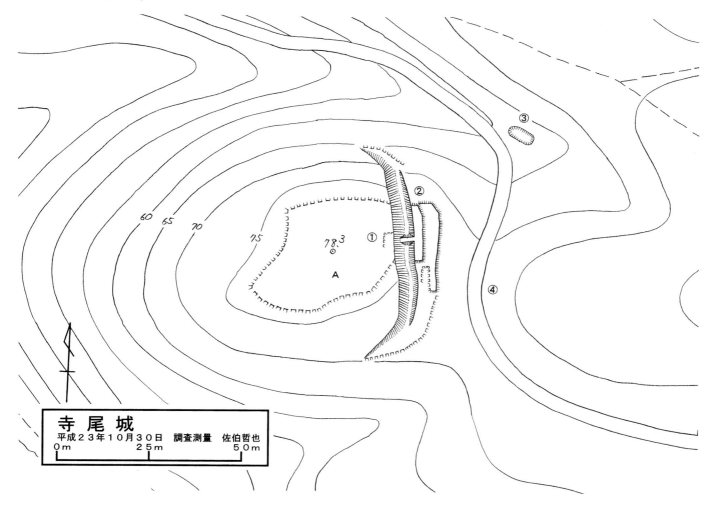

寺尾城
平成23年10月30日　調査測量　佐伯哲也

30. 大 福 寺 砦 (だいふくじとりで)

①羽咋郡志賀町大福寺　②－　③16世紀後半　④16世紀後半　⑤16世紀後半　⑥大福寺？
⑦山城　⑧平坦面・切岸・堀切・土塁・竪堀　⑨50m×35m　⑩標高60m　比高15m　⑪22

　伝承及び古記録は残っていない。大福寺集落を見下ろす尾根の突端に築かれている。比高は15mと高くないが、急峻な地形が広がっており、さらに尾根を取り巻くように川が流れているため、天然の要害と呼べる地形と言えよう。尾根続きの④地点には、酒見川沿いの集落を繋ぐ街道が通っている。こ大福寺砦はこの街道を強く意識した選地と言えよう。

　主郭はA曲輪で、尾根続きを堀切①で遮断するとともに、周囲を高さ3mの高切岸を巡らせている。堀切の主郭A側に、若干ながら土塁が残り、防御力を増強している。高切岸の直下に腰曲輪が巡っており、一部段差を設けて敵兵の移動速度を鈍らせている。竪堀②・③を連続で設けて敵兵が北側に回り込むのを完全に阻止し、強制的に南側に回り込ませようとしている。連続竪堀は16世紀後半の防御施設であり、大福寺砦の築城・存続期間を推定する重要なパーツとなる。地表面観察で確認できる明確な虎口は設けられていない。

　主郭Aは20m×10mと小さく、居住空間は存在していないと考えられる。織豊政権が関与した形跡が全く見当たらないため、在地勢力が16世紀後半に街道④を監視することを主要目的として築いたと考えたい。

　大福寺砦の西側100mの位置に高爪神社があり、その別当寺だった大福寺に天正13年（1585）前田利家は堂の上葺を近隣三ヶ村の百姓に命じている（七尾市史武士編第1章253・254）。つまりこの頃大福寺は宗教勢力として存在していたこと確認できる。至近距離に位置していることから、16世紀後半に大福寺が築城したという仮説が成り立とう。

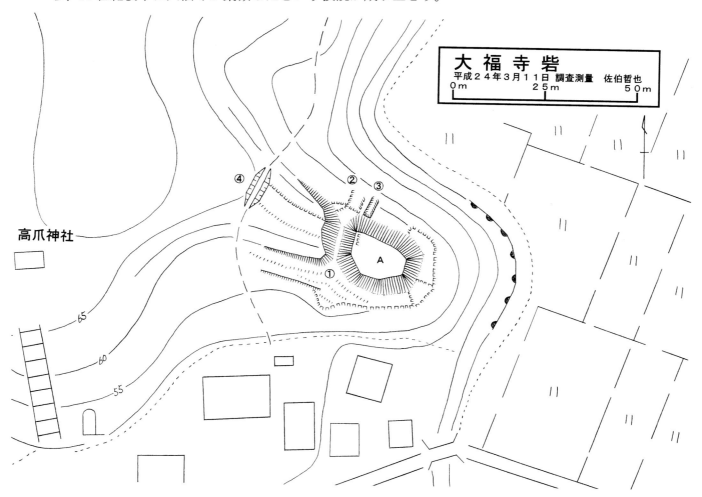

31. 根尾御前山砦 (ねおごぜんやまとりで)

①羽咋郡志賀町今田　②－　③室町～戦国時代　④室町～戦国時代　⑤室町～戦国時代　⑥－
⑦山城　⑧平坦面・切岸・堀切・土塁　⑨27m×25m　⑩標高232.5 m　比高160 m　⑪25

　伝承及び古記録は残っていない。西谷内谷から富来川へ抜ける峠越えの街道を監視・掌握できる交通の要衝でもある。
　主郭はA曲輪。背後に櫓台①を設けており、さらに尾根続きを堀切②で遮断している。以上が根尾御前山砦の縄張りの概要である。尾根続きを堀切で遮断していることから城郭として評価しても良いと思われる。しかし櫓台①に通路を付属させている点は、城郭としては異質である。主郭Aと櫓台①の高低差は1mしかなく、普通この程度の高低差で通路は設けない。通りやすさに主眼を置いた遺跡と言えよう。峠を見下ろす地点に位置していることから、櫓台①には祠があり、堀切②は結界と考え、城郭遺構ではなく宗教施設という仮説の提唱も可能であろう。
　なお根尾御前山砦より北側尾根続きの一段上の山頂を、ナマリ山と呼び城跡だと伝わっている。ナマリ山に城郭遺構は残っていないが、根尾御前山砦の位置が誤伝されて、ナマリ山が城跡とされてしまったのではなかろうか。

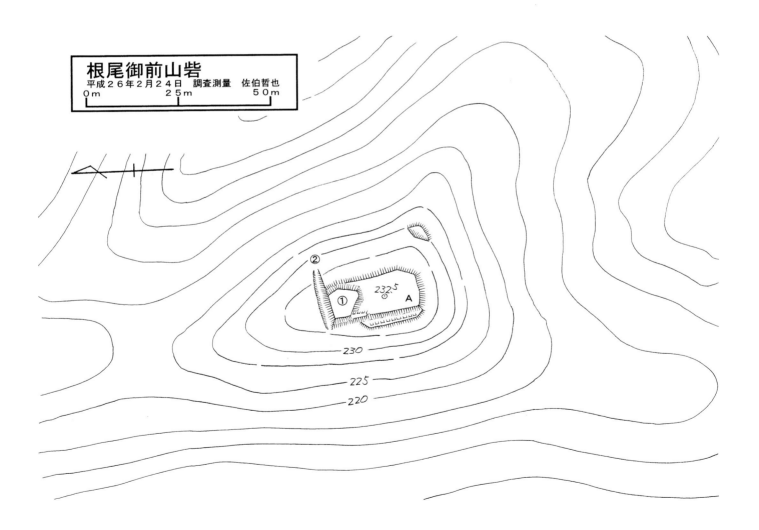

32. 村松砦（むらまつとりで）

①羽咋郡志賀町町居　②－　③16世紀後半　④16世紀後半　⑤16世紀後半　⑥－
⑦山城　⑧平坦面・切岸・堀切・土塁　⑨27m×16m　⑩標高105m　比高40m　⑪27

　伝承及び古記録は残っていない。城跡からは町居集落と小盆地に広がる水田を見渡すことができる。さらに城跡から西方70ｍの地点に、町居集落から中山集落へ出る尾根越えの道が通っており、このことを強く意識した選地と言えよう。

　町居集落に鎮座する松尾神社は、本殿が室町末期に建てられており、国の重要文化財に指定されている。さらに永禄２年(1559)銘銅板打出薬師如来懸仏を所蔵することでも知られている。残念ながら、懸仏に寄進者等の銘は入っていないが、16世紀後半に町居集落に神社社殿を建立する有力者が存在していたことを示す傍証となろう。

　城内最高所に主郭Ａを配置し、周囲に３～４ｍの切岸を巡らせている。尾根続きを堀切①で遮断しており、この堀切①は末端を竪堀状に斜面に落としており、遮断性の強い防御施設となっている。堀切①に面したＢ曲輪に、2.5ｍ×3.0ｍの土壇②が残っている。土壇②は直接主郭Ａと繋がらず、切岸によって遮断されている。この土壇②は橋台だったと考えられ、平常時は堀切①と土壇②に木橋を架け、さらに主郭に木橋を架けていたと推定される。戦闘時は木橋を撤去していたのであろう。窪地③・④は虎口だったと考えられ、戦闘時Ｂ曲輪から虎口③・④を通って主郭Ａに入っていたのであろう。

　土壇の有効的な利用、あるいは単純ながらも虎口の使用は、村松砦の築城・使用が16世紀後半であることを推定させる。虎口が土塁を用いた枡形虎口にまで発達していないため、在地土豪が領地支配のため16世紀後半に築城・使用したという仮説が提唱できよう。

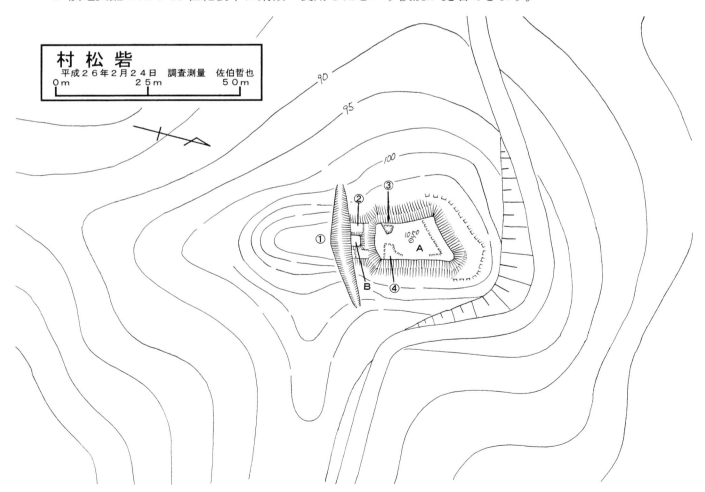

33. 木 尾 嶽 城（きおだけじょう）

①羽咋郡志賀町東小室　②尾室城　③南北朝時代　④16世紀後半　⑤16世紀後半
⑥富来俊行・藍浦長門　⑦山城　⑧平坦面・切岸・堀切・土塁　⑨27m × 16m
⑩標高140.9m　比高130m　⑪24

　城内最高所に主郭Aを置き、ほぼ中央に櫓台を設けている。麓から登ってくるB尾根から主郭Aに到達するには、曲輪や切岸が設けられていない①地点から入らなければならない。両側を回り込もうとする敵兵に対して、堅堀③・④を設けて阻止している。①地点を右側に屈曲して帯曲輪を直進し、突き当たりから小曲輪④に移り、そして主郭Aに入ったと考えられる。帯曲輪を直進中、長時間主郭Aからの横矢に晒されることになる。
　一方、尾根続きのD尾根から進攻してきた敵兵は、4本の堀切を越えて、主郭A直下の切岸にたどり着く。切岸を乗り越えられない敵兵は、腰曲輪Cを北上することになるが、堅堀③のためにそれ以上進攻できず、腰曲輪Cを右往左往することになる。立ち往生する敵兵に対して、主郭AやE曲輪から弓矢が放たれ、敵軍は大損害を被ったことであろう。
　このようにB・Cどちらの尾根から進攻してきた敵兵に対しても、計画的な通路を設けて対処ができており、ハイレベルの縄張りと評価できる。築城は南北朝期かもしれないが、現存する縄張りは16世紀後半に構築されたと判断されよう。
　貞和2年(1346)富来俊行等が籠城した木尾嶽城は、吉見氏頼等の軍勢に攻められて落城している（『加能史料』南北朝Ⅰ）。その後天正4年(1576)上杉謙信が部将の藍浦長門を置いたとされている（『富来町史』通史編　1977　富来町）。現存遺構はこのとき（天正4～5年の上杉謙信能登進攻）に改修された可能性が高いと言えよう。

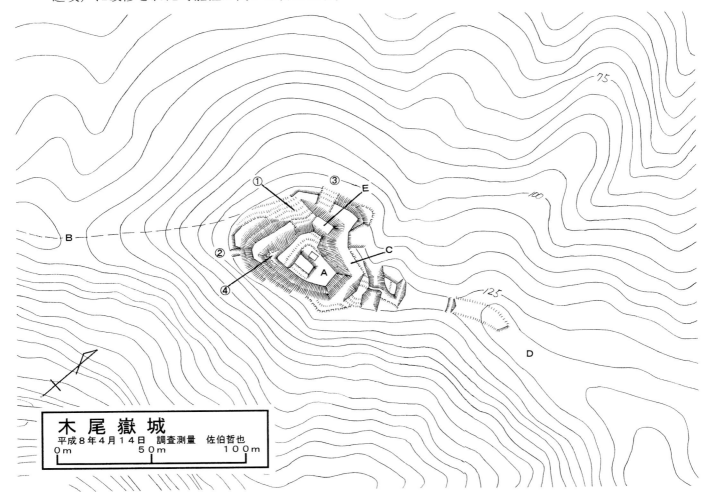

34. 富来城（とぎじょう）

①羽咋郡志賀町八幡　②－　③室町～戦国時代　④室町～戦国時代　⑤室町～戦国時代
⑥岡野氏　福富行清　⑦丘城　⑧平坦面・切岸・横堀　⑨300m×140m
⑩標高20ｍ　比高10ｍ　⑪24

　故墟考によれば岡野某が居住したというが確証はないと記載している。富来城と木尾嶽城は城主歴が混同しており、天正4年(1576)上杉謙信が部将の藍浦長門を置き、翌天正5年畠山氏の家臣団に攻められ落城、藍浦長門は自刃したとしているが、これは木尾嶽城の城主歴と全く同じである。両城は1.4kmしか離れていないため、城主歴が混同してしまったのであろう。

　天正9年(1581)3月能登には、七尾城に菅屋長頼、菅原館に前田利家、そして富来城に福富行清が居城したという。しかし同年8月に長頼と行清は能登を去り、能登一国は利家が領有することになった。これをもって富来城も廃城になったのであろう。

　城跡は現在畑地になり、遺構の残存状況は悪い。現在二ヶ所に遺構が残っている。まず①地点にL字形の横堀が残っている。恐らく②地点にも点線のような横堀が存在していて、③地点は虎口になっていたと考えられる。A地点には曲輪が存在していたのであろう。

　④地点と⑤地点にも横堀の残骸と思われる遺構が残っており、恐らく点線のように⑥地点で直交していたと考えられる。恐らくB地点に曲輪が存在していたのであろう。

　破壊が激しく、これ以上地表面観察から遺構を読み取ることができない。A・B曲輪が離れて存在していたとは考えにくく、両曲輪の間にも曲輪が存在していたと考えられる。新しい時代の遺構は全く見当たらず、最終城主の福富行清は在地領主の居館をそのまま使用していたのではなかろうか。

35. 得田氏館 (とくだしやかた)

①羽咋郡志賀町徳田　②－　③鎌倉時代？　④室町～戦国時代　⑤16世紀末期　⑥得田氏
⑦平地館址　⑧土塁　⑨90m×50m　⑩－　⑪29

　鎌倉時代から戦国時代にかけて得田保を支配してきた得田（徳田）氏代々の居城とされている。得田氏は戦国期を乗り切り、近世加賀藩の年寄長氏の家臣として明治維新に至っている。得田氏館から750m離れた館開城は合戦時に籠城する詰城であろう。
　『羽咋郡誌』によれば、文治年中(1185～89)得田章通が得田保の地頭職に補されて、以後17代秀章まで得田氏館に居住したという。秀章は天正7年鹿島郡龍門寺に「徳田のうちせとのまへあな田」の土地の内百苅を寄進しており（七尾市史七尾城編第6章59）、徳田の在地領主として存在していることが確認できる。しかし天正9年(1581)以降得田氏は前田家の家臣団に組み入れられ徳田の地を離れたらしく、天正17年(1589)利家は「徳田庄内　乙開・仏木村」を千秋範昌に与えている（七尾市史武士編第1章341）。範昌は末森城（押水町）将の一人。得田氏がどこへ移転させられたのか不明。
　徳田集落のほぼ中心部が館跡と推定され、通称館（タチ）と呼ばれている。土塁の一部が残っているにすぎないが、人工的に屈曲させていることが確認でき、城郭遺構であることが判明する。土塁に宝篋印塔の一部が残っている。前述の羽咋郡誌によれば「東八十間許、西八十二間許、南六十八間許、北七十二間計、東西に小川を帯び、北方の塹形僅に存すれども、其餘は鋤して隴田と為せり」とあり、150m×130mのほぼ正方形の館だったと考えられる。「北方の塹形」とは現存の土塁を指しているのであろう。

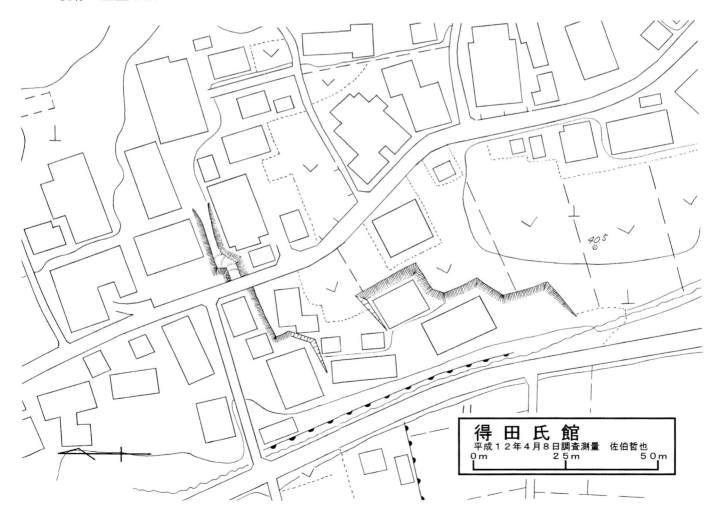

得田氏館
平成12年4月8日調査測量　佐伯哲也
0m　25m　50m

36. 館 開 城（たちびらきじょう）

①羽咋郡志賀町館開　②－　③鎌倉時代？　④16世紀末期　⑤16世紀末期　⑥得田氏　⑦山城
⑧平坦面・切岸・土塁・堀切・竪堀・畝状空堀群　⑨130m×100m　⑩標高50m　比高30m　⑪29

　鎌倉時代から戦国時代にかけて得田保を支配してきた得田（徳田）氏代々の居城とされている〔『志賀町史』（第五巻沿革編1980志賀町）〕。得田氏は戦国期を乗り切り、近世加賀藩の年寄長氏の家臣として明治維新に至っている。得田氏の居館は館開城から750m離れた徳田集落の中にあり、館開城は非常時に籠城する詰城であろう。
　城内最高所に主郭Ａを置く。中央やや西側に窪地があり、井戸跡と推定される。主郭Ａの南側には明確な曲輪が無く、敵軍に直撃される恐れがある。このため主郭Ａの南側のみに土塁や櫓台を設けて防御力を増強している。北側にＢ曲輪を配置しているが、この方面はＢ曲輪が主郭Ａを防御してくれるため、土塁は設けていない。Ｂ曲輪の北側に堀切③を設けて尾根続きを遮断している。幅広の尾根に対応するために、両端を竪堀状に落としている。
　櫓台と櫓台とに挟まれた①地点に竪堀を落としている。これが主郭Ａに入る虎口と推定され、両サイドに櫓台を設けて虎口①の防御力を増強している。通常は対岸の土塁②に木橋を架けて主郭ＡとＣ曲輪が連絡していたと考えられる。つまり土塁②の上を通り、木橋を渡り、主郭Ａに入るのである。こうすることにより、土塁②上を通過する敵兵に対して櫓台から横矢を掛けることができる。さらにＣ曲輪は単純ながらも、虎口①の対岸に位置する馬出曲輪である。城外側に自然地形の傾斜を残すことにより、木橋に近づこうとする敵軍の進攻速度を鈍らせている。
　このように虎口①そのものは単純な平虎口だが、両サイドに櫓台を設け、通路設定を行い、馬出曲輪を設けて、敵軍の直撃を防ぐ防御システムを構築している。平虎口から数段進歩した虎口である。それは織豊系城郭の虎口とは違った虎口であり、在地土豪が独自に発達させてきた虎口技術として、非常に重要な遺構と言えよう。
　南側の尾根続きから進攻してきた敵軍は、堀切④・⑤を越えてくるも、主郭Ａを巡る高さ10ｍの高切岸のため、直接主郭Ａには入れない。入るとしたら高さ３ｍの切岸のＣ曲輪であろう。堀切④を越えた敵軍は、主郭Ａに到達するには、切岸が一番低くなったＣ曲輪から入らざるをえなかった。つまりＣ曲輪は単純ながらも馬出曲輪の機能を備えているのであり、この点からも技術力の高い縄張りと評価できよう。
　注目すべきは南側から西側にかけて設けられた畝状空堀群である。この畝状空堀群は、上杉氏が構築した飯田城や萩城（いずれも珠洲市）のように規則正しく並んだ櫛の歯状畝状空堀群とは違い、大小雑多な竪堀や土塁を不規則に並べている。とにかく平坦面に凹凸を設けて敵兵の動きを鈍らせたい、という目的のみで構築したのであろう。上杉氏とは違う構築者が推定され、在地勢力が構築したのであろう。
　堀切④の堀底に下りた敵兵は、主郭Ａの切岸により直進できず、Ｃ曲輪に進むか、主郭Ａ西直下に進むか、二者択一を迫られる。西進した敵兵は竪堀等による凹凸のため動きは鈍り、動きの鈍った敵兵に対して、城内からは城兵が弓矢を放つ。敵兵は動きが鈍っているため、城兵は照準を合わせやすくなり、これにより敵兵の死傷率は格段に高くなり、敵軍は大損害を被ったことであろう。曲輪と畝状空堀群が連動した見事な縄張りと評価することができる。
　Ｄ地点も曲輪の痕跡が残っている。しかし自然地形が多く残っており、曲輪と限定できない。しかしＣ曲輪にも自然地形が多く残っていることを考えれば、非常時に構築された急製造の曲輪だったことを物語っているのかもしれない。
　以上述べたように、館開城の縄張りは非常に技術力が高いことをわかっていただいたと思う。畝状空堀群は16世紀後半に多用される防御施設であり、設定された通路は16世紀末期、具体的には天正年間（1573～92）に多用される。虎口は土塁を用いた枡形虎口までに発達していない。従って織豊政権の関与は認められない。このような考え方から現存の遺構は、天正年間、恐らく天正４～10年の間に得田氏が構築したと推定されよう。

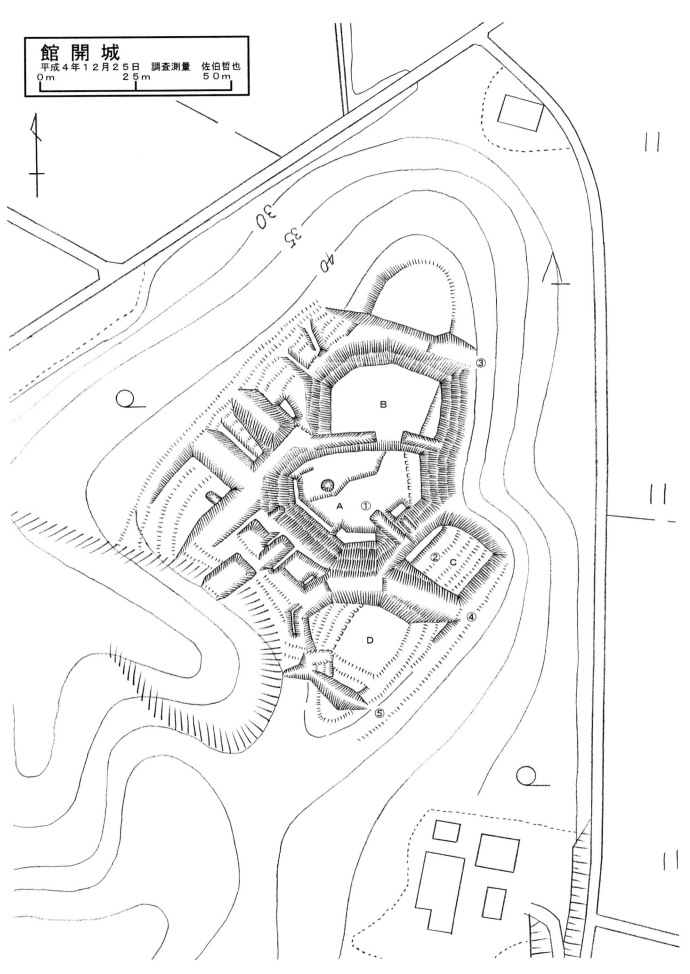

37. 石田館（いしだやかた）

①羽咋郡志賀町徳田　②－　③鎌倉時代？　④室町～戦国時代　⑤ 16 世紀末期　⑥石田氏
⑦平地館址　⑧竪堀・横堀　⑨ 100m × 90m　⑩－　⑪29

　得田氏と同じく徳田集落内に位置する。得田氏館が集落の中心部に位置するのに対して、石田館は集落端部の微高地に位置する。伝承によれば、得田氏の家老石田氏が居住していたと伝える。
　館跡は畑地となっており、残存状況は悪い。それでも竪堀①で北側を遮断し、さらに横堀②で南側を遮断していたと考えられる。微高地のほぼ中央のA地点が、館の中心部だったと推定される。この推定が正しければ 100 m× 90 mの微高地に立地した居館ということになる。地表面観察で読み取れるのはここまでである。今後は発掘調査により成果が高まることを期待したい。

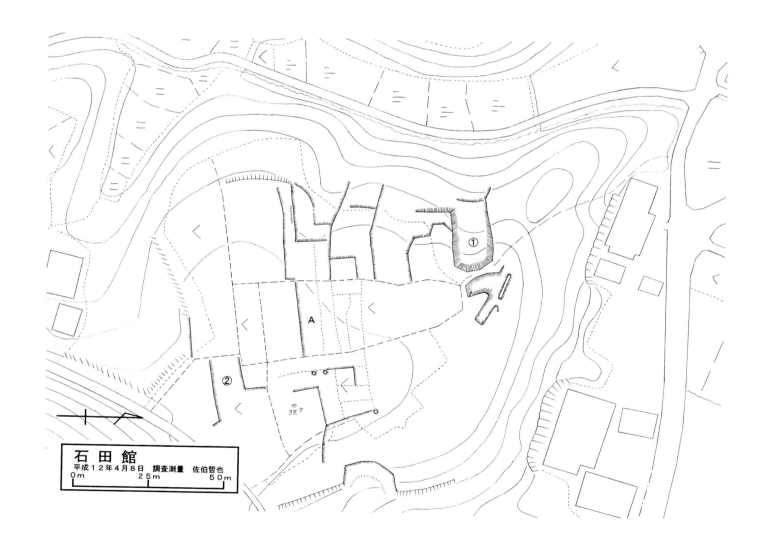

38. 青谷城（あおだにじょう）

①羽咋郡志賀町青谷　②－　③16世紀　④16世紀　⑤16世紀　⑥得田氏　⑦山城
⑧削平地・切岸・堀切・竪堀・土塁・石垣？　⑨70m×50m　⑩標高129.5m　比高60m　⑪29

　通称城ヶ平と呼ばれている山頂に位置する。城跡直下には、徳田・館開集落から倉垣・安津見集落へ走る街道が通っている交通の要衝でもある。『志賀町史』（第五巻沿革編 1980 志賀町）によれば、得田氏の城跡と伝えられている。得田氏の本拠徳田・館開集落の関所的存在になっているため、伝承通り館開城の支城として得田氏が築城したと考えられよう。
　城内最高所に主郭Aを置く。不必要なほど小段を設けており、若干気になる。堀切①で尾根続きを遮断し、防御力を増強するために城内側に土塁②を設けている。土塁②には石垣が設けられている。防御施設にはあまり役立ちそうに無い石垣で、同様に⑤地点の小段にも小規模な石垣を用いている。はたして城郭の石垣として評価して良いのか、若干疑問が残る。
　尾根の東側は急峻な地形だが、西側は比較的緩やかな地形となっているので、西側に帯曲輪Bを設けている。堀切①を越えた敵軍が、多人数で帯曲輪B内に進攻するのを阻止するために、土塁③・④を設けている。さらに帯曲輪Bの敵兵が東側に回り込まないように、竪堀⑥を設けている。土塁③・④は、恐らく堀切①や切岸を構築したときの、地山の削り残しであろう。
　土塁や竪堀の使用から、16世紀の築城・使用と考えられる。それ以上の絞込みは不可能だが、上杉謙信の能登進攻で軍事的緊張が高まった結果、得田氏が領内警備のために築城したという仮説の提唱も可能であろう。
　なお、土塁②と⑤地点に残る石垣だが、廃城後の江戸期において主郭Aに神社を建立し、その化粧用として石垣を設けたとする仮説も成り立とう。

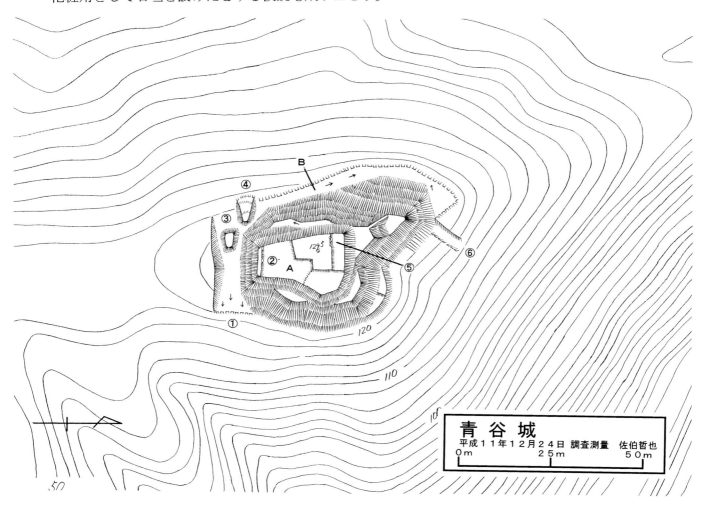

青谷城　平成11年12月24日　調査測量　佐伯哲也

39. 末吉城 (すえよしじょう)

①羽咋郡志賀町末吉　②笹（篠）山城・堀松城　③応永年間（1394〜1428）？　④16世紀
⑤16世紀末　⑥手筒氏・河野氏　⑦山城　⑧削平地・切岸・堀切・土塁　⑨120m×110m
⑩標高53.8m　比高48m　⑪31

　通称城山と呼ばれている山頂に位置する。城跡付近で中通道と得田往来が交差する交通の要衝でもあり、城跡付近を流れる米町川の下流2kmには中世の重要港だった安部屋湊が存在する。このような条件の良さが、築城理由の一つだったと思われる。
　『志賀町史』（第五巻沿革編1980志賀町）によれば、応永年間に手筒某が居住したとしている。また『能登志徴』によれば、天正年間（1573〜92）に河野肥前が居城し、天正5年（1577）上杉謙信の攻撃を受けて落城、河野肥前は戦死したと記している。
　手筒氏は、能登守護畠山氏年寄衆平氏の一族と考えられる。平氏の本拠地が末松城に近い堀末庄浦方（志賀町川尻・町・安部屋）だったことから、手筒氏を含む平氏関係の武将が末松城に居住していたことは十分考えられる。
　平氏の一族平左衛門六郎は、天文22年（1554）遊佐続光の叛乱に加担したため生け捕りにされている（七尾市史七尾城編第3章88・92）。その後許されたのか、永禄4年（1561）畠山義綱が長続連の屋敷に招待された際、義綱の家臣として「平左衛門六郎殿」の名が見える（七尾市史七尾城編第3章152）。河野肥前は守護畠山義続の奉行人河野藤兵衛続秀（七尾市史七尾城編第3章35・103）の子と推定されるが、何らかの理由により平左衛門六郎の所領だった堀松郷里方が決闕所地となり、河野肥前に与えられたのであろう。
　河野肥前戦死後、末吉城と堀松庄は上杉方に付くことで生き残った温井景隆が支配したと考えられる。天正5年11月気多社免田指出案（七尾市史七尾城編第6章5）に「ほり（堀）松村（中略）温井殿分」とあるのは、その傍証となろう。
　城内最高所に主郭Aを置く。ここからは直下に広がる末吉の集落と、山麓を通る街道を見下ろすことができ、比高も48mと手頃であり、在地領主が領地支配するには最適の選地と言えよう。
　頂部に3m×5mの櫓台①を設けているが、そこから緩やかに斜面を下るようになる。つまり、何故か主郭Aの削平地は頂部の櫓台①から南西方向へ緩やかに下っていき、その高低差は4m以上にもなる。平坦面（と呼ぶことができるか疑問だが）の周囲は、高さ7mの切岸を巡らし、明確な防御ラインを構築しているのに、平坦面の削平は非常に甘く、ほとんど自然地形のままである。これでは大規模かつ堅牢な建物は建たない。50m×50mの広さを持つ主郭Aだが、このような傾斜では小規模かつ簡素な建物しか建たないであろう。
　尾根続きを遮断するために、横堀②を設けている。堀底が8mもあり、主郭Aの腰曲輪のような形状となっている。主郭の防御線は横堀②ではなく、主郭の周囲を巡る高切岸と言えよう。主郭Aから横堀②の堀底に下りる道③は、当時の主郭虎口かどうか不明。④地点に堀底に下りる通路状の緩斜面が一部残っている。ここから出入りすれば、尾根続きから進攻してきた敵軍に対して、主郭Aから長時間横矢を効かすことができる。従って④地点が当時の主郭虎口の可能性がある。しかし、いずれにせよ単純な平虎口で、枡形虎口にまで発達していない。
　江戸期の地誌類に、深さ8尺程度の井戸があり、水が涸れたことがないとあるが、そのような井戸は見当たらない。窪地⑤が井戸跡なのであろうか。勿論水は無い。
　B地点は馬駆場、あるいは調馬場と呼ばれている。現在残っている小段は耕作による段と思われるが、周囲を巡る切岸は遮断線として有効である。つまり主郭Aの東側の防御線として構築され、廃城後に耕作地として使用されたという仮説を立てることが可能であろう。
　以上、末吉城の縄張りを述べた。主郭Aに居住空間はなく、山麓に求められよう。枡形虎口が残っていないことから、16世紀末に改修されたとは考えられない。遺構の面からも、上杉氏能登支配瓦解をもって廃城になったと考えられよう。なお、周囲の谷や山を全て城郭遺構とする説も存在するため全て調査したが、自然地形あるいは耕作地と判断し、紹介しないこととした。

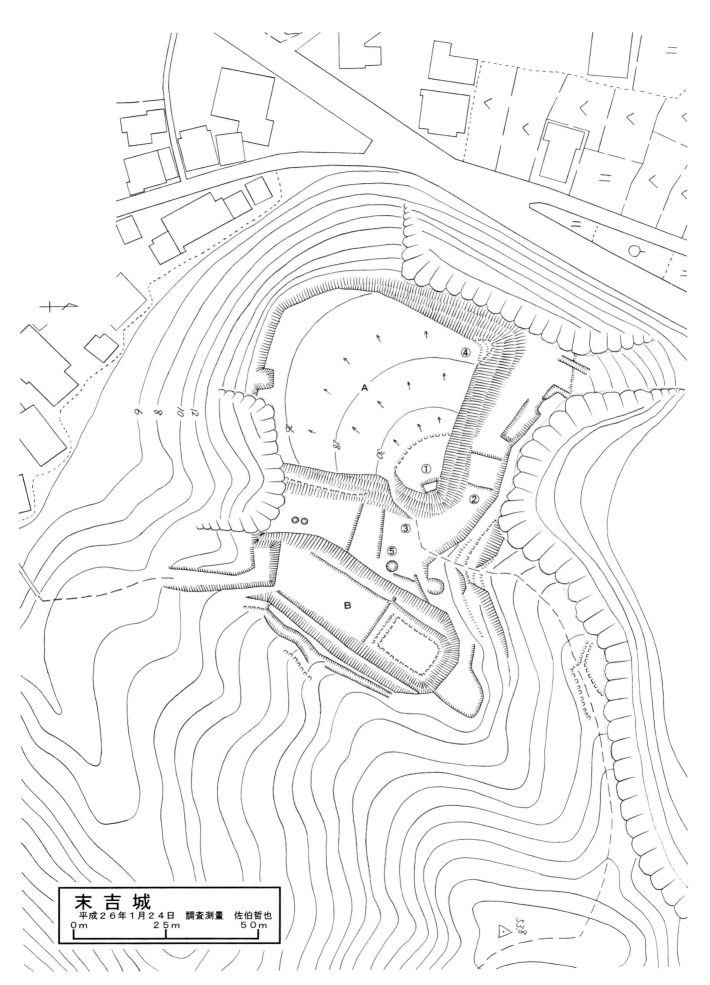

40. 平式部館（たいらしきぶやかた）

①羽咋郡志賀町町　②町村館　③15～16世紀？　④15～16世紀？　⑤15～16世紀？
⑥平式部　⑦平地館址　⑧土塁　⑨70m×80m　⑩-　⑪31

　浄真寺の境内が、平式部の館跡と呼ばれている。浄真寺境内の西側に土塁①、南側に土塁②が残っている。これらはかつての館の土塁と推定され、この推定が正しければ館跡の大きさは 70 m× 80 mの大きさとなる。現在の地割りから推定すれば、土塁①の西側に堀③が存在していた可能性が高い。安部屋・町集落を見下ろす微高地に位置し、さらに中世の重要港安部屋湊と 250 mの至近距離に位置しているため、集落と湊を支配する在地領主の居館と推定されよう。

　館主と伝えられる平式部について、一次史料が残っていないため詳らかにできない。ただし、能登守護畠山氏年寄衆平氏の本拠地が堀末庄浦方（志賀町川尻・町・安部屋）だったことから、平氏関係の武将が居住していたことは十分考えられる。天文期の年寄衆だった平総知、あるいは天正期の年寄衆だった平堯知が居住したのであろうか。

　平式部館から9km離れた地点に中世の宗教勢力だった気多大社が鎮座しており、天正元年 (1573)気多社檀那衆交名（七尾市史七尾城編第4章28）に平堯知の名が見える。しかし天正5年気多社免田指出案（七尾市史七尾城編第6章5）では、館と 2.4 km離れた堀松村の領主を温井景隆とし、その他の土地の領主名にも平氏の名は見当たらない。この時点で堀松庄の領主は平氏から温井氏に交代し、平式部館も廃絶したという仮説の提唱も可能であろう。

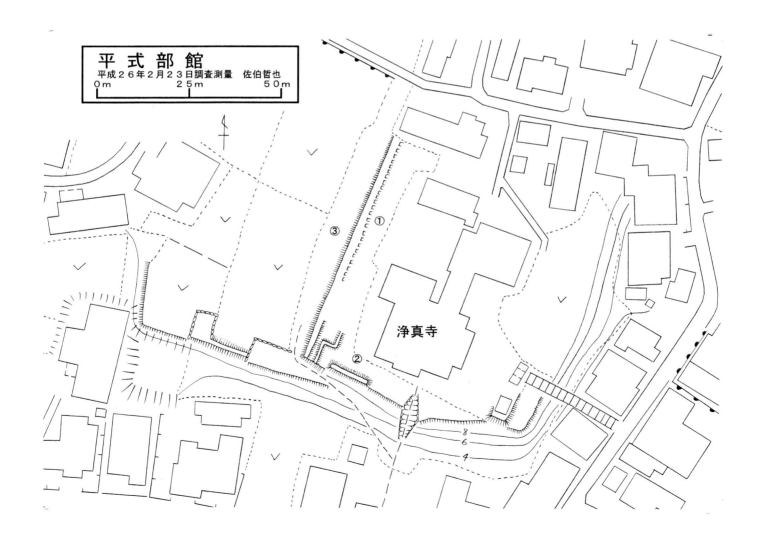

41. 土田城（つちだじょう）

①羽咋郡志賀町二所宮　②－　③平安末期？　④16世紀　⑤16世紀後半　⑥土田氏　⑦山城
⑧削平地・切岸・堀切　⑨80m×40m　⑩標高24.3m　比高20m　⑪41

　在地土豪土田氏の城とされている。『志賀町史』（第五巻沿革編 1980 志賀町）によれば、木曽義仲に属して能登の代表的武士として名をはせ、南北朝期には地元出身守護吉見氏の軍奉行として活躍したという。
　土田城から7.8km離れた地点に中世の宗教勢力だった気多大社が鎮座しており、天正元年（1573）気多社檀那衆交名（七尾市史七尾城編第4章28）に「土田殿」の名が見える。しかし天正5年11月気多社免田指出案（七尾市史七尾城編第6章5）には見当たらない。天正4・5年の上杉謙信能登進攻の動乱で土田氏も滅亡し、土田城も廃城になったという仮説を提唱することができよう。
　土田氏の館は、土田城から450m離れた館集落にあったとされているが、遺構は全く残っていない。羽咋郡誌によれば、館に土田民部が居住していたが、遺構は既に無くなっていると述べている。大正年間には既に遺構は全壊していたのであろう。
　土田城は諸岡比古神社が鎮座する低丘陵の突端に位置する。主郭はA曲輪で、古墳（二所宮宮山三号古墳）を利用している。中央の長方形の窪地は、盗掘痕で城郭遺構ではない。尾根続きを堀切①・②で遮断している。城郭遺構として確認できるのはこれだけである。居住空間として使用できそうな、広々と削平された平坦面は存在しない。非常時に籠城する詰城のみに使用されたのであろう。なお諸岡比古神社一帯を含めた広大な範囲を城域とする説も存在するが、調査の結果、神社としての平坦面・段、あるいは耕作地と判断され、否定したい。

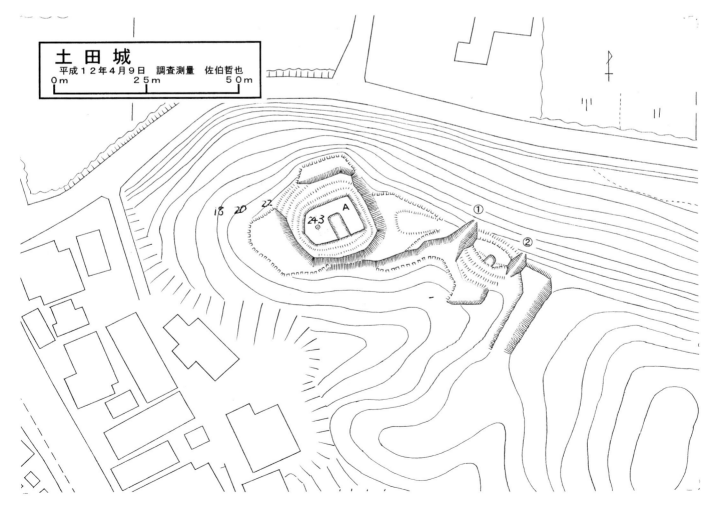

42. 甲山城（かぶとやまじょう）

①鳳至郡穴水町甲　②－　③16世紀　④16世紀後半　⑤16世紀末　⑥平楽右衛門尉・響田肥後　⑦丘城　⑧削平地・切岸・土塁・横堀　⑨260m×160m　⑩標高25.2m　比高20m　⑪13

　天然の良港・阿曽良泊の入口に位置する丘城である。城跡からは阿曽良泊を出入りする船を見下ろすことができる。阿曽良泊を監視・掌握することが築城目的だったことは明白である。

　故墟考によれば、平楽右衛門尉が居城したと記している。これは上杉氏の部将・平子氏の誤伝とされている。『長家家譜』によれば、天正4年（1576）上杉謙信能登進攻の際攻略し、謙信は部将の響田肥後・平子和泉・唐人式部を置いたとしている。天正5年12月上杉家家中名字尽手本（七尾市史七尾城編第6章16）には能登衆の中に平子若狭守がおり、あるいはこの人物が甲山城に在城していたのかもしれない。

　天正6年（1578）3月上杉謙信死去後、長連龍の反撃が始まる。同年8月14日穴水城主長沢光国が正院へ出陣した隙をついで、連龍は穴水城を攻撃、ついに奪取する。このとき穴水城救援に向った甲山城の部隊のことを述べている同年8月光国が中居村弁慶に宛てた書状（七尾市史七尾城編第6章39）に「舟手之者共之働ニ候、是ハ甲之人数侯」とあり、甲山城に水軍がいたことが判明する。甲山城が上杉氏の水軍基地としての役割を担っていたことが推定されよう。

　七尾城にいた上杉方武将は分裂し、天正7年8月頃、温井景隆・三宅長盛の畠山旧臣は七尾城代鯵坂長実をそそのかし、甲山城の響田肥後・平子和泉・唐人式部を討たせた。甲山城は温井氏等の持城となるが、『穴水の古城跡概報』（1982　穴水町教育委員会）所収『加越能旧跡緒』によれば前田利家に攻められ落城したといている。

　城ヶ高と呼ばれる主郭Aは、阿曽良泊と甲港とを繋ぐ水路が最も狭くなった箇所を見下ろしている。恐らく阿曽良泊を出入りする船を、手に取るように把握できたであろう。主郭Aの周囲に内横堀①と曲輪内に土塁を巡らしている。②地点に強力な横矢折れを設けているが、虎口は判然としていない。②地点以外でも主郭の虎口は判然としていない。

　主郭Aを取り巻く（保護する）ようにB曲輪を設けており、さらにその外側に土塁とセットになった外横堀を③～④～⑤地点に設けている。恐らく③地点からは⑦地点へと延びていたと思われる。外横堀は④地点で分岐して⑥地点まで延び、C曲輪を構築している。C曲輪の城外側に通称馬出の田（オモダシ）と呼ばれるD曲輪が存在していた。D曲輪は高地整理前までは周囲の水田より一段高く、また周囲の水田は深田だったといわれており、その名の通り馬出曲輪だったと推定される。馬出曲輪Dを突破した敵軍がB曲輪に直撃するのを、C曲輪が防いでいるのであろう。D曲輪は丘陵上から出入りする虎口と推定されよう。

　甲山城は水軍の拠点だから、阿曽良泊に繋がる虎口が必要となる。それが虎口Eである。虎口Eの存在によって、甲山城と阿曽良泊が密接に繋がっていたことが判明する。虎口Eは城兵が多く出入りする虎口のため、C曲輪に入らず、B曲輪を経由して主郭Aに入ることができる。虎口E山麓の⑪地点には「木戸前」という地名が残っている。虎口Eの前、という意味であろうか。

　虎口Eは別添拡大図（一部推定復元）の通り入ったと考えられる。狭い通路を三度屈曲するため、敵軍は少人数でしか虎口通路に入れず、しかも進攻速度は極端に鈍っていたはずである。進攻速度が鈍っていたため、櫓台⑧・⑨から放たれる弓矢の命中率は高くなり、敵軍は多大な損害を被ったことであろう。木戸が存在していた部分の両脇に、櫓台⑨と竪堀⑩を設けてさらに防御力を増強している。虎口Eは城兵が多数通る虎口である。土塁⑦は敵軍の攻撃から城兵を守るための土塁であろう。

　以上述べたように、虎口Eは極めて計画的に構築されたハイレベルの虎口である。このような虎口は畠山氏・上杉氏関係の城郭には見られない。甲山城の支城と推定される丸山城にも見られない。一方、前田利家を含む織豊系武将の城郭には多数見られる。このように考えれば、天正9年利家能登入国直後に、阿曽良泊の重要性を認めた利家が虎口Eを改修して使用したと推定される。部分的な改修に止めた好例と言えよう。

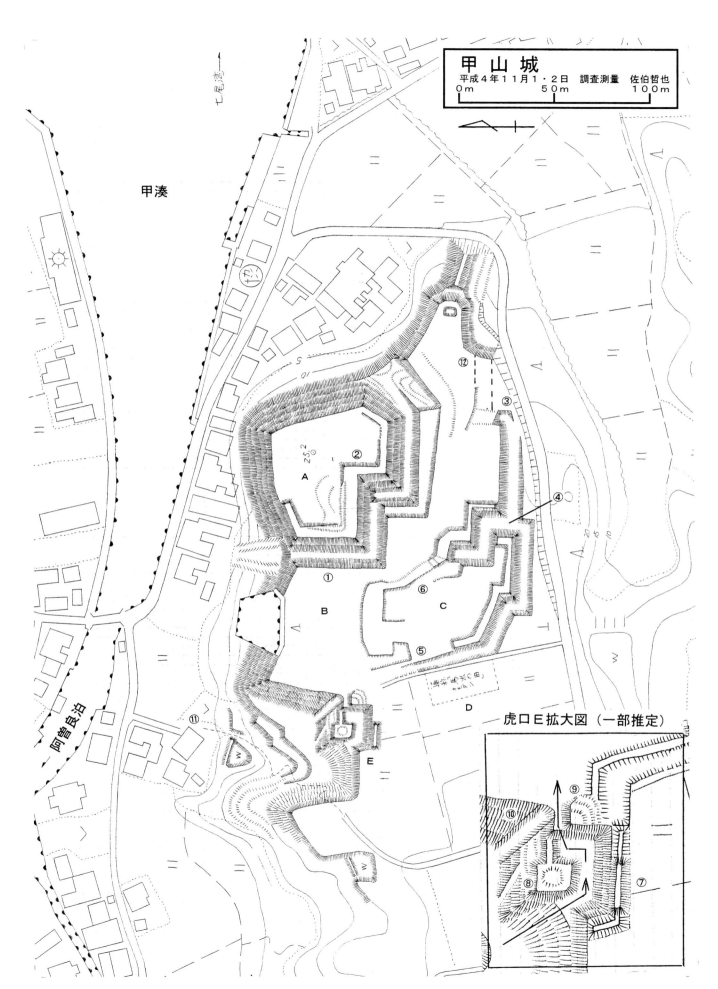

43. 丸 山 城 （まるやまじょう）

①鳳至郡穴水町甲　②－　③16世紀後半　④16世紀後半　⑤16世紀後半　⑥上杉氏　⑦丘城
⑧削平地・切岸・土塁・横堀　⑨230m×330m　⑩標高66.7m　比高30m　⑪13

　甲港に突き出た半島の先端に位置し、三方を日本海に囲まれた天然の要害である。城跡に立てば、甲港を出入りする船は勿論のこと、日本海を航行する船を広く見渡すことができたと思われる。逆に甲山城からは、日本海を航行する船を見渡すことはできない。甲山城と丸山城が1kmしか離れていないことを考えれば、甲山城の支城として丸山城を築城したという仮説も成り立とう。

　城内最高所のA地点に加夫刀比古神社が鎮座しており、ここに主郭Aが存在していたと思われる。きれいに削平されているが、神社の境内として削平されているのか、城郭の曲輪として削平されているのか不明。①地点や②地点に切岸や帯曲輪状の遺構が残っているが、これが城郭遺構かどうか不明。植林の段の可能性もあるため、慎重な判断を要する。⑧地点の帯曲輪は、土塁が残っているので、城郭遺構としての帯曲輪の可能性が高い。

　確実に城郭遺構と判断できるのが、③～⑦地点にかけての防御ラインである。横堀と土塁がセットになった防御ラインで、完全に尾根続きを遮断している。⑤地点に張り出しを設けて横堀内に横矢を掛けている。横堀に横矢を掛ける手法は、甲山城と同じである。しかし明確な虎口は全く存在しない。⑨地点の土壇は防御ライン外に位置するため、城郭遺構ではないと推定した。

　尾根続きに大手道が存在したと考えられるが、③～④までの防御ラインが突破されれば主郭まで直攻できる単純な縄張りである。頂部以外に曲輪らしい平坦面は見当たらず、長期間使用されたとは考えにくい。以上の理由により、甲山城の防御を補強するために、上杉氏が急遽築城した臨時城郭と考えられよう。織豊政権武将による改修の痕跡は見当たらない。

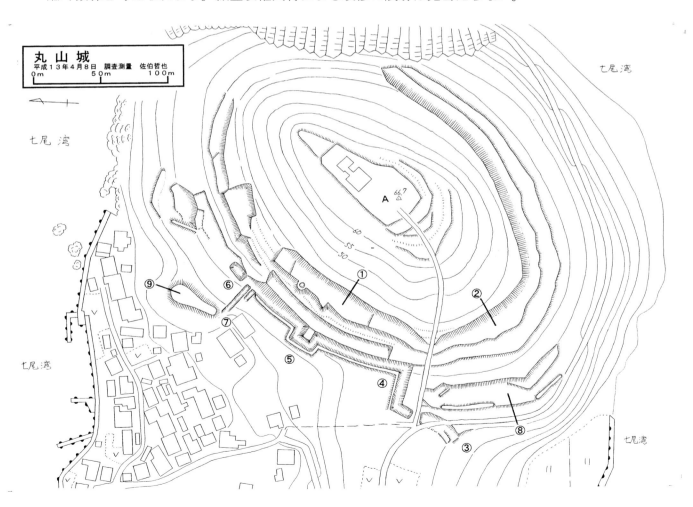

44. 下 唐 川 砦 (しもからことりで)

①鳳至郡穴水町下唐川　②－　③16世紀後半　④16世紀後半　⑤16世紀後半　⑥－　⑦山城
⑧削平地・切岸・堀切・竪堀　⑨110m×40m　⑩標高110m　比高30m　⑪17

　通称城山山頂に位置する。北・東・西の三方を小又川・唐川が流れる天然の要害である。城跡の北側には、平野集落から下唐川を経由して桂谷を通る富来往来があり、南側は山越えで天神谷を通って大町・川島に至り、北側は門前町定広集落に通じる街道が走っており、四方に通じる街道が交わる要衝になっている。
　城内最高所に主郭Aを置き、周囲にB曲輪を配置している。尾根続きを堀切①・②で遮断する一方、先端も堀切③で遮断している。
　注目したいのは、B曲輪の周囲に設けている5本の連続竪堀である。この連続竪堀は間隔が広すぎて畝状空堀群とはいえないが、平坦面に凹凸を設けて敵兵の動きを鈍らせたい、という目的は畝状空堀群と同じである。尾根の先端から攻めてきた敵兵が、B曲輪直下を移動するのを連続竪堀で動きを鈍らせ、動きが鈍った敵兵めがけて、B曲輪の城兵が弓矢を放ったことであろう。
　いずれにせよ上杉氏が構築した飯田城や萩城（いずれも珠洲市）のように規則正しく並んだ櫛の歯状畝状空堀群とは違い、上杉氏とは違う構築者が推定される。しかし2～3集落を支配する在地土豪の城としては、多少出来すぎの感じがする。一格上の国人領主級の防御施設である。連続竪堀が多用されるのは16世紀後半である。このようなことを考慮すれば、16世紀後半に国人領主が、交通の要衝を監視するために下唐川砦を構築したという仮説を提唱することができよう。

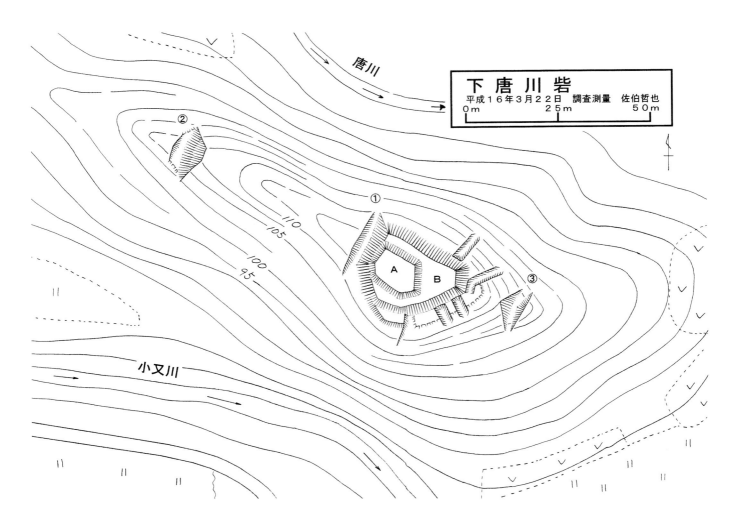

45. 穴 水 城（あなみずじょう）

①鳳至郡穴水町川島　②－　③貞治元年(1362)？　④16世紀後半　⑤16世紀後末
⑥長氏・長沢氏・前田氏　⑦山城　⑧削平地・切岸・堀切・竪堀・土塁　⑨360m×230m
⑩標高64.7m　比高55m　⑪14

　能登有数の国人・長氏代々の居城である。中世屈指の重要港・穴水港に接する低丘陵上に築かれている。城跡に立てば港全体を見渡すことができ、穴水港を強く意識した選地と言える。

　『長家家譜』によれば、貞治元年八代正連が荒屋城（門前町）から穴水城に居城を移したときが、穴水城の築城時とされている。当初の長嫡流家は、能登守護畠山氏に服属せず、室町幕府の奉公衆として独自の立場を取る。しかし天文20年(1551)に成立した畠山七人衆に長続連が登場しており（七尾市史七尾城編第3章63・64）、畠山氏重臣としての立場を確立している。穴水城が本格的な城郭として整備されたのはこの頃であろう。

　天正4年(1576)11月、能登に進攻した上杉謙信は穴水城を攻め落とし、部将の長沢光国を置く。天正6年3月上杉謙信が死去すると、同年8月長連龍は越前三国湊から羽咋郡富来に上陸し、激戦の末穴水城奪還に成功する。同年9月柴田勝家は穴水城に籠城する連龍を激励する（七尾市史七尾城編第6章42）が、上杉軍の反撃に耐え切れず同年11月頃越中守山城に退去する（七尾市史七尾城編第6章46）。天正8年4月頃連龍は再度穴水城奪還に成功する。

　天正9年織田信長から能登一国が前田利家に与えられると、連龍には鹿島半郡が与えられ、連龍は居城を穴水城から田鶴浜館に移す。連龍が去った後の穴水城を利家も重要視しており、（天正10年）8月29日付書状（七尾市史武士編第1章91）で「穴水城普請之用」として「竹弐百束・板六十間」を用意するよう命じている。普請とは土木工事のことと思われているが、竹弐百束・板六十間を土木工事で使用するとは考えられない。明らかに建築工事用資材である。普請とは土木工事を含めた改修工事全般を意味する言葉と考えられよう。この後穴水城は記録に登場しない。天正10年より遠くない時期に廃城になったと考えられよう。

　主郭は通称本丸のA曲輪。道路及び公園造設により若干破壊されているが、明確な虎口は存在していなかったようである。①地点の土塁と横堀は発掘により検出した遺構。主郭Aの防御施設と考えられる。A・C曲輪に防御されるような位置にB曲輪は存在する。B曲輪は広大な平坦面。これなら大規模かつ堅牢な建物が建っていたことを容易に推定することができる。さらに日当たりも良く、居住空間としては最適である。主郭Aに隣接することから、城主及びその一族の居住空間と考えられよう。

　C曲輪はの背後を堀切⑤で遮断。④地点は基本形は平虎口だが、坂虎口で敵兵の進攻速度が鈍くなるように設定している。長時間D曲輪からの横矢を効かせるために、通路⑥を付属させている。穴水城内で、唯一地表面観察で確認できる虎口である。山麓の②地点を一の木戸と呼んでおり、③地点から城内に入り、虎口④に進んだと考えられる。このように考えれば、②地点が大手方向と考えられよう。

　D曲輪は通称二ノ丸。堀切⑤でC曲輪から独立し、さらに尾根続きを堀切⑦・⑧で遮断しているため、D曲輪はC曲輪の馬出曲輪の機能を果たしている。しかし虎口は判然としない。

　以上述べたように、明確な虎口は虎口④しかなく、しかも単純な平虎口。さらに各従郭に対する主郭の求心力も、あまり強さを感じさせない。利家は建築工事は実施したが、縄張りそのものは連龍時代のものを踏襲していることが推定されよう。

　穴水町教育委員会が1988・89年に発掘調査を実施している（『穴水城跡調査概要報告書』1990　穴水町教育委員会）。その結果、前述の土塁・横堀や、現在確認されている堀切等の堀底を確認することはできたが、柱穴等新たな遺構を検出することはできなかった。遺物は15世紀前半の珠洲焼や16世紀前半の越前焼擂鉢が出土している。筆者はB曲輪で、女性が使用する口紅の小皿を採取しており、16世紀製作と推定された。B曲輪が城主一族の居住空間として使用されていたことを示す貴重な遺物と言えよう。

46. 西谷内城（にしやちじょう）

①七尾市西谷内　②西谷城　③鎌倉時代？　④16世紀末　⑤16世紀末　⑥国分氏　⑦丘城
⑧削平地・切岸・土塁・横堀　⑨270m×200m　⑩標高90.2m　比高15m　⑪26

　鈍打郷九ヶ村（藤瀬・河内・西谷内・古江・大平・鳥越・町屋・上畠・免田）の在地領主・国分氏代々の居城である。国分氏の鈍打郷領有は古く、正和3年(1314)鈍打村地頭国分四郎が登場する（『中島町史通史編』2006　中島町）。国分氏は戦国期になっても鈍打郷の領主として君臨する。すなわち藤瀬に鎮座する藤津比古神社が所蔵する永禄2年(1559)熊野権現奉加札に「国分殿」が筆頭で記載されており、さらに同社が所蔵する天正4年(1576)社殿修復棟札に「国分備前守慶胤」が見える（『中島町史通史編』2006　中島町）。これは明らかに七尾城主畠山義慶の偏諱を許された名前であり、畠山家臣団の一員としての国分氏の姿が見えてくる。ちなみに義慶の父義綱（義胤）は永禄9年(1566)家臣団によって能登国を追放された後、上杉謙信の援助を得て帰国を果たすべく、側近だった飯川肥前守が越後に出奔した際に、木田左京亮をして帰国の斡旋を元亀4年(1573)に命じている。その恩賞として国分氏の所領を与えると述べているが（七尾市史七尾城編第4章22・24）、義綱の能登帰国は実現せず、空証文となってしまった。

　畠山家臣団の一員としての鈍打郷を支配してきた国分氏だが、天正5年上杉謙信能登進攻により畠山氏が滅亡すると、国分氏も滅んだと思われる。すなわち天正5年11月気多社免田指出案（七尾市史七尾城編第6章5）の中に、鈍打村の領主として上杉方に加担した畠山旧臣・佐脇源吾の名が記載されている。しかし佐脇氏の鈍打村支配も短期間でしかなかった。天正6年3月謙信が死去すると、急速に能登上杉政権が弱体化するからである。恐らくこの混乱の中で西谷内城も廃城になったのであろう。

　西谷内城は、なだらかな丘陵上に位置しているため、天然の要害が期待できない。従って横堀や土塁を用いて縄張りを固めている。主郭はA曲輪である。広大な平坦面を有しており、これなら大規模かつ堅牢な建物が建っていたことを容易に推定することができる。さらに日当たりも良く、居住空間としては最適である。城主及びその一族の居住空間と考えられよう。虎口①は単純な平虎口だが、塁線が一致しない、いわゆる食い違い虎口で、虎口に殺到する敵兵に対して横矢を掛けている。横堀は①地点から②地点で終わっているが、かつては③地点まで続いていたと推定され、北側の城域を明確に区画していたと考えられよう。勿論④地点側にも横堀は存在していたはずである。現在塁線土塁は一部にしか残っていないが、かつては全周巡っていて、土塁と横堀がセットになった防御ラインを形成していたのであろう。

　櫓台⑬は、主郭Aに現存する最大の櫓台で、西谷内集落から上ってくる道⑭を明らかに警戒している。つまり道⑭は中世から存在していた主要道路と推定することができる。

　B曲輪も広大な平坦面を有しており、多数の城兵を収容することができる。南側を塁線土塁と横堀がセットになった防御ラインで固めている。虎口⑤は大手虎口。単純な平虎口だが、櫓台⑥は虎口に殺到する敵兵に対して強力な横矢を掛けていると同時に、横堀⑧に対しても横矢を掛けている。⑦は後世の破壊虎口であろう。横堀⑧は、部分的に水が溜まっていたり、沼状になっている部分が認められるため、かつて水堀だった可能性を指摘することができる。

　横堀⑧の東～北側にかけて、特に⑨・⑩地点の横堀がどのように繋がるのか判然としない。恐らく横堀⑪に繋がったのではないだろうか。そうなると⑫地点はC曲輪の虎口⑫となり、横堀⑪外側の土塁から虎口⑫に入る敵兵に対して、C曲輪からの横矢を効かすことができる。

　横堀⑮がどのような形で防御ラインを形成していたのか、地表面観察では判別できない。D地点も曲輪と推定され、D曲輪を防御するような縄張りとなっていたのであろう。

　以上西谷内城の縄張りを述べた。広大な平坦面を有していることから、在地領主（国分氏）代々の居城と考えてよい。また、土塁と横堀がセットになった防御ライン、虎口に対して横矢を効かす櫓台は、16世紀末に多用された縄張りの特徴である。天正4・5年における上杉謙信能登進攻において、国分氏が改修した縄張りという仮説を提唱することができよう。

47. 熊 木 城 （くまきじょう）

①七尾市谷内　②－　③南北朝時代？　④16世紀後半　⑤16世紀末　⑥熊木氏・上杉氏
⑦山城　⑧削平地・切岸・堀切・横堀・土塁・竪堀・畝状空堀群　⑨260m × 70m
⑩標高91.7 m　比高 70 m　⑪26

　熊木川に臨む尾根の突端に築かれており、城跡に立てば、熊木川沿いの集落を見渡すことができる。七尾西港まで3kmの至近距離に位置し、さらに比高も 60 mと手頃であり、在地領主の居城としては、最適の選地と言えよう。
　故墟考によると、南北朝時代に熊木左近将監が居城したとしている。熊木（来）氏が代々支配してきた熊来荘は、天文年間(1532 ～ 55)畠山一族や被官官及び定林寺・妙法寺の所領となり、熊来氏の在地の動向は不明となる（『図説中島町の歴史と文化』1995 中島町）。
　永禄9年(1566)能登守護畠山義綱が家臣団によって追放されると、熊来氏も義綱に従って能登国を出国したと考えられる（七尾市史七尾城編第3章193）。『長家家譜』によると、天正4年(1576)上杉謙信が能登に進攻すると、長綱連や熊木氏以下畠山家臣団が七尾城に籠城したといているので、傍流の熊木氏は地元に残ったのであろう。同年上杉軍の攻撃により熊木城は落城し、謙信は斎藤帯刀・三宝寺平四郎等を置く。謙信が翌天正5年3月一旦帰国すると七尾城方は反撃に転じ、5月綱連の攻撃により熊木城は落城する。閏7月謙信が能登に再出征すると、穴水城を攻めていた綱連は七尾城へ帰陣し、殿軍を熊木兵部が受け持ったという。兵部は七尾落城後、松波城に退き、9月上杉軍と戦い、戦死したという。
　上杉方について生き残った熊木氏も存在し、天正5年11月気多社免田指出案（七尾市史七尾城編第6章 5)の中に「くまき殿」の名が見える。しかし天正6年3月謙信の死去により能登上杉政権は急速に弱体化し、その混乱の中で熊木（来）氏も滅んだのであろう。
　城跡は尾根先端のⅠ地区と、山頂のⅡ地区から構成された一城別郭の様相を呈している。Ⅰ地区の主郭はA曲輪。背後に二重堀切⑧を設け、完全に遮断している。ほぼ全周に塁線土塁を巡らしている。土塁の開口部②の脇に櫓台③を設けている（別添拡大図参照）。恐らく矢印のようなルートで入ったと考えられ、そうすると敵兵は、櫓台の横矢に晒されながら虎口②に入ることになり、さらに櫓台③は虎口②の防御施設としての役割を果たすことにもなる。B曲輪には城兵が駐屯し、敵兵が竪堀④を通過するとき弓矢を放ったと思われるが、小曲輪でありながら城兵を防御するために土塁を巡らし、城兵退避のための虎口①と考えられる。
　C曲輪もほぼ全周に塁線土塁を巡らす。先端に堀切⑥を設けるが遮断性は低い。山麓と密接に繋がった在地領主の城だったことを物語る。畝状空堀群⑦は間隔が不揃いで櫛の歯状になっていない。在地領主が構築した畝状空堀群と推定される。
　Ⅱ地区は基本的には単郭で、D曲輪が主郭。不明瞭だが、E曲輪は馬出曲輪で、別添拡大図のように主郭Dに入ったと考えられる。計画的に設定された通路を設けることにより、長時間横矢を掛けることができる。馬出曲輪と付属する通路の存在は、戦国末期の特徴をよく表している。主郭Dの背後のみ土塁⑧を設け、尾根続きを堀切⑩や畝状空堀群⑨で遮断している。
　畝状空堀群⑨は櫛の歯状に並んでおり、枡形山城や町屋砦、さらに飯田城（珠洲市）と同形の畝状空堀群で、上杉氏城郭に多用される防御施設である。一時的に熊木川流域に上杉氏の支配が及んだことを物語っている。長家家譜が述べているように、天正4・5年の上杉氏進攻のときに、上杉氏により改修されたと考えてよかろう。
　Ⅰ地区の縄張りは16世紀後半の特徴を示すものの、計画的な通路まで設定しておらず、16世紀末まで下りそうに無い。Ⅱ地区は明確な通路、そして櫛の歯状畝状空堀群が認められる。従って天正4・5年に上杉氏が築城したのはⅡ地区と推定される。Ⅰ地区は熊木（来）氏の城郭として存在し、16世紀後半に熊木（来）氏により改修されたのであろう。そして天正4・5年に山頂部の守りが手薄なことに不安を感じた上杉氏が、Ⅱ地区に新たな城郭を築城したという仮説を提唱することができよう。

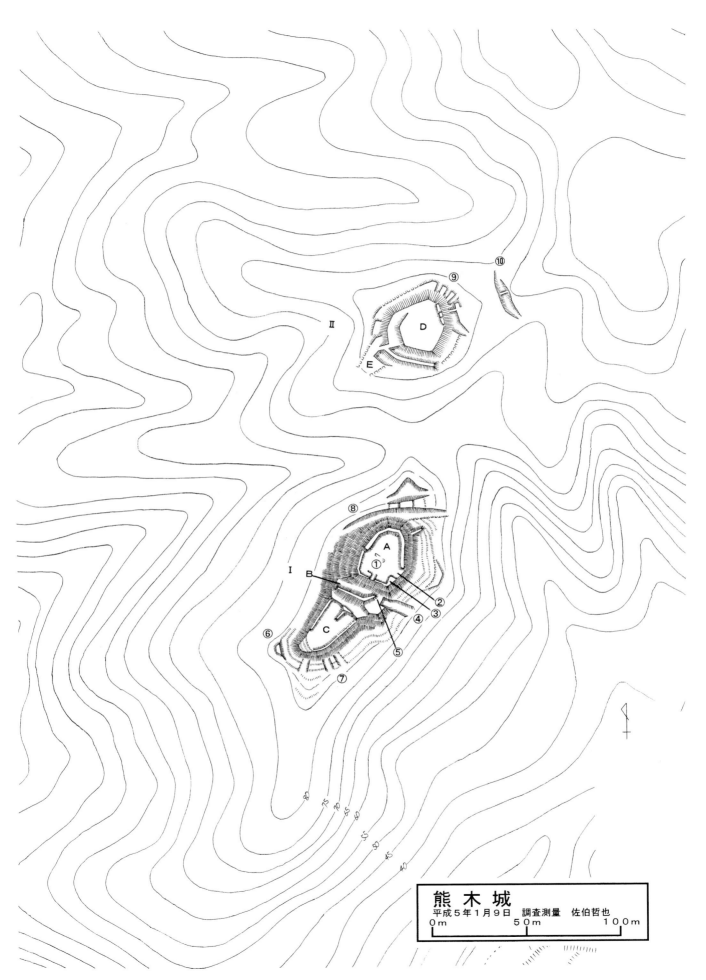

48. 枡形山城（ますがたやまじょう）

①七尾市西谷内　②－　③16世紀？　④16世紀後半　⑤16世紀末　⑥国分氏・上杉氏　⑦山城
⑧削平地・切岸・堀切・土塁・畝状空堀群　⑨230m×70m　⑩標高120.2m　比高60m　⑪26

　伝承及び古記録は残っていないが、西谷内城の尾根続きにあり、しかも西谷内城と750mしか離れていないため、西谷内城の支城という見方も可能である。

　A曲輪が主郭。堀切①・②で尾根続きを完全に遮断している。不明瞭となっているが、③の高まりは櫓台だったと推定され、北側の尾根伝いから進攻してくる敵軍を監視している。

　主郭Aの北側から東側にかけて、不明瞭ながらも塁線土塁④が残っている。これはB曲輪同様、東直下に自然地形に近い腰曲輪があり、ここから敵兵が進攻してくることが仮想され、これに対処するために塁線土塁を設けたと考えられる。さらに腰曲輪に侵入した敵兵の動きを鈍らすために畝状空堀群⑧を設けている。さらに切岸に取り付いた敵兵に対して横矢を掛けるため、張り出し⑤を設けている。切岸は高さが10mもあり、横矢で狙われながら主郭に到達するのは、極めて困難だったことであろう。主郭Aを防御するための重厚な防御施設と言える。

　C曲輪は馬出曲輪の機能を持つ小曲輪。窪地⑩に一旦下りて木橋を架けてC曲輪に入ったのであろう。D地点にも横堀と土塁がセットになった防御ラインを設けている。かなり離れた位置にあり、その間は自然地形である。臨時的に設けられた橋頭堡と考えられよう。

　馬出曲輪・横矢掛け、いずれも16世紀後半の特徴である。さらに畝状空堀群⑧は、飯田城に見られる櫛の歯状畝状空堀群で、上杉氏城郭の特徴を示している。枡形山城と3.8kmはなれた熊木城は、天正4年(1576)上杉軍によって攻め落とされ、国分氏も滅亡したと推定される。この後、枡形山城は上杉氏により改修されたという仮説を提唱することができよう。

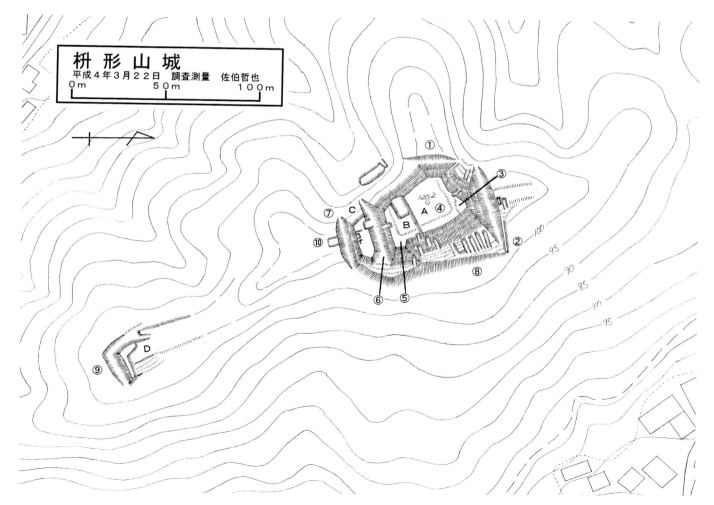

49. 町 屋 砦 (まちやとりで)

①七尾市町屋　②－　③16世紀？　④16世紀後半　⑤16世紀末　⑥国分氏・上杉氏　⑦山城
⑧削平地・切岸・堀切・土塁・畝状空堀群　⑨230m×70m　⑩標高95m　比高60m　⑪26

　西谷内城の支城とされており、国分佐兵衛あるいは岡部某が居城していたと伝わっている。国分氏が蟠居する鈯打郷を見下ろす尾根の突端に築かれていることから、この伝承は十分説得力を持つ。しかし後述するように、縄張りは伝承と相反する構造になっている。

　基本的には単郭の縄張りで、A曲輪が主郭。尾根続きの前後を堀切②・⑤で遮断し、土塁①で防御力を増強している。さらにその背後に不明瞭な堀切⑦が存在する。南側切岸に存在する土塁⑧・⑨・⑩は恐らく上下の曲輪を繋ぐ通路と考えられる。まず東側の尾根続きから登ってきた城兵は、竪堀⑥に架けてあった木橋を渡って土塁通路⑨から城内に入ったと推定される。また、西側の尾根から下ってきた城兵は、堀切②に架けてあった木橋を渡って土塁通路⑧、さらに土塁通路⑩を通って城内に入ったと推定されよう。勿論合戦時木橋は撤去してあったと思われる。

　一方、北側切岸に虎口は全く存在せず、防御施設の櫛の歯状畝状空堀群が存在する。従って敵兵を北側切岸に誘い込むような縄張りとなっている。まず東側の尾根を登ってきた敵兵は、竪堀⑥があるため進軍できず、北側へ回り込むようになる。また、堀切②の外側は、南側は土塁状に加工しているが北側は加工していないため、西側の尾根を下ってきた敵兵は堀切②の北側、すなわち北側切岸方向に向うことになる。

　このように町屋砦の縄張りは、敵兵を畝状空堀群に向わせるように統一されており、新旧の時代差を感じるような縄張りは存在しない。畝状空堀群は上杉氏城郭で多用される櫛の歯状畝状空堀群のため、天正4年(1576)頃上杉氏が新たに築城したと推定したい。

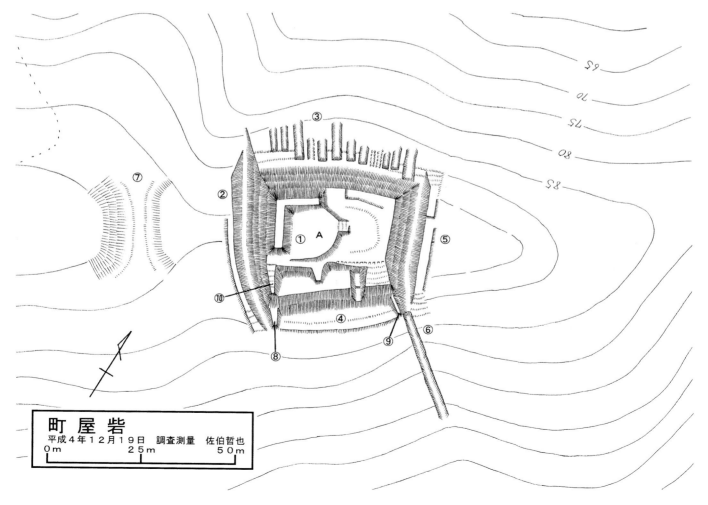

50. 幾保比城（きほいじょう）

①七尾市吉田　②競城・角鹿山砦　③16世紀末　④16世紀末　⑤16世紀末　⑥織豊政権武将
⑦山城　⑧削平地・切岸・堀切・土塁・竪堀　⑨260m×70m　⑩標高152.2m　比高130m　⑪32

　通称城山山頂に位置し、城そのものの存在は知られていたが、城主等の伝承はほとんど残っていない。その中で『能登部町誌』（能登部神社 1936）所収「古事談」に（長連龍が）「能登部村上ノ山に御取立有て徳丸城と云ふ。その後吉田村上ノ山に御取立をキオイカ城と云ふ」とあるのは非常に注目したい。言うまでも無く「吉田村キオイカ城」とは幾保比城のとこである。
　城跡は赤蔵山から派生した尾根の先端に位置する。従って尾根続が最もが弱点となるため、この方面も最も多くの防御施設を設けている。まず二本の堀切①・②で尾根続きを遮断している。堀切②を渡ると連続虎口に入ることになるのだが、敵兵が必ずしも連続虎口に入るとは限らない。当然連続虎口に入らず、両側に分かれて切岸直下を移動する敵兵もいたであろう。このような敵兵の動きを阻止するため、竪堀③・④を設けている。
　連続虎口は別添拡大図を用いて説明する。連続虎口は、主郭A側を後虎口、堀切②側を前虎口と呼ぶことにする。まず前虎口に入るには坂道を駆け上がらなくてはならない。しかも細長く屈曲した通路を矢印のように通らなければならなかった。このために前虎口に入るときに敵兵の進攻速度は鈍り、少人数でしか入れなかった。通路を屈曲させ、⑤地点や櫓台⑥から敵兵に対して横矢が掛かるように設定している。土塁や櫓台を設けて虎口の防御力を増強させるだけでなく、計画的に設定された通路を付属させることにより、敵兵が虎口に到達する前に敵兵を弱体化させている。竪堀③・④の存在もあわせ、ハイレベルの虎口と評価できよう。
　後虎口は基本的には平虎口だが、連続虎口にすることにより外枡形虎口の機能を持つことに成功している。前虎口を突破した敵兵は直進して後虎口に入れず、後虎口の前面で屈曲しなければならなかったからである。このため⑦地点から敵兵に対して横矢が効くようになり、⑧地点に折れを設けることにより、後虎口に入る直前の敵兵に対してでも横矢が掛かるように設定している。死角がほとんど無い構造と言えよう。後虎口に入らず南下した敵兵は、長時間土塁内からの横矢攻撃に晒され、やがて行き止まりになるため右往左往の大混乱に陥ったことであろう。東進した敵兵も長時間土塁内からの横矢攻撃に晒され、さらに土塁に取り付いた敵兵に横矢を効かすために、⑨地点に折れを設けている。こちらも死角の無い構造となっている。
　不思議なのは、土塁末端の⑩地点は虎口状になっておらず、これでは敵兵は比較的自由に主郭Aに入れてしまう。ハイレベルな縄張り技術を駆使してきた連続虎口とは、あまりにもかけ離れたマヌケな縄張りである。築城者の縄張り技術が低くて現状のような構造になったとは思えない。それともかつて虎口状に狭まっていた⑩地点を、後世の破壊で広げてしまったのであろうか。詳らかにできない。
　主郭Aの周囲に塁線土塁を巡らせ、城域を明確化し、防御ラインを統一している。こうすることにより城兵の移動が簡単に行え、少人数での籠城が可能となる。主郭Aは広々とした平坦面で、しかも井戸跡と思われる窪地⑫が残っていることから、長期間の籠城が可能だったと推定される。両側に櫓台を配した単純な平虎口⑪が搦手虎口であろう。この尾根堀切はなく、虎口⑪を通って山麓と連絡していたのであろう。
　一部不明な点も存在するが、連続虎口は極めてハイレベルな虎口だということが判明する。単に土塁や櫓台を付属させているだけでなく、通路や曲輪を連動させることにより防御力を増強させ、虎口単独ではなく、縄張り全体で防御している点に大いに評価したい。在地領主や上杉氏城郭には無く、織豊系城郭に多用される縄張りである。幾保比城に新旧の時代差を感じさせる遺構が存在しないため、連続虎口を構築した時期が城全体を築城・使用した時代と考えられる。築城者は織豊政権武将としてよく、築城年代も天正9年(1581)3月菅屋長頼七尾在城以降にすることができる。鹿島半郡の新領主となった長連龍の居館は田鶴浜館だが、詰城の存在は知られていない。連龍が前田利家の技術指導のもと、詰城として築城したのかもしれない。

虎口5付近拡大図

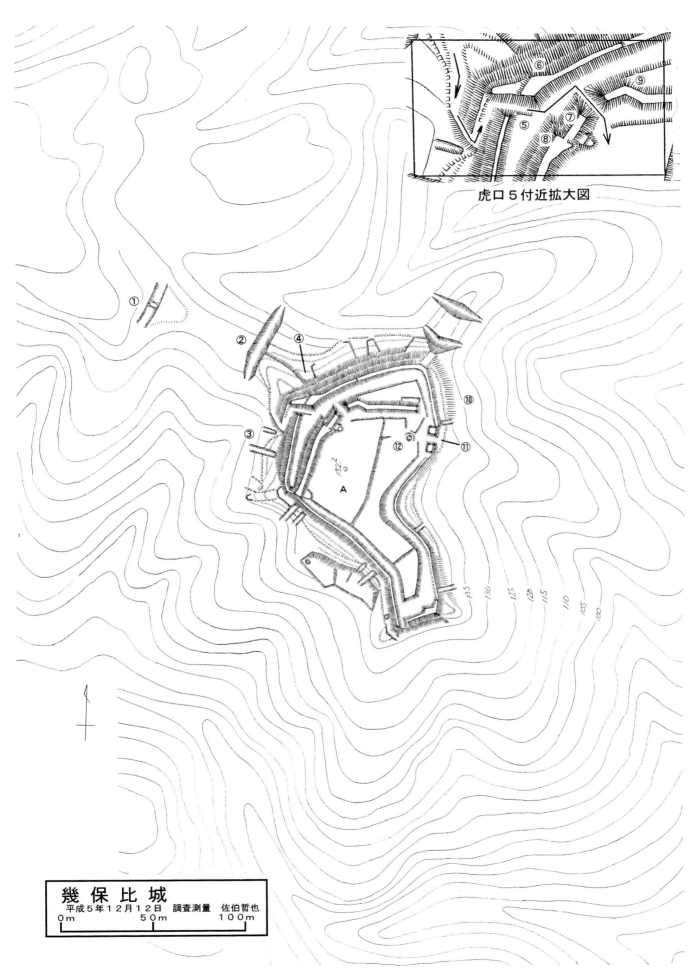

幾保比城
平成5年12月12日 調査測量 佐伯哲也

51. 田鶴浜館（たづるはまやかた）

①七尾市田鶴浜　②－　③16世紀末？　④17世紀　⑤寛文11年(1671)　⑥長氏　⑦平地館址
⑧土塁　⑨130m×60m　⑩－　⑪32

　天正8年(1580)9月、織田信長より鹿島半郡を与えられた（七尾市史七尾城編第6章 104）長連龍の居館である。現在得源寺の境内となり、遺構はわずかに櫓台と土塁の一部が残るのみである。境内北側に広がる町は「殿町」と呼ばれており、家臣団の屋敷跡と伝えられている。

　連龍の後は、好連・連頼・元連・尚連と続き、尚連の代において寛文11年(1671)居所を金沢城下に移したので、田鶴浜館は廃館になったという。ちなみに連龍の嫡男好連は慶長16年(1611)30才で病没したので、次男の連頼が8才で家督を相続し、連龍が後見人となった。連龍は元和5年(1619)74才で田鶴浜館にて卒去する。

　田鶴浜館の廃絶年代は寛文11年でほぼ間違いあるまい。しかし創築年代は必ずしも明らかにされていない。天正8年(1580)9月織田信長朱印状（七尾市史七尾城編第6章 104）で信長は「居城之儀、福光（水）ニ有之尤候、猶菅屋九右衛門尉可申候也」と、連龍に福水居城を許可し、菅屋長頼と相談するように述べている。これをもって鹿島半郡の新領主となった連龍の最初の居城は福水城とされている。福水城に天正12年頃まで居城し、次に徳丸城に居城し、田鶴浜館に居住したのは慶長11年(1606)からだとされている。

　しかし、筆者はこの説に疑問を持つ。まず福水城は羽咋郡（現在は石川県羽咋市福水）であり、鹿島半郡内ではない。いくら信長の許可が出たからといっても、新領主が自分の居城を領地外に築くのであろうか。朱印状は信長の許可が出ただけで、連龍が福水城に居城していることを述べているものではない。

　福水城は一部だが、昭和54・56年発掘調査が実施されている（『丹治山福水寺遺跡』1982 羽咋市教育委員会）。そこから検出された遺物の下限は14世紀中頃で、連龍が居住したとされる16世紀末の遺物は全く出土しなかった。つまり考古学的に連龍の居城は確認できなかったのである。連龍は『長家家譜』（七尾市史七尾城編第5章）によれば天正8年3月一時的に福水城に着陣しているが、このときは臨時的な在城だったので、16世紀末の遺物は出土しなかったのであろう。

　一方能登一国の新領主となった前田利家は、天正10年5月福水から建築用材を調達するよう前田安勝に命じている（七尾市史武士編第1章 38）。つまりこの時点において利家は福水を完全に領有化しているのである。さらに福水城が位置する羽咋郡は、天正8年8月末守（森）城主土肥親真に与えられている（七尾市史七尾城編第6章 102）。このような状況では、天正8年3月からの一時的な福水城在城期間が多少延長されたとしても、翌天正9年8月利家能登一国領有（七尾市史武士編第1章 1）をもって、連龍の福水在城も終了したと考えられよう。

　それでは長氏代々の居城である鳳至郡の穴水城に在城していたのであろうか。連龍は天正6年一時的に穴水城に在城していたが、上杉軍の猛攻に耐えかねて越中に退去し、神保氏張の居城守山城（富山県高岡市）に在城（七尾市史武士編第1章 13）していた。その後、能登羽咋郡に進出し、天正8年3月福水城に入城するのだから、穴水城に入城するとしたらそれ以降になる。しかし前田利家は天正10年6月穴水の百姓中に七尾城用の木材を運搬させ、さらに7月百姓中に鍬を持って七尾に参集するよう命じている（七尾市史武士編第1章 64・67）。つまり天正10年6月頃利家は穴水を完全に領有化しているのであり、連龍が穴水城に在城できるのは僅かな期間になってしまう。現実的に連龍の穴水入城は無理であろう。

　最も素直な考え方は、新領土である鹿島半郡に居館・居城を築城したという考え方である。もっとも事務手続きや新城地の選定・設計・施工もあるため、直ちに新居に移るわけにいかず、仮の宿として福水城・徳丸城に在城していたことは有り得る。しかしそれも常識的に考えれば天正9年までであろう。遅くとも天正10年中に田鶴浜館に移り、詰城として幾保比城を利家技術指導のもと築城したと考えるほうが、はるかに現実的であろう。

52. 曲松城（まがりまつじょう）

①七尾市三引　②－　③南北朝時代？　④16世紀後半　⑤16世紀後半　⑥－　⑦山城
⑧削平地・切岸・横堀　⑨130m×60m　⑩標高65.9m　比高60m　⑪32

　観応２年（1351）得江石王丸代長野家光軍忠状（『加能史料』南北朝Ⅰ）によれば、９月16日長秀信が「三引保内曲松要害」に籠城したことを記している。しかし「曲松要害」が現れるのはこの史料のみで、戦国期の史料に一切登場しない。また、現在三引地内に曲松という地名は残っておらず、従って当城と南北朝期の「曲松要害」が同一城という確証はない。別城説としては『能登志徴』は「きほひ（幾保比）の城」と「曲松要害」が同一かもしれないと述べている。なお同軍忠状には、「三引山」「三引南山」「三引御敵城」が登場するが、具体的にどこを示しているのか詳らかにされていない。

　尾根先端に切岸をほぼ全周に巡らせ、主郭Aを設けている。横堀は主郭の南半分にしか残存していないが、かつては切岸と横堀がセットになった防御ラインを主郭A全周に巡らせていたのであろう。②地点に折れを設け、横堀内に横矢を掛けている。現存遺構の構築年代が16世紀後半にずれ込むことを示唆している。平坦面の削平は甘く、ほとんど自然地形。主郭AとB曲輪を区画する横堀は、わずか①地点付近にのみ残存しているが、かつては点線のように設けられ、A・B両曲輪を区画していたのであろう。

　横矢折れと横堀は16世紀後半の城郭の特徴を強く示している。曲松城には必要最小限の防御施設しか存在せず、新旧の時代差を感じさせる遺構は存在しない。また平坦面は自然地形のままで、居住空間は存在しない。恐らく軍事的緊張が高まった結果、在地勢力が短期間使用する陣城として構築したのであろう。

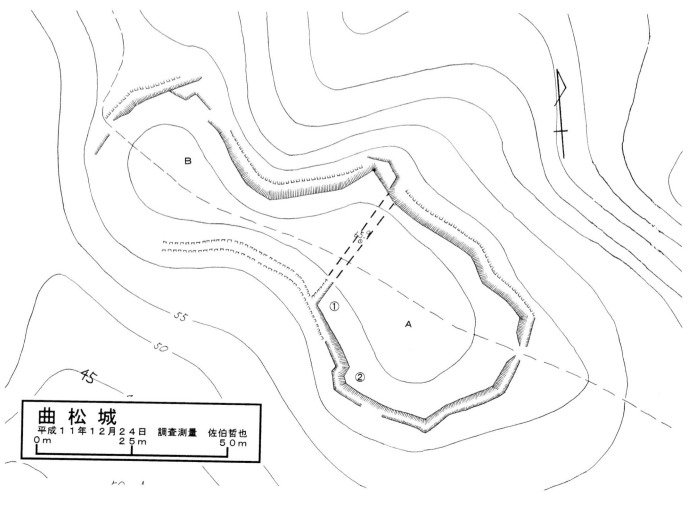

53. 高田館 (たかたやかた)

①七尾市田鶴浜　②－　③16世紀末？　④17世紀　⑤寛文11年(1671)　⑥長（浦野）氏
⑦平地館址　⑧土塁・横堀　⑨80m×45m　⑩－　⑪32

　能登志徴によれば、天正8年(1580)9月織田信長より鹿島半郡を与えられた長連龍は、一族の景連を高田館に居住させ、二宮川を往来する船を改めたという。その子孫が浦野性を称し、浦野孫右衛門が居館したと伝えている。寛文11年(1671)田鶴浜館が廃館になると高田館も廃館になったと思われるが、確証はない。
　館跡は、北上する二宮川に臨む標高15mの微高地に位置し、田鶴浜街道及び二宮川の船舶の動向を監視していたと考えられる。現在館跡は民家が立ち並び、耕作地として使用されている。このため土塁及び横堀の一部しか残っていないが、それでも80m×45mの程度の長方形の館だっことが推定される。沼も存在しているため、横堀は水堀だった可能性がある。土塁が残っている道路沿いを、百間馬場（馬かけ場）と称している。

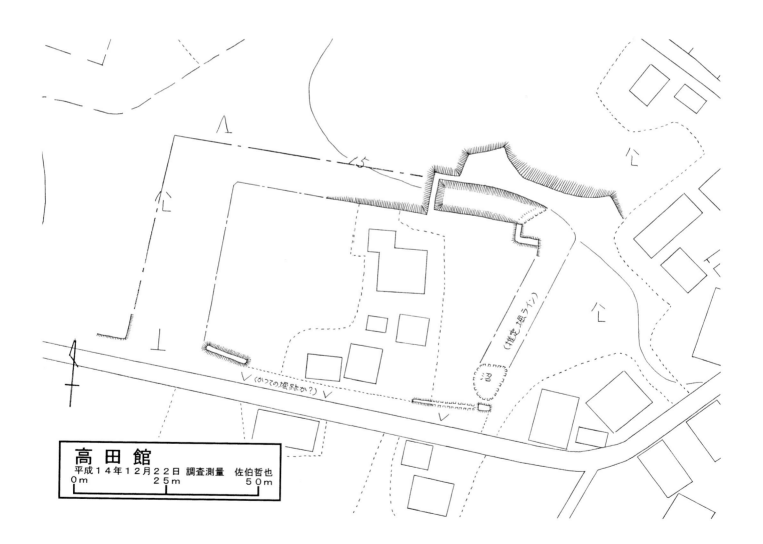

54. 二穴城（ふたあなじょう）

①七尾市二穴　②－　③16世紀　④16世紀末　⑤16世紀末　⑥畠山氏・前田氏　⑦海城
⑧削平地・切岸・土塁・堀切・竪堀　⑨100m×60m　⑩標高30m　比高20m　⑪28

　現在は干拓が進んで両側は水田や宅地になっているが、かつては海で、海に突き出た半島状の地形となっていた。鹿島郡誌によれば畠山氏が築城したとしている。また故墟考は天正9年(1581)前田利家が能登に入国すると、利家は部将の高畠茂助・宇野十兵衛を置いたとしている。

　尾根先端のA曲輪が主郭。地元では本丸（ホンマル）と呼ばれている。西側に塁線土塁①を設けて、かつて入江で舟入だったB地点を警戒している。集落側からは矢印のように帯曲輪に入り、長時間C曲輪からの横矢攻撃に晒され虎口⑤に入ったと考えられる。虎口⑤を通過するときも、主郭Aからの横矢が効いている。

　一方、尾根続きからは虎口②を通ってC曲輪に入ったと考えられるが、このとき櫓台③から横矢が効いている。さらに④地点に堀切の残骸が残っているため、かつては尾根全体を堀切で遮断していたと推定される。虎口に横矢を効かす防御構造は、虎口②・⑤とも同じである。窪地⑥は殿様井戸と呼ばれている。堀切④に付属する竪堀⑦の角度は緩やかで、しかも末端に小曲輪が付属しているので、舟入に下りる通路だったと考えられ、櫓台③は通路を通過する武士達を監視する役割も果たしていたのである。

　以上述べたように、虎口は単純ながら横矢が効いた虎口と評価できる。16世紀後半、特に織豊系城郭に多用された防御施設で、他の能登島の城郭には見られない縄張りである。遺構からも前田氏が使用したことを裏付けているといえよう。なおB地点西側のD地点（通称穴の上）は調査の結果、全て耕作地及び自然地形と判断し、城郭遺構は確認できなかった。

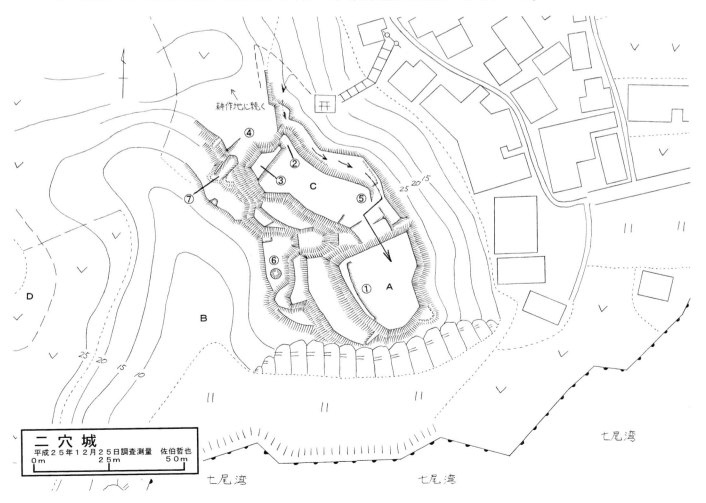

55. 野崎城（のざきじょう）

①七尾市野崎　②－　③南北朝時代？　④16世紀後半　⑤16世紀後半　⑥畠山氏　⑦海城
⑧削平地・切岸・堀切・竪堀　⑨230m×100m　⑩標高45m　比高40m　⑪28

　通称城山に築かれている。現在は干拓が進んで周辺は水田や宅地になっているが、かつては海で、海に突き出た半島状の地形となっていた。崖と海に三方を囲まれた天然の要害と言えよう。
　鹿島郡誌によれば、南北朝時代、この地を支配していた天野氏が居城していたとしている。また、戦国末期になると畠山氏最後の当主畠山義春が、敵来襲を監視するために築城したとも記している。もしこれが事実なら、天正4（1576）・5年の上杉謙信能登進攻にあたり、水軍を用いて富山湾から七尾南湾に侵入する上杉軍をいち早く発見することができる。畠山氏が野崎城を築城（あるいは改修）することは、正鵠を得た判断といえよう。
　道路造設によりC曲輪が破壊されてしまったが、遺構の残存状況は概ね良好である。縄張りは単純で、尾根の先端に主郭Aを置き、尾根続きを堀切①で遮断している。基本的にはこれだけで、二穴城のように櫓台や横矢が掛かった虎口は存在しない。B地点に若干の高まりが残っているが、城郭遺構かどうか不明。C曲輪は道路造設によって破壊され従来の大きさは不明となってしまったが、大きな曲輪だったと考えられ、主郭Aに見下ろされていることから、城兵の駐屯地だったと考えられよう。
　二穴城のように織豊系城郭の特徴は見られない。野崎集落を支配する在地領主の城郭、あるいは伝承通り上杉軍に備えるための畠山氏の城郭と考えられよう。なお、堀切①の西側の尾根続きにも削平地や段が確認できるが、全て耕作に関する削平地・段と考えられ、城郭遺構は確認できなかった。城域は堀切①までと考えられよう。

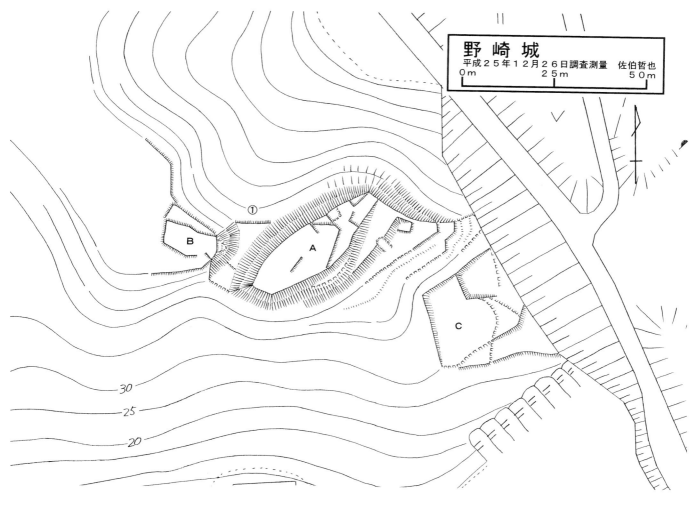

56. 向田城（こうだじょう）

①七尾市向田　②金頸城　③南北朝時代　④16世紀後半　⑤16世紀後半　⑥長胤連・畠山氏
⑦海城　⑧削平地・切岸・堀切・竪堀・畝状空堀群　⑨300m×130m
⑩標高39.4m　比高35m　⑪28

　通称城山あるいは城ヶ鼻と呼ばれた岬の先端に築かれている。また、海上を行き交う地元以外の漁師達からはカナサキと呼ばれ、船舶の目印とされてきた　（『能登島町史』通史編 1985 能登島町）。故墟考に城跡として紹介しているが、城主名は記載していない。
　『石川県城館跡分布調査報告』（1988 石川考古研究会）には、向田城は南北朝時代に登場する金頸城のこととして紹介している。金頸城はまず文和2年（1353）に登場する。すなわち文和2年9月付得田素章代斉藤章房軍忠状写（『加能史料』南北朝Ⅰ）によれば、同年8月28日能登守護吉見軍は南朝方の長胤連等を討つため能登島に進攻し、翌29日胤連の居館を焼き払い、胤連は金頸城に籠城した。吉見軍は金頸城を包囲するが、その後の経緯は不明。
　次いで文和4年3月26日付天野遠経軍忠状（『加能史料』南北朝Ⅰ）には、3月17日能登守護吉見軍が南朝方の長胤連の一族・家人を討伐するために能登島に進攻し、同月20日胤連の残党を金頸城に追い込んだ。この掃討戦は胤連残党の執拗な抵抗にあって長期化し、同年6月14日ようやく金頸城は落城、能登島の長一族は討滅したと文和4年7月付天野遠政代堀籠宗重軍忠状（『加能史料』南北朝Ⅰ）は述べている。金頸城は約3ヶ月間の籠城戦に耐えたのであり、難攻不落の堅城だったことが推定される。
　このように南北朝期の史料に登場する向田（金頸）城だが、戦国期の史料には登場しない。しかし現存する遺構は明らかに16世紀後半のものであり、戦国期においても重要視されていたと考えられる。東側の水田はかつては入り江で舟入だったと考えられる。すなわち城域全体が海に突き出た地形となっており、南側の尾根続きのみ陸続きとなった天然の要害である。
　城内最高所で最も広い面積を有するA曲輪が主郭。地表面観察で判明する明確な虎口は存在しない。曲輪を階段状に配置して、上部と下部の曲輪を連絡していたと推定される。海岸線すれすれのB曲輪には湧水箇所①が存在する。人工的に掘り込んであるため、かつては井戸だったと考えられる。よくもこんな海岸線に水が湧いているものだと感心するが、仮に南北朝期から存在していたならば、3ヶ月間もの籠城戦に耐えた重要な要因の一つと言えよう。
　帯曲輪を通って多数の敵兵が進攻するのを防ぐため、連続竪堀②を設けている。連続竪堀②を設けることにより、敵兵の進攻速度は著しく鈍り、鈍った敵兵に対して主郭Aからの強力な横矢が効いている。効果的な竪堀の使用は、現存遺構が16世紀後半まで下ることを示している。
　道路を越えた尾根上に、四重堀切③があり、さらに斜面を移動する敵兵の動きを阻止するために畝状空堀群④まで設けている。恐らく道路で破壊された北側斜面にも、四重堀切③と連結する形で畝状空堀群が存在していたと考えられる。さらに想像すれば、道路で破壊された場所に、曲輪が存在していて、堀切で動きが鈍った敵兵に対して弓矢を放っていたと推定される。四重堀切と畝状空堀群が連結した防御施設は、明らかに16世紀後半の防御施設であり、しかも単なる在地土豪ではなく、国人クラス以上の防御施設と推定される。現存の遺構は、16世紀後半に畠山氏等により構築されたと考えられよう。
　四重竪堀③より南側の⑤・⑥地点は城郭遺構としての堀切・切岸と判断できるが、さらにそこから南側の尾根続きに残る盛土や切岸・平坦面・溝状遺構は、全て耕作地と古墳（中世塚）と判断し、城郭遺構は確認できなかった。これにより城域は切岸⑥までとしたい。
　『石川県遺跡地図』（1992 石川県教育委員会）によれば、南側の尾根続きに「向田城山古墳」・「向田城山横穴群」が記載されている。筆者のシロウト判断だが、記載されている以外にも多数の古墳が存在していると思われる。古墳には墳丘としての盛土や周濠としての堀切・横堀が存在する。このような視線で再調査すれば、現在城郭遺構とされているものでも、案外古墳遺構になるのではないだろうか。古墳としての再調査を是非希望する。

57. 鰀目城（えのめじょう）

①七尾市鰀目　②－　③室町～戦国期？　④室町～戦国期？　⑤室町～戦国期？　⑥畠山氏
⑦海城　⑧削平地・切岸・土塁・櫓台　⑨50m×40m　⑩標高25ｍ　比高20ｍ　⑪28

　通称城山に築かれている。現在は干拓が進んで周辺は水田や宅地になっているが、かつては海で、海に突き出た半島状の地形となっていた。崖と海に三方を囲まれた天然の要害と言えよう。

　『能登島町史』通史編（1985 能登島町）所収「能登誌」には、畠山氏の砦と述べている。また同所収「文化14年郡方調書」には「往古物見様の建物にても有之哉と申伝候」とし、物見の建物があったことを伝えている。一方故墟考では「近年邑長の書上には城跡に非ざれども」と、城ではないかもしれないと述べている。

　通称城山あるいは神明山と呼ばれている山頂に築かれている。山頂に主郭Aを置き、周囲に腰曲輪Bを巡らしている。本来ならば①地点に堀切を設けて尾根続きを遮断しなければならないのだが、何故かそうしていない。現在残っている切岸は、耕作に伴う切岸で、遮断施設に伴う切岸ではない。尾根続きに堀切を設けていないために、尾根続きから進攻してきた敵兵は簡単に腰曲輪Bに到達してしまう。腰曲輪Bに強力な遮断施設は存在していない（簡単な柵程度は存在していたと思われるが）ため、敵兵は簡単に主郭A直下に到達したであろう。つまり主郭Aを防御する実質的な遮断施設は、主郭Aを取り巻く切岸しかないのである。なぜ①地点に遮断施設（堀切）を設けなかったのか、城郭として不可解な縄張りといえる。故墟考「近年邑長の書上には城跡に非ざれども」と述べているのも一理あるといえよう。

　鰀目城は防御施設を必要としない、純然たる物見施設と考えられる。伝承通り畠山氏が物見施設として構築したと考えられよう。

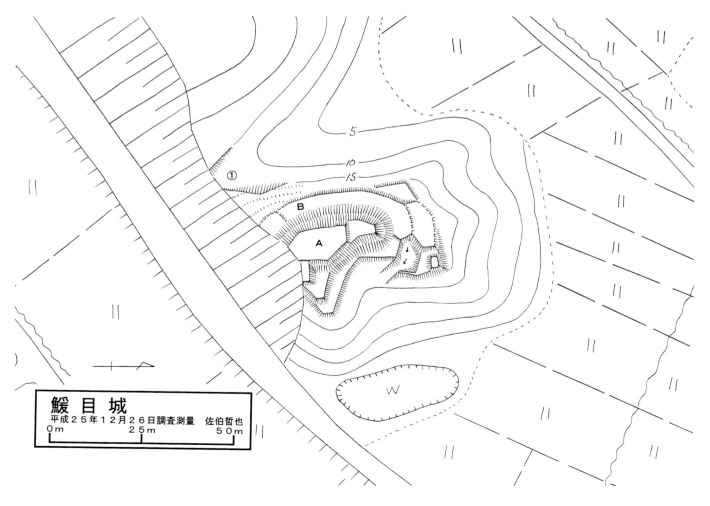

58. 古府枡形砦 (ふるこますがたとりで)

①七尾市古府町　②－　③16世紀後半　④16世紀後半　⑤16世紀後半　⑥上杉氏？　⑦山城
⑧削平地・切岸・横堀・竪堀　⑨130m×200m　⑩標高355.2m　比高110m　⑪35

　古記録や伝承が残っていないため、詳細は不明。しかし多根道Cと七尾城搦手道との合流点付近に位置し、交通の要衝に築かれている。多根道（七尾道あるいは所口道ともいう。『信仰の道　歴史の道調査報告書　第5集』1998 石川県教育委員会）は石動山天平寺の登拝道の一つで、『能登名跡志』には「裏道七尾の城山の脇より登り」とある。多根道や七尾城搦手道を往来する人馬を監視するために築かれたのであろう。

　基本的に単郭の城郭で、A曲輪が主郭。現在使用している主郭Aへの登り道は後世のもので、本来は別添虎口拡大図のように主郭Aに入っていたと推定される。こうすることにより、小曲輪Bからの横矢が効き、さらに小曲輪Bは横堀内にも横矢を効かせている。虎口に入る主郭直下の腰曲輪にを設け、さらに横堀を巡らせている。横堀と虎口との連結状態は未熟で、虎口に入る敵兵を横堀でコントロールしきっておらず、織豊段階の縄張りとは言いがたい。

　最も注目したいのは、腰曲輪に設けられた畝状空堀群である。上杉系櫛の歯状畝状空堀群とは言いがたい。しかし横堀とセットになった畝状空堀群は飯田・萩城の上杉氏城郭にしかなく、上杉氏が構築した可能性を残す。

　城域が多根道Cに密着していることから、多根道Cを監視・掌握するために築かれたことは確実である。しかし畝状空堀群等の防御施設は七尾城搦方向に向けて構築されており、多根道に防御施設は設けていない。このような構造から、石動山と多根道を制圧した上杉謙信が、七尾城を攻める付城として築いたという仮説が立てられよう。

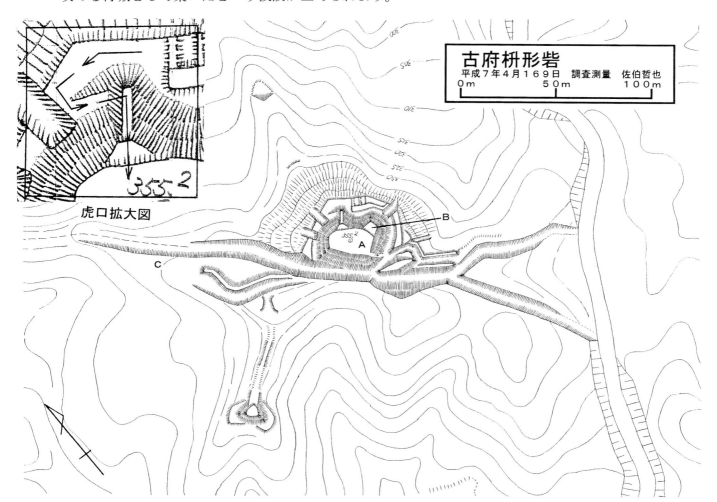

59. 八田城ヶ峰砦（はったじょうがみねとりで）

①七尾市八田町　②－　③16世紀後半　④16世紀後半　⑤16世紀後半　⑥畠山氏　⑦山城
⑧削平地・切岸・竪堀・横堀・堀切　⑨210m×70m　⑩標高351.0ｍ　比高260ｍ　⑪35

　通称城ヶ峰の先端に位置する。平野部から見ると半球状の秀麗な山容をしているため、山岳信仰の対象になっているらしく、山頂に石地蔵が祭られている。八田の集落から城跡を経由して多根道に合流することができる。城跡付近を通る尾根道は深く掘り込まれ、長期間使用されたことを物語っている。尾根道を監視・掌握するために八田城ヶ峰砦が築かれたのであろう。

　城内最高所のA曲輪が主郭。周囲に小規模な平坦面が設けられている。頂部が城主、周囲の小平坦面は城兵達の駐屯地と推定されよう。主郭Aの周囲に高さ6ｍの高切岸を巡らし、さらに対岸にも切岸を設けることにより、尾根続きを遮断している。主郭Aの虎口は明確になっておらず、このためどのようにして切岸下に下りたのか判然としない。

　高切岸を設けた結果、必然的に帯曲輪が発生する。主郭の遮断線をさらに強力にするために、帯曲輪に横堀や竪堀を設けている。現在は竪堀と横堀は繋がっていないが、当時は繋がっていて横堀ラインを巡らしていたと思われる。しかも横堀①の存在から、一部二重の横堀ラインになっていたのである。この縄張りから八田城ヶ峰砦の築城期を16世紀後半と推定することができる。連続竪堀②は、切岸直下を横移動する敵兵の動きを阻止するために設けたのであろう。

　鹿島郡誌によれば、畠山氏の城としている。虎口が明確になっていないことから、前田氏が築城した可能性は低い。上杉謙信が石動山に着陣していることから、多根道方向（石動山方向）を固めるために畠山氏が構築したという仮説が立てられよう。なお筆者は、主郭Aから珠洲焼を採取している。山岳遺構としての遺物ということも含めて検討する必要があろう。

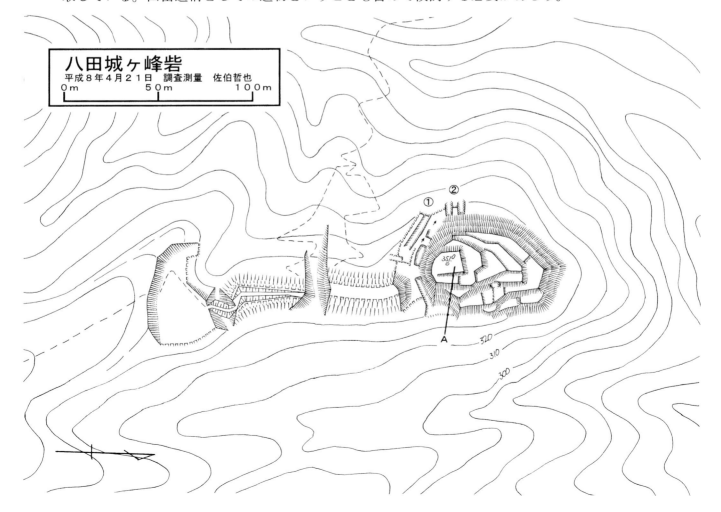

60. 大泊後藤山砦（おおどまりごとうやまとりで）

①七尾市大泊町　②－　③16世紀後半　④16世紀後半　⑤16世紀後半　⑥後藤氏　⑦山城
⑧削平地・切岸・土塁・堀切・横堀・竪堀　⑨300m×90m　⑩標高350m、比高300m　⑪37

　通称城山山頂に位置する。『鹿島郡誌』には「俗称後藤山、大泊の西一里余の処にあり、伝え言う天正の兵乱に亡びし後藤某の城址なりと」とある。恐らく大泊後藤山砦の北側を流れる熊淵川沿岸の集落を支配していた土豪後藤氏の城郭なのであろう。大泊後藤山砦は七尾城と5kmの至近距離にあるため、七尾城の支城という考え方も可能である。
　A曲輪が主郭で、前後を堀切①・②で遮断している。残念ながら林道により破壊されている。破壊される前は曲輪上に狼煙穴が二基確認され、穴からは木炭粒と珠洲焼破片1点が採取されている（『石川県城館跡分布調査報告』石川考古学会1988）。南斜面に横堀と竪堀が残っているが、林道造設時の掘削残土により地形が変化しているため、どのように背後の堀切①等と繋がっていたのか判然としない。いずれにせよ、なぜ北斜面にも横堀等を設けなかったのか理解できない。
　B地点は破壊前から櫓台状になっていたらしく、堀切②対岸のC曲輪を監視している。さらにその先には堀切③・竪堀④・横堀⑤・堀切⑥を設け、尾根続きを警戒している。竪堀④と横堀⑤はいずれも南斜面を警戒したもので、主郭A南斜面と同じ防御思想と言える。
　山城でありながら、横堀を巡らしていることを考えれば、16世紀後半の縄張りと考えられ、天正の兵乱（恐らく天正4・5年上杉謙信との攻防）により亡んだとする『鹿島郡誌』の説には説得力がある。狼煙穴があることから、富山湾方面の情報を七尾城へ伝達する役目を果たしていたと考えられよう。なお山麓に城主居館と考えられる後藤屋敷跡があるとされているが、残念ながら未調査である。

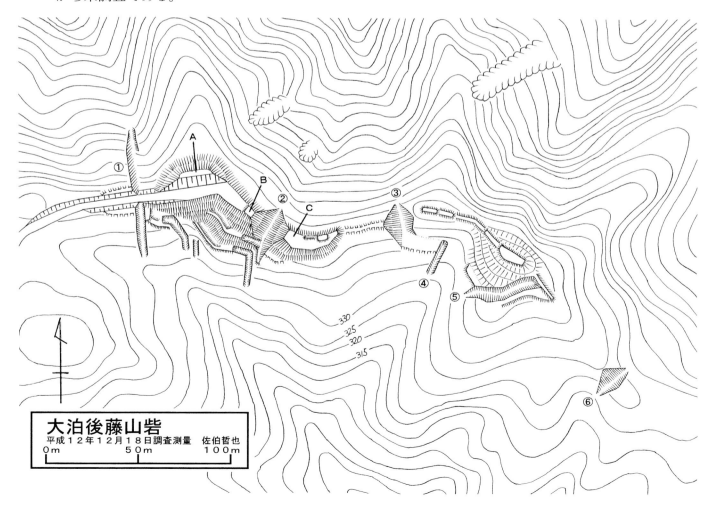

61. 小丸山城（こまるやまじょう）

①七尾市馬出町　②所口城　③天正17年(1589)？　④16世紀末　⑤元和元年(1615)？
⑥前田氏　⑦山城　⑧削平地・切岸・土塁　⑨330m×230m　⑩標高26.2m、比高20m　⑪34

　かつては天正10年(1582)前田利家に築城されたと考えられていた。しかし現在は文献史料の見直しにより、築城期は多少下ると考えられている。

　天正10年とされていた、A正月11日付前田利家印判状写（七尾市史武士編第1章397）は文禄4年(1595)以降、B3月15日付前田利家判状写（七尾市史武士編第1章345）及びC10月18日付前田利家判状写（七尾市史武士編第1章344）は天正17年(1589)に比定されている（『新修七尾市史15』通史編Ⅱ近世　七尾市役所2012）。

　まずAは利家が片山延高・村井長頼に所口「惣かまへ堀」の普請と国中惣夫（5日間）による堀開削を命じたもの。Bは利家が三輪吉宗に所口普請は作毛に支障がなければ少しずつでも継続するよう命じたもの。Cは利家が吉宗に所口普請や「門・矢蔵」を念入りに実施するよう申し付けたことに対して賞賛している。

　上記3状により、天正17年～文禄4年の間に普請、特に惣構の工事が行われていたとこが判明する。具体的に「門・矢蔵」が構築されていることが判明して興味深い。また当時は「所口」と呼ばれていたことも判明する。小丸山（所口）城は利家が金沢に移り、さらに七尾城が廃城（あるいは規模を著しく縮小）した後に、大規模な築城工事を実施したのである。利家が築城に直接指示しているのは、七尾城が廃城同然で城代（前田安勝）がいなかったことを示しているのかもしれない。

　天正17年9月22日付前田利家判状写（七尾市史武士編第1章342）で利家は「所口之百姓中」に「所口屋敷之替地として、明神野之荒地を相渡候間」と述べている。天正17年に始まった小丸山築城によって、所口の百姓が明神野に移されたと考えるのが自然である。やはり小丸山城の築城は天正17年に始まった可能性が高い。

　ただし、天正10年正月20日付前田利家判状写（七尾市史武士編第1章18）で利家は「七尾府中において城を築候条」とあるので、小丸山城天正10年築城の可能性が全く無くなったわけではない。「七尾府中」をどのように解釈するか、今後の課題と言えよう。

　廃城は元和元年とされているが、これも良質の史料で確認されているわけではない。一次史料による年代の絞込みが、今後の課題と言えよう。

　小丸山城は現在小丸山公園となっているが、近代以降の改変により、遺構の残存状況は悪い。Aが本丸、Bが二の丸、Cが愛宕山、Dが御貸屋山と呼ばれている。いずれも破壊が激しく、虎口や土塁・石垣の有無について明確にできない。ただし、本丸Aの大型の櫓台①は、前田氏城郭の天守閣（大型の櫓を含む。七尾城・別所山砦・松任城・高岡城等々）は主郭のコーナーに設けるという共通点に合致しており、当時の遺構と考えて良い。恐らく櫓台の上には、天守閣に近い櫓が建っていたのであろう。また、櫓台②は平成14年発掘調査が実施され、築城時の櫓台と推定された（『七尾市内遺跡発掘調査報告書Ⅲ』七尾市教育委員会2013）。恐らく小丸山城は多くの近世城郭と同様に、曲輪のコーナーに櫓台を配置していた縄張りと考えられる。

　文献から惣構堀が存在していたことが判明している。それが桜川（御祓川方水路）と御祓川と考えられる。特に御祓川は必要以上に屈曲しており、人工的な水路という感じがする。横矢を掛けるための折れと考えられよう。

　小丸山城は桜川と御祓川（惣構堀）に囲繞され、惣構堀は港湾と直結していた。惣構堀の構築は、城郭施設の防御施設として構築されたことは勿論だが、港町と港湾を管理・掌握するために構築されたと考えられる。豊臣政権城郭が港湾を支配するために山城から平城に移った事例として、春日山城→福島城（新潟県）が挙げられ、小丸山城もその好例と言えよう。豊臣秀吉の全国統一により、日本各地の物資が全国を流通するようになった。このような全国の物流を考えれば、港湾を支配することが必要不可欠な条件だったのであろう。

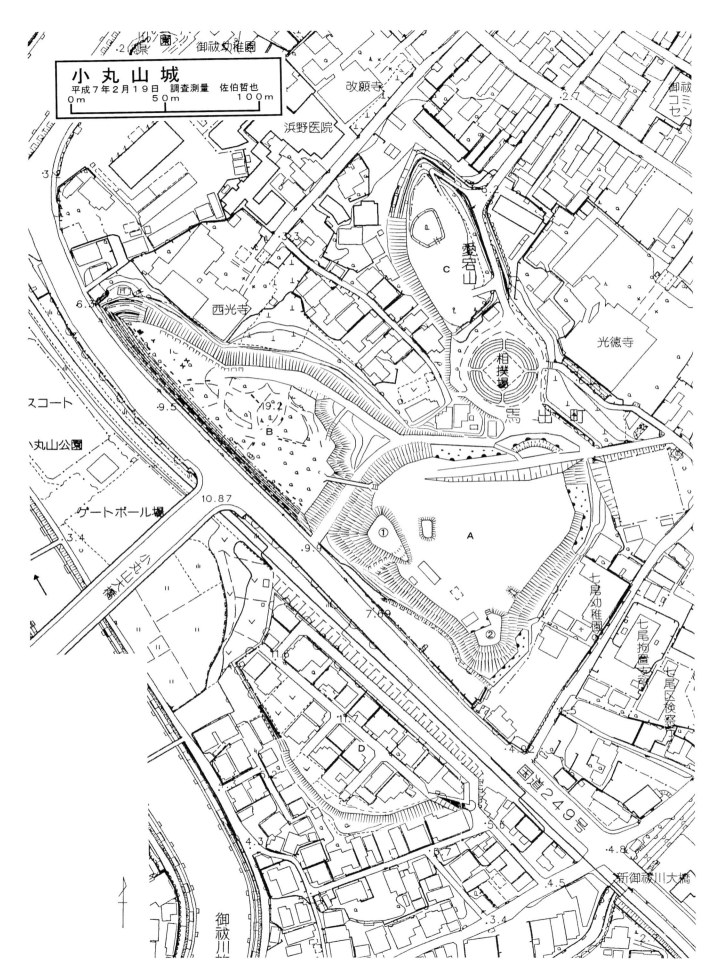

62. 七尾城（ななおじょう）

①七尾市古府町　②松尾城　③15世紀初頭？　④16世紀　⑤16世紀末　⑥畠山氏・上杉氏・前田氏　⑦山城　⑧削平地・切岸・土塁・堀切・竪堀・石垣　⑨2.3㎞×1.1㎞
⑩標高319.7m　比高250m　⑪35

※本論の構成について
　七尾城は山上の主要曲輪群の他に、下記遺構が確認されている。
①背後の尾根伝いに残る遺構
　　a) 古府枡形砦　b) 物見台遺構　c) 展望台遺構
②山麓に残る遺構
　　d) 古府谷山支群　e) 矢田砦　f) 古城新薮北支群　g) 古城新薮南支群　h) 小池川原丸山支群
　　i) 妙国寺伝承地　j) 蔵屋敷跡　k) 矢田鉄砲山遺構

　これらの遺構については、城郭遺構でないものも含まれている。従って各々の遺構については下記項目に掲載したので、そちらを参照にされたい。
「Ⅰ．城館遺構」に掲載した遺構
　　a) 古府枡形砦　b) 物見台遺構　c) 展望台遺構　d) 古府谷山支群　e) 矢田砦　f) 古城新薮北支群
「Ⅱ．城館関連遺構」に掲載した遺構
　　g) 古城新薮南支群　h) 小池川原丸山支群　i) 妙国寺伝承地　j) 蔵屋敷跡　k) 矢田鉄砲山遺構

☆☆☆

　七尾城は能登のみならず北陸を代表する山城として、五大山城に数えられている。山麓の小城群を含むと城域は2.3㎞にも及び、他の山城を圧倒する。また、能登守護畠山氏代々の居城としても知られている。各所に石垣が残り、文化財的にも貴重なことから国史跡に指定されている。
　七尾城については、１．文献史料から見た歴史、２．縄張り、３．発掘調査、の三項目に分けて述べてみたい。

１．文献史料から見た歴史
（１）畠山氏時代
　七尾城の築城期について明確にすることはできない。応永１５年(1408)　能登・越中・河内・紀伊国の守護だった畠山満慶が能登のみ領有し、他は兄満家に譲っている。このとき能登畠山氏が誕生しているので、七尾城もこのとき築城されたといわれているが、勿論確証はない。永正11年(1514)12月４代畠山義元が大呑北荘百姓中に「七尾江御出張」したことを賞し、年貢の 1/10 を永代免除している（『加能史料』戦国Ⅵ）。これが「七尾」の史料初見で、簡単な砦程度の城郭が存在していたかもしれない。
　能登畠山氏の絶頂期は７代義総で、「畠山文化」と呼ばれる京風の文芸活動が高揚した。大永５年(1525)義総は七尾城内で賦何人連歌会を張行し、さらに翌大永６年義総は七尾城内で歌会を催し、冷泉為広・為和父子が出席している（『加能史料』戦国Ⅶ）。『今川為和集』には「能州七尾城畠山左衛門佐（義総）亭」とあり、七尾城内に義総の館があったことが判明し、さらに為和が読んだ歌に「庭ひろミ苔のミとり」とあることから、館に苔庭があったことも判明する。さら

に七尾城内の義総の書庫には、長持ち三万棹にもおよぶ蔵書が収められていたという（『能登七尾城・加賀金沢城』2006 千田嘉博・矢田俊文編）。これにより少なくとも七尾城は 16 世紀第二四半期までに単なる軍事施設から、軍事・居住の両施設を整えた畠山氏の拠点城郭として機能していたことが判明しよう。

義総の居館が七尾城内に存在していたことについては筆者も同意する。しかし、それが山上の主要曲輪群内に存在したと考えるのは早計である。というのも文献史料はそこまで語ってくれていないからである。居館の場所は発掘調査により確定すべきであり、現段階においては仮説の範疇として考えるべきであろう。

天文 13 年(1544)京都東福寺の禅僧・彭叙守仙は、畠山氏の重臣温井総貞の招きに応じて七尾城を訪れ、総貞が七尾城内の私邸に建てた「独楽亭」に寄せて『独楽亭記』を筆録している。この頃は能登畠山氏の絶頂期であり、絶頂期の七尾城内を記録した良質の史料として注目される。

『独楽亭記』〔(「独楽亭記」注釈) 三田良信　『七尾の地方史第 28 号』1993 七尾地方史の会〕によると、まず総貞の私邸は大谷川の中流にあり、かなり年月を経ていると述べている。次に城下町について、畠山氏の恵みを懐って家を山下に移し住む者、千門万戸に達し、城府と軒を連ねて建ち並び、一里余りに及んでいる。呉のにしき、粟・米・塩・鉄などを行商する者あり、座売りする者ありで、これまさに「山市晴嵐」の景である、と述べており、城下町が大繁盛し、一里余りの大きさに広がっていたことが判明する。

最も注目したいのが、山頂に存在していた畠山氏の御殿に言及している点である。『独楽亭記』は山頂（本丸？）に畠山氏の御殿が翼を広げたように建っていたと述べている。さらに御殿は、朱や青が塗り重ねられて一際美しく、青空や雲に梯子を架けたようで、これぞまさしく蓬莱山の仙人の住居でなければ、きっと夜摩・観史の天宮であるに違いない、と述べている。この文書から山頂に壮麗な御殿が存在していたことが判明する。しかし、この御殿が山頂における畠山氏の居館だったと断定するのは早計である。来賓の接待、あるいは特別な行事（連歌会等々）のときだけ使用する迎賓館のような建物だった可能性も存在するからである。さらに厳冬期の山頂は、積雪が２ｍ以上に達し、日本海から吹き付ける強風に晒されていたことが容易に推定される。冬期の山頂はキコリならいざしらず、殿上人が住める世界ではなかったと考えられる。たとえ山頂に畠山氏の居館が存在していても、それは季節限定で、冬期間は山麓に下りていたと考えるべきではなかろうか。

さらに『独楽亭記』は七尾城と石動山が一本の峰道で繋がっており、多数の物資・人馬の往来があったと述べている。これは石動山天平寺の登拝道の一つ、多根道（七尾道あるいは所口道ともいう。『信仰の道　歴史の道調査報告書　第５集』(1998 石川県教育委員会) と考えられ、『能登名跡志』には「裏道七尾の城山の脇より登り」とある。七尾城の搦手道と多根道が合流する地点の付近に古府枡形山砦が存在し、この道の重要性を物語っている。

天文 14 年能登畠山氏の絶頂期を築いた義総が死去すると、畠山氏の権力は弱体化し、天文 20 年(1551)頃には遊佐続光・温井紹春・長続連・三宅総広・平総和・伊丹総堅・遊佐宗園の重臣 7 名からなる「畠山７人衆」が領国支配の実権を握る（七尾市史七尾城編第 3 章 63・64）。9 代義綱は実権を取り戻そうとするが、返って重臣達の反感を買い、永禄 9 年(1566)父義続とともに能登を追放されてしまう。同 11 年帰国作戦を展開し七尾城に迫る勢いを見せたが実現せず、文禄２年(1593)近江にて死去する。

義綱追放後、家臣団に擁立されたのが義綱の長男の義慶だが、これも天正２年(1574)家臣団に毒殺される。その跡を継いだのが弟の義隆だが、これも天正４年２月病死してしまう。その跡は義隆の息子春王丸が継いだとしているが、実権は家臣団が握ったままだったといえよう。

天正４年９月越中の栂尾・増山・湯山城を攻略した上杉謙信（上杉氏文書集一 1307）は能登一国を制圧すべく七尾城へ向おうとするが、加賀一向一揆内で権力闘争が発生し、しばらく足止めされる。12 月漸く能登に向い（上杉氏文書集一 1313）石動山城を本陣とし、七尾城攻めを開始する。謙信は「七尾一城ニ被成候、城中遂日無力候、落居不可有疑候歟」(上杉氏文書集一 1314) と述べているが、そう簡単に七尾城は落ちない。

越冬した謙信は関東に向うため、天正５年３月石動山城の普請と守備を命じて（上杉氏文書集一 1330）一時的に帰国する。同年閏７月再度能登に出陣し、９月 15 日七尾城に籠城する遊佐続

光が内応したため、上杉軍は一気に七尾城内に突入し七尾城攻略を達成する（上杉氏文書集一 1347・1349）。謙信は実質的な指導者だった畠山氏重臣の長続連以下百人余りを討ち取り、内応に加担した遊佐続光・温井景隆・三宅長盛・平堯知等畠山家臣団を助けている。さらに謙信は同日「本城ニ手飼之者差置、諸繰（曲）輪普請等申付候、十五日之内ニ普請可出来候」と述べている。主郭に譜代の家臣を置いているのであり、占領した城の具体的な支配対策が判明して興味深い。なお謙信は七尾城のみならず、占領した城には重臣クラスの部将を置いており、「越中・能州城之、何も各地共、手飼之者差置」と述べている。さらに落城した日に普請を命じ、その日の内に終了したと述べているのは、落城後の後片付けのことと思われる。これによっても普請という言葉の用途は土木工事に限らず、かなり広い範囲で使用されていたことが判明しよう。

　七尾城奪取から８日後の９月 23 日、謙信は加賀湊川の合戦で柴田勝家を主将とする織田軍を撃破する。織田軍について謙信は「安（案）外ニ手弱之様躰、此分ニ候ハヽ、向後天下迄之仕合心安候」と、織田軍は案外弱く、簡単に天下を取ることができるだろうと述べている。

　南からの圧力を排除した謙信は、凱旋将軍として七尾城に登城し、９月 26 日改修を命じている。このときは本当の土木工事だったらしく、「鍬立為可申付、令登城」と述べている。登城した謙信は主郭からの眺望に「従聞及候名地、賀・能・越之金目之地形与云、要害山海相応、海願（頬）嶋之躰迄も、難写絵像景述（迹）勝迄候」と絶賛している。

（２）　上杉氏時代

　謙信は占領後の七尾城に国衆代表として旧畠山家臣遊佐続光を置くとともに、城代として鯵坂長実を置いている。長実が能登代官だったことは、上杉氏家臣吉江信景等が七尾城将の一人上条政繁（９代畠山義綱の弟）に「当地七尾に鯵坂備中守（長実）被差置候上者、大細事共に被相尋、有御入魂御備肝要候事」（上杉氏文書集一 1358）と述べていることからも判明する。年月未詳の「上杉家中役方大概」（七尾市史七尾城編第６章 18）には「能州七尾　鯵坂備中守」とある。

　天正６年(1578)３月謙信が死去すると、能登上杉政権は急速に弱体化する。長実は能登の諸将を七尾城に集めて誓詞血判をとる（七尾市史七尾城編第６章 26）が、温井景隆・三宅長盛の畠山旧臣は天正７年５月織田信長に降伏（七尾市史七尾城編第６章 56）し、同年８月頃温井・三宅両将は長実を七尾城から追放してしまう（長家家譜）。天正７年９月と思われる某書状写（七尾市史七尾城編第６章 66）の「七尾不慮之題目、不及是非候」とあるのは、このことを述べているのであろう。上杉氏の七尾城支配は、わずか２年しかなかったのである。

　長実を追放した畠山旧家臣団は、温井景隆・三宅宗隆・平堯知・三宅長盛・遊佐盛光の５人による合議制で政務を執行する（七尾市史七尾城編第６章 91・92）。しかし時代の流れに逆行できず、天正８年４月頃温井景隆・三宅長盛は信長に降伏し、七尾城明け渡しを願い出る（長家家譜）。

　長連龍にとって温井・三宅氏は、織田方に降伏したからといって、上杉方に内応し一族を皆殺しにした張本人であることにかわりはなく、復讐の念を持ち続ける。天正８年６月菱脇の戦いで温井・三宅氏を破り（長家家譜）、連龍は能登での地位を確立させる。

　それでも温井・三宅氏は七尾城に居座り続けたのであろう。天正９年３月菅屋長頼が七尾城代として派遣される（七尾市史七尾城編第６章 130）と、遊佐続光・盛光父子は連龍に捕らえられ殺害される。そして身の危険を感じた温井景隆・三宅長盛兄弟は逐電し越後に走る（七尾市史七尾城編第６章 137・138）。こうして七尾城から旧畠山家臣団は完全に排除され、織田氏による支配が始まる。

（３）　前田氏時代

　前田利家が能登一国の大名となったのは、天正９年(1581)８月 17 日～９月３日の間である（七尾市史武士編第１章１）。利家が妻子を伴って能登国へ移住したのは同年 10 月２日以降である（七尾市史武士編第１章９）。かつては、利家は不便な山城の七尾城を廃して小丸山城を築城したと言われていたが、小丸山築城は天正 17 年頃と推定されているため、利家やその妻子が入城したのも七尾城であろう。

七尾城に残る織豊系城郭遺構の構築者は、理論的には菅屋長頼と前田利家の両将の可能性がある。しかし長頼の在城はわずか半年にすぎず、しかも国主が正式に決定するまでの執政官として在国したにすぎない。国主の居城としての改修は、やはり利家が行った可能性が高いと言えよう。
　天正 11 年(1583)加賀国石川・河北二郡を加増され、利家は金沢城へ移るが、七尾城は能登国の重要拠点として使用されていた。たとえば（天正 11 年）11 月 11 日付前田利家黒印状（七尾市史武士編第 1 章 179）で利家は能登四郡惣百姓中に、尾山城改修用の人夫百人を 16 日まで一旦七尾城へ着城するよう命じている。七尾城は能登国の中心地だったことが判明する。また天正 12 年 9 月佐々成政が能登末森城を攻めると、利家の兄で七尾城主の安勝が七尾城から救援に駆けつけている（七尾市史武士編第 1 章 219・232）。天正 12 年 9 月 23 日付織田信雄書状（七尾市史武士編第 1 章 238）では、佐々軍が七尾城を包囲していると述べている。勿論虚報だが、武将達の間では、七尾城は前田氏の重要拠点という認識があったことが判明する。安勝は翌天正 13 年羽柴秀吉の佐々成政討伐時においても七尾城の城主を務めている（七尾市史武士編第 1 章 297・312）。天正 13 年閏 8 月成政が降伏して軍事的緊張が解消されるまで、七尾城は前田一族が使用する重要拠点として存在していたのである。
　天正 14 年上杉景勝の上洛日帳（七尾市史武士編第 1 章 322）に見える「能州之武主為始前田五郎兵衛（安勝）」とあるのは、七尾城主としての安勝を指していると思われる。七尾城が史料に登場するのはこれが最後。安勝は七尾城主を退き、越中新川郡の管理を任されるようになったのであろうか、天正 18 年越中新川郡立山寺・姥堂の諸役を免じている（七尾市史武士編第 1 章 346・347）。そして天正 19 年前田利家書状（七尾市史武士編第 1 章 369）に「七尾古屋敷」という言葉が見え、七尾城下が衰退している様子が窺える。さらに文禄 5 年(1596)前田利家条目写に「七尾城山のはやし、むさとかり取事堅停止候」とあり、雑木が生い茂り、城跡が廃墟になっていることが確認できる。
　このように七尾城は天正 13 年佐々成政降伏によって役割を終え、天正 17 年頃から始まった小丸山城築城により廃城になったと考えられよう。

２．縄張りの紹介
（１）規模（図１）
　標高約 320 m、比高 260 m の山城。城域は麓の惣構や支城も含めると 2.3 ㎞× 1.1 ㎞に達する。遺構として削平地・切岸・土塁・石垣が残る。

（２）主要曲輪群
①概要（図２）
　七尾城の主要郭群は、ほぼ南北に連なる尾根上に築かれている。主要曲輪群の南端で最高所には長屋敷（B）を置き、そこから北側に約２０ｍ低い地点に本丸（A）を置く。以下、尾根伝いに遊佐屋敷（C）・桜馬場（D）・西の丸（E）・温井屋敷（F）・二の丸（G）・三の丸（H）と続く。一段下がった場所に調度丸（K）・寺屋敷（L）がある。各曲輪の名称については、『史跡七尾城跡保存管理計画書』(2002 七尾市教育委員会)に拠った。
　各曲輪の名称は後世につけられたと推定され、これをもって畠山重臣層が主要曲輪群に居住していたとは考えられない。ただし、各曲輪群の間に大堀切を設けており、このために各曲輪の独立性は高く、本丸Aからの求心性が低くなっている。これは畠山七人衆といわれた重臣層が実権を握り、畠山氏の権力が脆弱だったことが縄張りに表れているとも言えよう。

②長屋敷Ｂ（図２・３）
　主要曲輪群の南端に位置し、上幅が４０ｍの大堀切①で完全に尾根続きを遮断している。大堀切①はさらに分厚い土塁を設けて防御力を増強している。能登のみならず北陸中世城郭においても屈指の規模を誇る。七尾城が位置する城山は、城跡が頂上ではなく、尾根伝いに東方約 750 m

の地点が頂上で、しかも標高は長屋敷Ｂより 60 ｍも高い。さらに長屋敷Ｂから延びる尾根は石動山と尾根道で繋がっていたことが『独楽亭記』により判明している。つまり尾根伝いから敵軍が攻め下ってくる可能性が高いわけである。このような理由により、北陸屈指の規模を誇る堀切を設けたのであろう。

　大堀切①を越えず、北側に迂回する敵兵に対応するために、尾根②に曲輪を配置している。つまり大堀切①と尾根②が防御ラインとなり、搦手方向（尾根続き）からの敵軍の攻撃を防御していたと考えられる。『独楽亭記』が述べている石動山からの尾根道が、具体的に長屋敷Ｂのどの部分と繋がっていたのか、道路造設により破壊され判然としない。尾根②と長屋敷Ｂとの間に鞍部が存在し、そこと繋がっていたとも推定されるが、これも道路で破壊され、判然としない。

　長屋敷Ｂの虎口は③・④・⑤が確認でき、城外と連絡していたのは虎口③と考えられる。虎口③は単純な平虎口だが、土塁で囲まれた小曲輪⑥が厳重に防御している。さらにその下段に小曲輪を配置し、虎口③を出入りする武士達を監視していたと思われる。

　長屋敷Ｂに入った後、虎口⑤から本丸方面に下っていったと考えられるが、遺構がはっきりせず、明確にできない。七尾城絵図（推定元禄期）（七尾市史七尾城編考古資料編第５章）によれば、長屋敷Ｂと本丸Ａとは「関東橋」で繋がっているが、現地で橋跡を確認することはできない。

　虎口④は通路が接続された内枡形虎口で、虎口に到達する前から横矢が効いている。さらに一部石垣も導入されている。さすがにこの部分は上杉・前田氏の改修が及んでいないと推定され、畠山氏段階の遺構と思われる。恐らく天正期に入ってからの遺構と推定されるが、最末期の畠山氏は、ハイレベルの縄張り技術を持っていたことが判明する貴重な遺構である。

　大規模な堀切と土塁がセットになった防御線は長屋敷Ｂにしか見られず、ここだけ異様な感じがする。松倉城（富山県魚津市）は越中における上杉氏の拠点で、七尾城と同じ位置づけの城郭といえる。松倉城の尾根末端の曲輪には、大堀切と土塁がセットになった防御線が設けられている。上杉氏が改修したことを考えれば、長屋敷Ｂの防御線も上杉氏改修の可能性を指摘することができよう。

　長屋敷Ｂの前後は大堀切で遮断し、完全に独立している。さらに標高が本丸Ａより２０ｍも高いため、本丸Ａを見下ろす。能登畠山氏末期は、重臣の長氏が実権を握っていたと言われているが、長屋敷Ｂの縄張りはそれを物語っているようである。

③本丸Ａ及び外枡形虎口⑧（図４・13）

　本丸Ａは大型の櫓台⑦と、大手虎口の外枡形虎口⑧を備えており、伝承通り本丸として良い。櫓台⑦には、西及び南側の一部に土塁が残っている。恐らくかつては西・南・東側の三方に設けられていたのであろう。前田氏城郭に設けられた大型の櫓台（別所山砦＝滋賀県、松任城＝石川県、御館城＝石川県、高岡城＝富山県）は全て曲輪の隅部に設けられており、七尾城の場合もその典型と言える。

　櫓台⑦には大型の櫓（天守閣に近い存在）が建っていたと推定されるが、前述のように長屋敷Ｂが邪魔をして尾根続き方向を見通すことができない。逆に直下を通る城道⑨を見下ろすことができ、さらに城道⑨方向に土塁を巡らせて警戒している。櫓台⑦は本丸の象徴としての存在意義を持つことは勿論だが、城道⑨を監視する役割も持っていたと考えられる。

　本丸Ａの平坦面は３２ｍ×５４ｍと圧倒的な広さを誇っているわけではない。二の丸Ｇと幅４０ｍの大堀切⑩を隔てて三の丸Ｈが存在する。長屋敷Ｂ同様非常に独立色の強い曲輪である。このように主要曲輪群は、独立色が強いのも特徴の一つである。

　大手虎口となる外枡形虎口⑧は、先端が食い違いの外枡形になっていること、平虎口が二ヶ所連続していること、虎口と虎口の間に空間が存在していること、さらに石垣で固めていることから、この縄張りは安土城（滋賀県）伝黒金門と同タイプと評価できる（『発掘調査20年の記録　安土　信長の城と城下町』2009 滋賀県教育委員会）。従って天正９年前田利家による改修の可能性を指摘することができる。

　外枡形虎口⑧を出撃タイプの外枡形虎口とする考えも存在するが、これに筆者は賛同できない。というのも、外枡形虎口⑧を出撃した城兵は細長い山道を下らねばならず、恐らく一列縦隊で下っていったことであろう。このようなことをすれば、桜馬場Ｄに待機していた敵軍から弓矢を浴

びせられ、簡単に全滅してしまうからである。これを逆に考えたらどうであろうか。桜馬場Dを占領した敵軍は、外枡形虎口⑧を突破するためには細長い山道を駆け上がらなければならず、当然進攻速度は鈍り、しかも一列縦隊で進んだと思われる。つまり外枡形虎口⑧に到達する敵兵は、常に進攻速度が鈍った少人数の敵兵だったのである。さらに城内からは横矢が効いており、また、山道は一本のみなので、城兵は攻撃の焦点を絞ることができる。このような状態であれば、少人数の城兵で防御が可能となり、敵軍は多大な犠牲を強いられたことであろう。

このように外枡形虎口⑧は防御に適した虎口と評価することができ、防御タイプの外枡形虎口と呼ぶことができよう。

本丸Aにはもう一つ通路が存在する。北側の三段の石垣を下りていくルートである。近代の改変によってすっかり真新しい石垣となってしまったが、遊佐屋敷Cに下りる搦手的な通路と考えられよう。

④遊佐屋敷C・桜馬場D・調度丸K・寺屋敷L（図4・14）

樋の水（とよのみず）⑫方面から登ってきた大手道は、現在は調度丸Kに直進しているが、かつては図14のように調度丸K直下を通り、屈曲して調度丸Kに入ったと考えられる。恐らくその後は現遊歩道のように進んで桜馬場Dに入ったと考えられる。現在も⑪地点に1m以上の巨石が散在し、主要曲輪に相応しい虎口が存在していたと考えられる。しかし遊歩道による破壊が激しく、具体的にどのような形式の虎口だったのか復元は不可能。

桜馬場Dは50m×90mもあり、主要曲輪群の中で最も大きい。『独楽亭記』が述べる畠山氏の御殿（天宮）が存在していた曲輪と推定される。この推定が正しければ、桜馬場より一段高い遊佐屋敷Cの役割も推定可能となる。遊佐屋敷Cのほぼ中央に高さ一辺11m、高さ0.8mの基壇が存在し、基壇の中には礎石列も存在している。基壇からは明治17年に「銅板線刻清涼寺式釈迦如来立像」の断片が採取されている。制作年代は鎌倉～室町前半頃と推定され、経筒の一部か経塚の副葬品、あるいは甲冑に携帯された守護仏と推定される（七尾市史七尾城編考古資料編第2章）。このような状況から、基壇には持仏堂が建っていたとする推定も可能であろう。御殿に隣接し、しかも一段高い場所に持仏堂を置く、仮説の範疇であれば、このような推定が許されるのではなかろうか。

遊佐屋敷Cと桜馬場Dを分ける石垣と、調度丸Kを分ける石列が一直線に並んでおり、計画性を窺うことができる。調度丸kの石列は土塀基礎と考えられ、屋敷群の存在を彷彿させるが、なぜ一直線上に並ばせたのか、明確な答えは見つかっていない。なお、塀基礎と思われる石列・土塁は、三の丸HやI曲輪・J曲輪にも残っており、大型曲輪によく見られる遺構と言える。

調度丸Kからさらに下段に寺屋敷Lが存在する。名称から寺院の存在が推定されるが、そのような伝承は無い。曲輪のやや北側に大塚と呼ばれる直径約15mの土塔が存在する。この塔そのものの性格も不明だが、大塚が本丸Aの北東（鬼門）方向に位置することから、宗教遺構とする説（『新修七尾市史14通史編I原始・古代・中世』2011七尾市）がある。

⑤西の丸及び城道⑨（図4・6・13）

西の丸Eは桜馬場Dや温井屋敷Fを監視するとともに、西直下を通る城道⑨も監視しており、城道⑨に対する防御力を増強するために、北から西側にかけて塁線土塁を巡らしている。城道⑨は西の丸EとI曲輪の間を通った後、本丸Aの西から南直下を通って長屋敷Bに到達しており、主要曲輪群の直下を通る重要な城道と位置付けることができる。西の丸や本丸Aが城道側に塁線土塁を巡らしていること、桜馬場Dが城道側に4段の石垣を設けて固めていること、さらにI曲輪が城道側に大型の櫓台⑭を設けていることから、城道⑨がかなり警戒を要しなければならなかったことを物語る。城道⑨はJ曲輪方面を通過した後、城外（大谷川）に出て多根道に繋がっていたものと考えられる。城内と主要街道を繋ぐ重要な城道の一つだったと考えられよう。

西の丸Eの南端は虎口⑬がある。石垣で固められ、しかも虎口受けの小曲輪も存在するため、城道⑨から主要曲輪群に入る虎口と考えられ、図13のように連絡していたと考えられる。

⑥九尺石と虎口⑮（図4・6・15・16）

　温井屋敷Fの虎口⑮の塁線を固める石垣の石に、九尺石と呼ばれる巨石があり、その名のとおり長径が2.7mもある。現在確認されている七尾城石垣の石としては、最大級のものである。その他、周辺には不必要と思われるほどの巨石を使用しており、明らかに「見せる」という効果を狙った演出と考えられる。虎口⑮付近は崩落が著しく、原形がほとんど残っていない。一部想像になってしまうが、かつては図15のように櫓台⑯下部・小曲輪⑰を経由してJ曲輪方面に到達していたと考えられる。

　さて虎口⑮は、現在内枡形虎口という形式に分類されている。筆者もかつてはそのように考えていた。しかし拙稿において「塁線に折れを設けた平虎口」と訂正する。図16に外枡形虎口・内枡形虎口・虎口⑮の模式図を掲載する。内枡形虎口とは、塁線の内側で屈曲して入る虎口を言うのだが、虎口⑮は塁線の内側を直進して入っている。かつては門等が存在していて屈曲して入ったかもしれないが、地表面観察では直進して入る虎口としか読み取れない。つまり基本的に平虎口なのである。発掘調査が実施されて屈曲して入ることが証明されない限り、現段階において平虎口に分類することが最も正確な表現であろう。また、見方によっては内枡形に見えるのかもしれないが、万人が納得する明確な内枡形虎口でないことは事実である。ただし単なる平虎口ではなく、塁線に折れを設けて虎口に対して横矢が効くようにしている。つまり「塁線に折れを設けた平虎口」となるわけである。

　塁線に折れを設けただけの平虎口であれば、ハイレベルの虎口とは言えない。ハイレベルの虎口と評価できる外枡形虎口⑧が前田利家段階とすれば、虎口⑮は利家とは違った人物が違った時代に構築したと考えざるを得ない。長屋敷Bの内枡形虎口④が畠山氏段階の虎口であれば、虎口⑮も畠山氏による構築は十分可能である。

　守護・守護代の拠点クラスの城郭において、天文～永禄期（1532～69）に巨石が導入された城郭が多数存在する。北陸における代表的な事例が越前朝倉氏遺跡（福井県）で、一乗谷の大手門である下城戸には高さ3m余りの巨石を使用している。発掘調査の結果、巨石の上部からは重量構造物が建って痕跡は認められず、従って巨石は絶大な領主の権力を誇示する演出として使用されたと考えられる。下城戸を往来する武士達は、3m余りの巨石群に圧倒されたことであろう。ちなみに下城戸は枡形虎口になっており、朝倉氏が枡形虎口を構築できる縄張り技術を持っていたことは確実である。朝倉氏は天正元年(1573)に滅んでいるので、巨石の導入の下限も天正元年とすることができる。朝倉義景は足利義昭を永禄9年(1566)一乗谷に招くにあたり、朝倉館を増築しており、この時朝倉氏の権力を誇示するために下城戸に巨石を導入したという仮説も成り立つであろう。

　増山城（富山県）は、越中射水婦負二郡の守護代神保氏の拠点である。ここの主郭（通称二ノ丸）前の通路に、2m余りの巨石が使用されている。巨石上部に重量建物が建っていた痕跡が認められないことから、やはり神保氏が権力を誇示する演出として使用したと考えられる（『越中中世城郭図面集Ⅲ』2013 佐伯哲也）。神保氏は永禄5年(1562)上杉謙信との抗争に敗れ、著しく衰退しているので、巨石導入の下限も永禄5年とすることができる。

　総石垣造りで有名なのが、近江守護六角氏の拠点観音寺城（滋賀県）である。現存する石垣は天文～弘治年間(1532～58)に六角氏が構築した（『近江の城　－城が語る湖国の戦国史－』1997 中井均）と考えられる。六角氏の重要拠点だった三雲城（滋賀県）には石垣で構築された壮大な枡形虎口が残っており、1m余りの巨石が多数使用されている。三雲城には天文6年に(1537)六角承禎、永禄11年(1568)には六角義賢・義弼父子が避難しており、観音寺城の避難城とも言うべき存在だった。同城の枡形虎口は織豊系城郭の枡形虎口とはかなり異なっており、巨石を含めて六角氏に構築されたと考えられる。六角氏は永禄11年織田信長に攻められて著しく衰退しており、枡形虎口や巨石導入の下限も永禄11年とすることができる。

　このように守護・守護代は、16世紀中～後半にかけて拠点クラスの城郭に枡形虎口や巨石を導入していることが判明する。それは守護・守護代の権力を「見せる」演出だったと推定される。九尺石や虎口⑮を畠山氏が守護の権力を「見せる」ために構築・導入したとしても、事例的には何等問題はない。

　虎口⑮の構築者が畠山氏なのか、あるいは前田氏なのか、その判断基準の一つとして、九尺石

の上に重量構造物、具体的には銃弾の貫通を防ぐ分厚い土塀を持った多聞櫓の有無がある。残念ながら発掘調査が実施されていないため確認はできないが、推定は可能である。まず礎石が確認できない。また九尺石の上部は凹凸が有りすぎて、堅牢な整地面が存在していないと推定される。この二点から、九尺石の上に重量構造物は建っていなかったと推定したい。九尺石は畠山氏の権力を「見せる」ために導入されたと考えたい。

　それでは虎口⑮が大手虎口なのであろうか。筆者は七尾城の大手は、ほぼ遊歩道どおりの調度丸Kから桜馬場Dに上がるルートと考えており、また搦手は長屋敷B背後の尾根続きと考えている。つまり大手でも搦手でもなかったのである。それではどのような道かというと、J曲輪に存在していた独楽亭から主要曲輪群に登る城道だったと考えられる。独楽亭の詳細については後述するが、独楽亭に招かれた来賓が主要曲輪群に登城するにあたり、畠山氏の権力の絶大さを「見せる」ために虎口⑮に巨石（＝九尺石）を導入したという推定が成り立つ。J曲輪及び付近の曲輪の東側に通路が整備され、非常に通りやすい。これは独楽亭の来賓が登城しやすくするための造作とも考えられる。さらにJ曲輪を通過した通路は城外に出て大谷川を越え、多根道と繋がっていたと推定される。つまりJ曲輪東側の通路は、城内外を繋ぐ重要な通路だったのである。

　以上の理由から、虎口⑮は大手でも搦手でもないのにもかかわらず、大手虎口に匹敵する構造になったのである。そして城外から招いた来賓に「見せる」目的で、畠山氏が虎口⑮及び九尺石を導入したと考えたい。

　ただし、ここで注意しなければならないのは、櫓台⑯の存在である。さすがにこれだけは畠山氏段階ではなく、前田利家段階であろう。具体的な理由は不明だが、利家は古府谷山支群を本格的な城郭に改修（あるいは築城）し、大谷川方面を警戒している。大谷川方面に繋がる虎口⑮の防御力を増強するために、利家が櫓台⑯を構築したと推定したい。

　仮に利家が九尺石を含めた虎口⑮を構築したならば、櫓台⑯は虎口⑮の櫓台として構築したはずである。後述するが三の丸Hの虎口⑱は、石垣で固めた櫓台を併設しており、利家を含めた織豊政権武将はこのような虎口を構築することが多い。両者が別々の場所に構築されているということは、違う人物が違う時代に構築したことを物語っていると言えよう。

⑦温井屋敷F・二ノ丸G（図4・17）

　温井屋敷Fと二の丸Gの間の西斜面には大量の石材が散乱している。これは明らかに破城行為を受けた痕跡と考えられる。その中でも一部原形を止めているものもあり、切石を用い、隅角は算木積み、裏込石を用いていた。これは外枡形虎口⑧周辺や桜馬場D西斜面の石垣のように自然石を用い、殆ど裏込石を用いない積み方とは、明らかに違った積み方と言える。つまり七尾城には二時期の石垣が存在しているのである。

　西斜面に存在する櫓台⑯は、平坦面⑰から上ってくる城道を監視するために構築されたと考えられ、石垣で固められていることから、利家段階に構築されたと考えられる。構造は少なくとも二段構造になっていたと考えられるが、なぜ二段にしなければならなかったのか、どのような構造の櫓が建っていたのか判然としない。

　温井屋敷Fは、西の丸Eと二の丸Gとに挟まれる形となり、しかも両曲輪から見下ろされている。よく見ると西の丸Eと温井屋敷Fから土塁が延びており、恐らくここに木戸等が存在していて合戦時は閉められて、温井屋敷Fは袋小路のような曲輪になっていたと想定される。そして虎口⑮が敵軍に突破されると、温井屋敷Fにいた城兵は西の丸Eから伸びてきている土塁通路を通って西の丸Eに避難したり、あるいは二の丸Gに避難したと考えられる。敵軍は温井屋敷Fに侵入したものの、両曲輪から攻撃され、多大な犠牲を強いられたことであろう。西の丸Eの塁線土塁が温井屋敷F側にも設けられているのは、このためと考えられる。

　二の丸Gは先端に櫓台を設けて三の丸Hを見下ろす。そして両曲輪の間には、幅40mの大堀切を設けて完全に遮断している。近年二の丸Gの東側に石垣を伴った通路遺構が発見され、三の丸Hとの連絡方法が確認できた。一部推定となってしまうが、図17のように連絡していたと考えられる。

　東側通路の石垣は、急斜面にかなり無理をして構築しているため崩壊が著しい。なにか後付けのような感じがする。東側通路の石垣は、切石を用い、隅角は算木積み、裏込石を入れており、

温井屋敷Ｆと二の丸Ｇの間の西斜面に残る石垣と酷似する。三の丸Ｈの独立性を低くし、本丸Ａからの求心性を高めるために、利家が東側通路を構築したという仮説が立てられよう。

⑧三の丸Ｈ（図５）

　三の丸Ｈは主要曲輪群最北端の曲輪。二の丸Ｇの東側通路は、一旦大堀切⑩東側小平坦面に取り付き、そこから大堀切⑩の堀底に上がり、虎口⑱に進んでいったと考えられる。大堀切⑩から虎口⑱に進む通路は細長く、敵兵は長時間曲輪内からの横矢に晒されて一列縦隊で進んだと思われる。城兵達の身を保護し、曲輪内の防御力を増強するために、塁線土塁を設けている。

　注目したいのは虎口⑱で、石垣で固めた櫓台を持つ。曲輪直下を長時間歩かせて横矢を効かせ、虎口に石垣で固めた櫓台を備えて防御力を増強しているタイプは、笑路城（京都府）にも見られる。笑路城は明智光秀によって改修されたと考えられており、このことからも虎口⑱は前田利家による改修と考えられよう。

　ほぼ中央に設けられた石列は、敵兵を虎口⑱に屈曲して入らすのに必要だが、こんなに長くする必要はない。恐らく屋敷区画用の土塀基礎としての役割を果たしていたのであろう。また虎口⑱の櫓台と相対するように設置されている西側櫓台は、曲輪のコーナーに位置しているわけでもなく、また虎口に位置しているわけでもなく、不可解な場所に設けられている。また平面形状からは、方形の櫓は建ちそうに無い。恐らく中央石列との間に木戸が存在していたと考えられるが、軍事機能とは別の性格を持っている可能性がある。曲輪内には南北二つの屋敷が存在していたと考えられ、西側櫓台は南側屋敷地の出入口を固めていたのであろう。

（３）各尾根に残る遺構

①尾根㉔（図７）

　大谷川に面した尾根。大規模な平坦面を設けてはいるが、曲輪としての機能は持っていなかったと推定される。また平坦面群がどのようなルートで主要曲輪群と繋がっていたかも判然としない。しかし尾根の先端に２本の堀切を設けて完全に遮断しており、尾根続きを警戒している。大谷川方面からの攻撃を遮断する重要な尾根だったと言えよう。

②Ｉ曲輪～Ｊ曲輪（図６・８）

　主要曲輪群に次ぐ重要な尾根である。Ｉ曲輪の広さは60ｍ×40ｍもあり、またほぼ中央に低土塁を持つ。恐らく土塀基礎と思われ、ここにも屋敷があったと推定される。Ｉ曲輪北直下の平坦面も70ｍ×40ｍもあり、低土塁は存在しないがやはり屋敷地と推定される。屋敷地だったと同時に、大型の櫓台⑭も備え、さらに櫓台⑭は石垣で固められた堅固な櫓台である。これは大谷川から登ってきた城道⑨がＩ曲輪の東側を通り、城道⑨が主要曲輪群に入る最後の関所としての役割を果たすためと考えられる。このことからも城道⑨は主要曲輪群直下を通る重要な道であると共に、城外の主要街道（多根道）と繋がっている警戒すべき道だったことが判明する。

　Ｊ曲輪も40ｍ×100ｍの広大な平坦面を持つ。土塀基礎と思われる石列や庭石と思われる石が存在し、屋敷や庭園の存在が推定される。大谷川の中腹に位置することから、『独楽亭記』が述べる温井氏の別邸独楽亭所在地の最有力候補地である。Ｊ曲輪の東側には通路が整備されて歩きやすく、いかにも別邸の通路といった感じである。独楽亭に招かれた来賓は、Ｊ曲輪東側の通路を通って虎口⑮にたどり着き、巨石群（九尺石）を見て畠山氏の権力の絶大さに圧倒されたことであろう。

　虎口⑮にたどり着く前に、平坦面⑰を通過しなければならず、ここも屈曲して入る枡形構造になっている。敵軍は平坦面⑰からの横矢に晒されるのは勿論だが、さらに平坦面⑰の南直上の平坦面も敵軍を監視していることにも注目したい。さらにこの平坦面は城道⑨も監視している。平坦面⑰は主要曲輪群に入る最後の関所だったと言えよう。ちなみにこの尾根の先端にも堀切を設けて、尾根続きを遮断している。

②尾根㉕（図９）
　尾根㉕は七尾城の縄張りを考える上で重要な尾根である。安寧寺屋敷⑳から分岐した尾根に、大小様々な曲輪を設けているが、必ずしも虎口は明確でなく、また各曲輪を繋ぐ通路も明確になっていない。しかし、他の尾根のように遮断性の強い堀切は設けておらず、尾根上の連絡はスムーズに行える。
　さらに注目したいのは、石垣を若干ながらも使用している点である。現在七尾城で石垣が確認されているのは、主要曲輪群と準主要曲輪群とも言うべきⅠ～Ｊ曲輪群のみで、こんなに遠く離れた尾根で石垣を用いているのは尾根㉕しかない。この尾根が特別重要視されていたことを物語る。
　別稿で詳述するが、尾根㉕の先端に古府谷山支群が存在し、大谷川方面を警戒している。七尾城の尾根の末端には様々な遺構が存在するが、明らかに城郭遺構で、明らかに前田利家による築城（あるいは改修）と判明するのは古府谷山支群のみである。勿論石垣を使用している。尾根㉕と古府谷山支群とは明確な通路で繋がっていないが、堀切等の明確な遮断線もなく、尾根道での連絡は可能である。尾根㉕に残る曲輪や石垣は、古府谷山支群と主要曲輪群を繋ぐために利家が整備したという仮説も成り立つであろう。

③尾根㉖（図10）
　この尾根で注目したいのは、畝状空堀群を設けた曲輪を設置していることである。曲輪の周囲に切岸を巡らしし、北側の尾根方向のみに櫛の歯状畝状空堀群を設けており、防御力を増強するために北側のみ塁線土塁を設けている。これは北側（城外側）の尾根続きから進攻し、曲輪切岸直下で横移動する敵兵の進攻速度を鈍らせるための防御施設と考えられる。この畝状空堀群は６本の櫛の歯状畝状空堀群で、上杉氏城郭で多用される形式のものである。従って構築者は上杉氏と考えてよい。別稿で詳述するが、七尾城の畝状空堀群（恐らく上杉氏）は城域の端部に設けられており、上杉氏は城域の端部を畝状空堀群で固めていたと考えられる。この尾根の先端にも堀切を設けて尾根続きを遮断している。

④尾根②（図11）
　七尾城の搦手と考えられる尾根続きから進攻してきた敵軍が、大堀切①を越えずに北側を回り込み、主要曲輪群に進攻するのを防ぐのに、尾根②に曲輪群を設けたと思われる。つまり敵軍の進攻を防ぐ防波堤のような存在だったと考えられる。
　『独楽亭記』によれば、尾根道は石動山に通じていて、多数の人馬・物資が往来していたことを記している。その尾根道は長屋敷Ｂの背後にあったと考えられるが、道の痕跡は残っていない。あるいは尾根②と長屋敷Ｂとの間に関所のようなものが存在して、そこに尾根道が繋がっていたとも考えられるが、林道造設により破壊され、判然としない。
　この尾根も先端に堀切を設けて遮断しているが、さらにその先に出入口を土塀基礎で固めた平坦面が存在している。堀切が防御空間と居住空間を分けていると言えよう。

（４）七尾城の城道
①大手道（図１・２・５・12・14）
　大手道の定義について筆者は下記のように考える。
　　a）城下町の中を通っていること
　　b）惣構の中を通っていること
　　c）守護館に隣接していること
　　d）主郭まで通じていること
　上記条件を全て兼ね備えている道が大手道と思っている。七尾城の城域は広大で、当然重要な城道は数本存在していたであろう。しかし a)～ d)までの条件を全て備えているのは１本しかない。それは現在遊歩道として整備され、大手道と称されている大手道㉘である。
　詳しくは「３．発掘による成果」の項で述べるが、総構えの外側には城下町が広がっていたこ

とが確認され、『独楽亭記』でも城下町が一里余りに広がっていたことを述べている。まず大手道㉘は城下町の中を通っている。さらに大手道㉘は総構え㉙を通り、高屋敷（タカヤシキ）㉗まで直進する。高屋敷㉗は80ｍ×80ｍの正方形の地割りで、発掘されていないが山麓における守護館と推定される。恐らく堀も含めると、守護館として正規の大きさである方一町（約百ｍ）四方になるのであろう。つまりこの時点でa)～c)の条件を備えているわけである。城下町を通り、総構えの中入った武士達は、守護館の畠山氏に挨拶した後に、主要曲輪群に登城していったのであろう。守護館㉗で二度屈曲し、妙国寺跡㉜と呼ばれる場所から尾根道に取り付く。

　尾根道を登ると、最初に時鐘㉓にたどり着き、さらに番所㉒前を通過する。番所㉒は、大手道と土塁で明確に区画され、さらに土塁と石垣で固められた明確な虎口を持っていることから、主要曲輪群に入る直前の検問所、文字通り番所と考えられる。番所での検問を突破して進んでも、土塁内からの横矢に長時間晒され、沓掛㉑にたどり着くことは困難だったと推定される。

　突破しても沓掛㉑の横矢に晒され、さらに屈曲して沓掛㉑と袴腰⑲に挟まれた土塁間を通過するとき、少人数しか進めず、沓掛㉑と袴腰⑲の両横矢攻撃を受けてしまう。直進し安寧寺⑳に進んだとしても、袴腰⑲からの横矢に晒され、結局主要曲輪群には入れない。

　袴腰⑲を通過した敵軍は、頭上の三の丸Ｈ・二の丸Ｇからの弓矢攻撃を浴びながら、樋の水を経由して調度丸Ｋにたどり着く。しかし現在のように直進して入ったのではなく、図14のように入ったと考えられる。この方が調度丸Ｋの横矢に晒されながら入ることになる。

　この後は、虎口⑪・桜馬場Ｄ・虎口⑧を通過して、漸く本丸Ａにたどり着く。虎口⑪は近代の改変によって旧状は判然としてない。しかし付近に１ｍ余りの巨石が多数存在していることから、巨石で固めた壮大な枡形虎口だったと考えられる。

　以上、最後の条件 d)を満たし、大手道㉘は全ての条件を満たしていることになる。途中に多くの防御施設を配置するが、堀切により遮断はしていない。平常時は主要曲輪群を見上げながら進み、合戦時は主要曲輪群から弓矢を浴びせられることになる。大手道㉘は a)～ d)以外にも大手道に相応しい条件を備えている。文字通り大手道㉘は大手道と言えよう。

②搦手道（図１・２）

　現在明確な搦手道は判明していない。しかし大手が本丸Ａの正面とするならば、搦手は本丸Ａの後方、すなわち長屋敷Ｂの背面とするのが自然な考えであろう。前述のように『独楽亭記』によれば、尾根道は石動山に通じていて、多数の人馬・物資が往来していたことを記している。尾根道は長屋敷Ｂの背後にあったと考えられ、道の痕跡は残っていないが、その尾根道こそ搦手道と考えられる。

　搦手道は長屋敷Ｂの背後を尾根伝いを通り、物見台を経由して古府枡形砦に向ったものと考えられる。そこで多根道と合流し、多根集落を経て石動山へ登ったのであろう。

③大谷川からＪ曲輪に至る道（図２・６・８）

　大谷川からＪ曲輪を経由して主要曲輪群に至る城道も、重要な城道だったと考えられる。この城道は山麓の守護館を通らないため、公の大手道とはならない。山頂に存在していた畠山氏の私的な居館に繋がっているため、私的な大手道と呼ぶことも可能である。

　恐らくＪ曲輪には独楽亭が存在していたので、独楽亭に招かれた来賓は巨石（九尺石）で固められた虎口⑮を見て、山頂の畠山氏居館へ向ったと推定される。この道は城道⑨にも繋がっており、城道⑨は主要曲輪群直下を走る。西の丸ＥとＩ曲輪は城道⑨を挟むような形で配置されており、さらにＩ曲輪の櫓台⑭は城道⑨に接する位置に設けられている。また城道⑨の直上の曲輪は、城道⑨側に塁線土塁を設けている。来賓が通る道としては、異常な警戒ぶりである。恐らく城道⑨は主要街道（＝多根道）と繋がっていて、敵軍が城内に殺到する恐れがあるため、このような警戒した縄張りとなったのであろう。

　この道は前田利家も重要視しており、主要曲輪群に入る直前に、櫓台⑯を設けて警戒している。さらに利家は大谷川方面を重要視して古府谷山支群を大改修している。なぜ利家が大谷川方面を重要視したのか判然としないが、重要視したことを櫓台⑯や古府谷山支群の構造に如実に表れているといえよう。

広大な城域を持つ七尾城には、この他にも重要な城道があったと推定される。しかし良質の文献・絵画史料や遺構が存在せず、実態を明らかにできない。拙稿で言及するのはここまでとしておきたい。

（５）石垣（図3・4・5・6）

　七尾城の石垣は、残念ながら大半が近代以降の積み直しであり、特に遊歩道沿いの石垣はその傾向が強い。ただし江戸期の絵図には、ほぼ同位置に石垣が描かれているので、存在まで疑う必要は無いと思われる。

　積み直しが多い中、桜馬場D及び温井屋敷F西斜面・三の丸Hの石垣は旧状を保っていると思われる。自然石を使用した高さ4m以下の石垣で、犬走りを設けながら積み上がっている。裏込石は確認できない。櫓台⑯・⑱の石垣は、縄張りから前田利家期と考えられ、七尾城入城直後、すなわち天正9年（1581）頃の構築と思われる。天正10年以前における貴重な事例と言えよう。

　2箇所だけ裏込石を伴った算木積みの石垣を確認しており、しかも2箇所とも切石を使用している。それは温井屋敷F西斜面及び二の丸G東側通路である。この石垣は多少年代が下ると思われる。金沢城の重要支城だった舟岡城（石川県白山市）の石垣は、隅角は算木積みで切石を用いており、温井屋敷F西斜面等の石垣と形式が一致する。舟岡城の石垣の構築時期は天正11年頃と推定されるため、温井屋敷F西斜面等の石垣も天正11年頃と推定することが可能であろう。

　このように前田氏時代の石垣は本丸A～三の丸Hを中心とした主要曲輪群周辺に残っており、さらに天正10年以前・以後の二時期の構築時期が考えられよう。

　畠山氏も石垣を使用している。その代表的な例が虎口⑮の巨石（九尺石）である。石垣の導入理由は実用的なものではなく、あくまでも権力誇示の方法として使用している。これは守護・守護代の居城で巨石の導入は北陸でも2例（一乗谷城・増山城）確認されており、畠山氏が特別な存在ではないことが判明する。

　前田氏の改修が及んでいない長屋敷Bにも畠山氏時代と推定される石垣が存在する。それが虎口④の石垣である。虎口④は畠山氏時代の虎口と推定され、部分的だが石垣も使用している。石材は自然石、大きさは20～30cm程度の石を用いており、高さも1m程度である。裏込石は入っていないと思われる。同じような石垣が虎口⑤にも使用されている。恐らく虎口⑤の石垣も畠山氏時代の石垣なのであろう。

　このように畠山氏も石垣を使用していたと考えられるが、部分的な使用に止まっていることに注目したい。

　上杉氏もわずか2年だが七尾城に在城している。越中における上杉氏の拠点松倉城にも石垣が残っており、このことから七尾城に現存する石垣は上杉氏が構築した可能性も残る。前述の虎口④・⑤に残る石垣は、上杉氏が構築した可能性も残されている。しかし越中松倉城の石垣が部分的なことから、上杉氏が構築した七尾城の石垣（もし存在していたなら）も部分的な使用に止まっていたと考えられよう。

（６）総構え（図1）

　山麓に総構え㉙が存在していたことが発掘調査によって判明している。報告書はまだ発行されていないので詳細は不明だが、現地説明会資料によれば、長さ1.1㎞、総構え堀の上幅7m、底幅5.8m、城外側の深さ1.3m、城内側の深さ4mと推定された。総構えの両端は木落川と庄津川の自然崖に連結している。

　山麓部に数百mにわたって存在する総構えを持つ城郭は、能登国は勿論のこと、越中・加賀・越前国でも確認されておらず、七尾城は北陸（越後国除く）唯一の確認事例と言える。ただし、谷を塞ぎ、居住区域を防御するという考えならば、越前朝倉氏の一乗谷下城戸・上城戸が該当する。総構えや城戸は、守護の権威を象徴する土木構造物なのかもしれない。

　構築時期は16世紀後半と推定され、畠山・上杉・前田の三氏による構築の可能性を残した。もし畠山氏が構築したのなら、足掛け2年にわたる上杉謙信の猛攻に耐えれたのは、総構えが威

力を発揮したからかもしれない。

　総構えとはいうものの、七尾城の山麓遺構全てをカバーしているわけではない。木落川と庄津川の間に存在する遺構を防御しているにすぎない。総構え内側の主要構造物として、大手道㉙・守護館㉗・古城新薮北南支群㉚㉛・妙国寺跡㉜の三ヶ所である。古城新薮南支群㉚は守護館㉗の南西側に位置し、守護館㉗を見下ろしているので、かなり重要な構造物だったと推定される。大規模な平坦面と竪穴（恐らく井戸）が存在するため、畠山氏の私的居館あるいは菩提寺等が建っていたのかもしれない。このような遺構の存在から、総構えの内側には守護館と重臣層の屋敷・寺院等の居住施設の存在が想定される。つまり基本的に総構えは、七尾城の山麓部における居住施設を防御するために構築されたと考えられるのである。

　広大な城域を持つ七尾城を、総構え㉙のみで防御できるわけがない。総構え㉙と木落川を挟んだ対岸に、矢田砦㊲が存在する。矢田砦には櫛の歯状畝状空堀群が存在する。また、総構え㉙と庄津川を挟んだ対岸に、古府谷山支群㉞が存在する。櫛の歯状とまでは言えないが、やはり畝状空堀群が残っている。恐らく天正５年七尾城奪取後、上杉氏は総構えの東岸を補強するために矢田砦、西岸を補強するために古府谷山支群を構築したのであろう。ちなみに前田利家は大谷川方面を重要視したため、古府谷山支群をさらに改修している。

　このように考えれば、総構えを最初に構築したのは畠山氏で、山麓部の居住区域を防御するために構築したと考えられよう。総構えはほぼ中央部で折れを設けているのに、大手道に対して横矢が掛かっていない。織豊政権武将（前田利家）ならば、大手道に対して横矢を掛けるように配置したであろう。そうしてないのは総構えの構築者が織豊政権武将でなかったことを物語っている。天正５年七尾城奪取後、上杉氏は総構えの東西を補強するために矢田砦・古府谷山支群を構築し、さらに利家が古府谷山支群を改修する。つまり上杉・前田氏は総構えを改修せずにそのまま使用していたのであり、畠山氏が構築した総構えがそのまま残っている可能性が高い。

（フ）　小結
①主要曲輪群
a) 七尾城の主要曲輪は、各曲輪間に遮断性の強い大堀切を設けており、このために各曲輪の独立性が強まり、各曲輪に対する本丸からの求心力が弱くなっている。これは畠山七人衆と言われた重臣層が実権を握り、畠山氏の権力が脆弱だったことが縄張りに反映しているとも言える。
b) 主要曲輪群の南端が長屋敷で、幅40ｍの大堀切を設けて尾根続きを完全に遮断している。大堀切を越えず、迂回する敵軍に対処するために尾根②に曲輪群を設けている。長屋敷の大堀切と土塁がセットなった防御線は、上杉氏が改修した可能性が高い。
c) 本丸の外枡形虎口⑧は、天正９年に前田利家が構築したと考えられる。構造から防御を主眼とした虎口と考えられる。
d) 桜馬場には『独楽亭記』が述べる畠山氏の山頂における御殿が存在していた可能性が高い。遊佐屋敷には畠山氏の持仏堂が存在していた可能性を指摘できる。遊佐屋敷と調度丸には土塀基礎と思われる石列が存在するが、なぜ一直線に配置しなければならなかったのか、明確な解答は見つかっていない。
e) 虎口⑮と九尺石は、前田利家が構築したとされてきた。しかし筆者は畠山氏が構築したと考える。守護・守護代は、権力誇示の演出として居城の重要城門に巨石を導入しており、その代表的な事例が、越前朝倉氏の一乗谷下城戸である。七尾城の場合、独楽亭に招かれた来賓が本丸に登城するにあたり、畠山氏の権力の絶大さを誇示するために、虎口⑮に巨石（九尺石）を導入したと考えられる。ただし、虎口⑮の付近に石垣で固めた櫓台⑯があるので、利家も虎口⑮を重要視していたと考えられる。
f) 温井屋敷は、西の丸と二の丸に挟まれ、しかも虎口⑮の後方に位置しているため、虎口⑮の虎口空間という見方も可能である。温井屋敷・二の丸西斜面や二の丸東側通路に残る石垣は、算木積みで切石を用いており、天正10年以降に積まれた石垣と考えられる。
g) 三の丸に残る虎口⑱は、織豊系城郭によく見られるタイプで、主要曲輪群に前田利家の改修が及んでいる証拠になろう。

h)前田氏の改修の痕跡は、基本的には主要曲輪群にしか残っていない。巨大な城域全てを改修するのではなく、守りやすいように城域を縮小して改修したと考えられる。これは織豊系城郭に多く見られる改修パターンである。

②各尾根に残る遺構
a)Ⅰ・J曲輪も主要曲輪群に次ぐ重要な曲輪で、城外に通じていた城道⑨を監視するとともに、重臣達の屋敷地だったとも考えられる。特にJ曲輪は独楽亭が建っていたと推定される。
b)堀切を設けて遮断している尾根が多い中、尾根㉕は堀切を設けていない。また石垣で固めた曲輪を設けている。尾根㉕の先端に利家が改修した古府谷山支群㉛が存在している。古府谷山支群㉛と主要曲輪群との連絡ルートとして、利家は尾根㉕を重要視していたのである。
c)尾根㉖の先端には、上杉系畝状空堀群の櫛の歯畝状空堀群が残っている。尾根㉖のように、城域の先端に櫛の歯状畝状空堀群が残っているのも特徴の一つである。
d)長屋敷の大堀切①を越えずに、北側を迂回して主要曲輪群に進攻する敵軍を阻止するために、尾根②に曲輪を配置したと考えられる。

③七尾城の城道
a)大手道は、現在遊歩道として整備され、現在も大手道と呼ばれている大手道㉘と考えられる。ほぼ一致しているが、一部だけ違っている。遊歩道の大手道は調度丸に直進しているが、本来の大手道は調度丸を巻いて入ったと考えられる。
b)搦手道は長屋敷の背後の尾根に存在していたと考えられる。物見台・古府枡形砦を経由して、多根道と合流し、多根集落を経て石動山へ登ったのであろう。
c)大谷川からJ曲輪を経由して主要曲輪群に至る城道も、重要な城道だったと考えられる。恐らくJ曲輪には独楽亭が存在していたので、独楽亭に招かれた来賓は巨石（九尺石）で固められた虎口⑮を見て、山頂の畠山氏居館へ向ったと推定される。この道は城道⑨にも繋がっている。城道⑨は主要街道（＝多根道）と繋がっていて、敵軍が城内に殺到する恐れがあるため、主要曲輪群は城道⑨を警戒した縄張りとなったのであろう。

④石垣
a)畠山氏が構築した可能性を残す石垣として、虎口⑮の巨石（九尺石）・虎口④⑤の石垣がある。
b)上杉氏も石垣を構築した可能性がある。
c)畠山氏・上杉氏の石垣は、部分的な使用に止まっている。
d)前田氏の石垣は、本丸A～三の丸Hを中心とした主要曲輪群周辺に残っている。
e)前田氏の石垣は、天正10年以前・以後の二時期に分かれる。
f)前田氏の天正10年以前の石垣は自然石を使用、裏込石は入っていない。
g)前田氏の天正10年以後の石垣は切石を使用、裏込石を入れている。

⑤総構え
　畠山氏が16世紀後半に構築したと考えられる。上杉氏は総構えの東岸を補強するために矢田砦、西岸を補強するために古府谷山支群を改修する。さらに前田利家は大谷川方面を重要視したため、古府谷山支群をさらに改修している。

４．居住性について
　近年山城における居住性が問われている。特に守護・守護代の拠点は、戦国期において山麓には守護が公式行事を行うための居館（ハレの空間）、山頂には一族が日常生活を営む居館（ケの空間）が存在したといわれている（『能登七尾城・加賀金沢城』2006　千田嘉博・矢田俊文編）。はたして七尾城はどうなのであろうか。

（１） 考古学からの可能性

　山頂での発掘調査は実施されていないので、居住施設が存在していたかどうかは判明しない。しかし主要曲輪群全体に土師皿片が散乱しており、主要曲輪群で日常生活が営まれていた可能性は高い。ちなみに瓦は全く採取されておらず、桧皮葺等の建物が推定される。

（２） 文献史料からの可能性

　大永5年(1525)・6年7代畠山義総は七尾城内で連歌会を催していることが確認されている。山麓の城主居館「高屋敷」が守護公式行事を行う公館としたら、やはり連歌会は「能州七尾城畠山左衛門佐（義総）亭」で実施されたと考える方が自然である。しかし義総亭が山頂の主要曲輪群に存在していたと断定するには証拠不十分と言わざるをえない。風景を愛でながらの連歌会で、それが山頂の義総亭と考えられやすいが、連歌会を催すときだけ使用する別荘のような建物という考え方も可能である。

　上杉謙信は天正4年(1576)10月～天正5年3月まで七尾城を攻めている。畠山氏は真冬の籠城戦を強いられいるわけだが、山頂の主要曲輪群での生活が確立されているからこそ、厳冬期の籠城に耐えれたのではないだろうか。

　天文13年(1544) 京都東福寺の禅僧・彭叔守仙（ほうしゅくしゅせん）は、温井総貞邸が七尾城内に建てようとしていた別邸独楽亭に寄せて『独楽亭記』を筆録している。この頃能登畠山氏の絶頂期であり、絶頂期の七尾城内を記録した良質の史料として注目される。『独楽亭記』によれば、総貞の私邸は大谷川の中腹にあって、かなりの年月が経ていた。温井氏の私邸はＪ曲輪と推定され、庭石と思わしき石も残っている（図5）。さらに山頂には畠山氏の御殿が翼を広げた如く建っていると述べている。その御殿は朱や青が塗り重ねられて　一際美しく、天宮のようだと述べている。この記述により山頂の主要曲輪群に畠山氏の壮麗な建物が存在していたことが判明する。

（３） 遺構からの可能性

①山頂居館の可能性

　山頂の主要曲輪群には石列が残されており、土塀基礎と推定される。それは遊佐屋敷Ｃと桜馬場Ｄの間、調度屋敷Ｋ、三の丸Ｈ、Ｉ曲輪に残る。勿論土塀は防御施設としても使用されたのであろうが、屋敷地の区画としても使用されたのであろう。土塀を持つ屋敷なら、居住を目的とした屋敷として良いであろう。

　温井氏私邸跡と推定されるＪ曲輪には、庭石と推定される石が数個露出している。広々とした平坦面を伴うことから、庭園を備えた屋敷の存在が推定される。独楽亭の有力候補地である。

　本丸や桜馬場・温井屋敷、石列を持つ平坦面は、土塁で囲むか、高所から一段下がった場所に位置しており、これは強風対策とも考えられる。厳冬期の日本海から吹き付ける暴風雪から居住施設を維持管理していくには必要不可欠の処置といえる。

　山頂主要曲輪群唯一の飲料水と伝える「樋の水」⑫（とよのみず）は、周囲を石で囲って泥が混入するのを防ぎ、さらに上流の谷に2ヶ所に石の堰を構築して泥が混入するのを防いでいる。恐らくきれいな上水のみを樋で下部の石組升に入れていたのであろう。厳重な飲料水管理であり、これも山頂で日常生活を営んでいた傍証となろう。ちなみに湧水量は4ℓ／分だった。湧水の多い4月だったこともあり、仮に年平均2ℓ／分とすれば、1日の湧水量は 2880 ℓとなる。一人1日の飲料水摂取量は約2ℓで、仮に炊事洗濯に2ℓ、掃除に2ℓとすれば、一人に必要な総水量は6ℓとなり、樋の水では2880÷6＝480となり、480人分まかなえることになる。

②疑問

a)北陸の厳冬期は厳しく、七尾城の場合、2～3ｍの積雪があったと思われる。そのような状況で厳冬期山上で生活できたのであろうか。

b)第2次七尾城攻め（天正5年閏7月～9月）では、城内に疫病が流行り、落城を早めたと言われている。多数の城兵・老人女子供が籠城した結果、排泄物によって衛生状態が悪化したためと

いわれている（第１次の場合は 11 〜 3 月の厳冬期なので悪化しなかった）。これを逆の見方をすれば、少数の人間しか常駐していなかったと言える。

（４）　小結

　断片的ではあるが、考古学・文献史学・遺構の面から考えると、山頂主要曲輪群に畠山氏の御殿が存在していた可能性は高い。しかしそれは居館ではなく、別荘的な建物で、特別な行事（連歌会等）や賓客をもてなすときだけ使用した、という可能性も成り立つ。城主をはじめとする重臣達の毎日寝起きする居館群が本当に存在していたのであろうか。雪国の場合、積雪期は麓に下りてきた、という期間限定説も考えるべきであろう。『独楽亭記』では温井総貞は隠居した後、暇をみつけて私邸に登っていると述べている。つまり常住していないのである。やはり別荘と見るべきであろう。

　いずれにせよ、現段階において断定する状況にはないと思う。山頂に壮麗な御殿が存在していたことは事実だが、それが一年を通して居住していた居館と決定するには、まだ証拠が不足していると言えよう。

５．考古学的成果
（１）　城下町

　シッケ地区遺跡発掘や、能越自動車道に伴う発掘調査により、城下町の具体的な構造が判明している（『七尾城下町遺跡　七尾城跡シッケ地区遺跡発掘調査報告書』1992 七尾市教育委員会　石川県埋蔵文化財センターＨＰ石川遺跡情報平成 17 〜 25 年）。

　まず城下町の建設は二時期に分かれる。第一期は 16 世紀初頭から後半。第二期は 16 世紀後半から末で、総構えが構築され、城内（畠山氏及び家臣団の居住区域）と城外（城下町）との区別化が図られている。出土遺物の大部分が 16 世紀代なので畠山氏時代を主体としているが、17 世紀初頭の遺物も出土しているので、前田氏時代も存在していたことが判明した。

　大手道の両側に、短冊形の町屋が確認された。間口は 5 〜 12 m、奥行きは 20 m。間口が大手道に接しており、各屋敷は溝で区画され、各戸に井戸と便所が備わっていた。

　城下町に住んでいた職人の実態も明らかになりつつある。今までに、鏡作り、紺屋（藍染）、金生産、土器作り、漆器作りの職人が城下町に存在していたことが判明している。特に金生産は、金を溶かした坩堝が三点出土しており、小型の炉を使用した金の生産が行われていたことが判明した。七尾城周辺に中世の金山は存在せず、恐らく金鉱石は他所から持ち込まれたのであろう。つまり金鉱石の採掘場所（金山）と、金生産箇所は必ずしも一致しないことを意味している。さらに金箔や金箔を張った刀装具が出土していることから、七尾城下で金の生産から加工まで一貫して行われていたことが判明した。当然畠山氏の管理下で行われていたもので、畠山氏が金の生産・加工を行っていたことを示す重要な成果と言えよう。

　生活道具も多種多様の遺物が出土している。調理器具は包丁・擂鉢があり、注目は蒲鉾の板が出土している。海産国能登ならではの出土品であろう。貯蔵具は珠洲焼・越前焼の壺・甕・曲物がある。食膳具は、中国製磁器・国産陶磁器・土師器・漆器・折敷・箸がある。服飾具では下駄・櫛が出土している。下駄は雪国では必需品であろう。文具は硯、嗜好具は喫茶用の天目茶碗・茶臼がある。遊戯具はサイコロ・碁石・羽子板がある。多種多様の生活用具は、多種多様の人物が生活していた証拠となろう。『独楽亭記』が述べている、まさに「千門万戸」の城下町だったのである。

（２）　大手道

　シッケ地区遺跡発掘や、能越自動車道に伴う発掘調査により、大手道と思われる幹線道路が発掘された（『七尾城下町遺跡　七尾城跡シッケ地区遺跡発掘調査報告書』1992 七尾市教育委員会

『七尾市内遺跡発掘調査報告書』1996 七尾市教育委員会　『七尾市内遺跡発掘調査報告書Ⅱ』2002 七尾市教育委員会)。

　大手道の造設は、城下町の建設と同時に始まったと考えられ、すなわち 16 世紀初頭に造設されたと考えられる。道路幅は約３ｍ（10 尺）、両側に幅１ｍ（３尺）の石組みの側溝を備えている。側溝を加えると総幅５ｍの堂々たる大道である。シッケ地区の大手道の表面は叩き締めは確認されなかったが、能越自動車道地区では砂利敷きで硬く締められていた。

　大手道は総構えを越えた後は、前述の通り守護館（高屋敷）に直進し、そこで屈曲して伝妙国寺に向い、主要曲輪群に進む。守護館に向って真っ直ぐ伸びた総幅５ｍの大道、まさに大手道と言えよう。

（３）　総構え

　総構えの存在は、現存の遺構や地籍図調査により従来より知られていたが、発掘調査により範囲・構造がより詳細に判明した（『七尾市内遺跡発掘調査報告書』1996 七尾市教育委員会　『七尾市内遺跡発掘調査報告書Ⅱ』2002 七尾市教育委員会　石川県埋蔵文化財センターＨＰ石川遺跡情報平成 17 〜 25 年）。

　総構えは、庄津川から木落川までの間、総延長約 1.1 kmにわたって設けられている。総構え堀は上幅７ｍ、堀底は 5.8 ｍ。深さは城外側（城下町側）は 1.3 ｍ、城内側（守護館側）は４ｍあったと推定された。遮断線としては十分な規模であり、守護権力の絶大さをアピールする効果もあったことであろう。

　総構えの構築は、16 世紀後半と考えられた。従って構築者は、畠山・上杉・前田の三氏の可能性が出てきたわけである。前述の通り、縄張り研究の見地から畠山氏が構築したと考えられるが、前田氏の改修が認められないことに注目したい。前田氏は巨大な城域をそのまま利用するのではなく、改修範囲を主要曲輪群と古府谷山支群に縮小して使用したのである。

（４）　石垣

　平成 19 年能登半島地震により桜馬場北側石垣最下段が崩落したため、修理を兼ねて発掘調査が実施された（『史跡七尾城跡石垣修復事業報告書　－能登半島地震に係る災害復旧事業－』2009 七尾市教育委員会）。その結果、石垣は 16 世紀後半以降に構築あるいは改修されたことが判明した。わずか一ヶ所だが、考古学的によって構築年代が判明した画期的な成果といえる。

　七尾城に残る石垣は、天正９年（1581）前田利家の構築とされてきたが、今回の調査で構築者は畠山氏・上杉氏の可能性も出てきたのである。筆者は長屋敷に残る石垣や九尺石は畠山氏の可能性があると述べてきたが、その確率が高まったと言えよう。

６．まとめ

　大変長々と述べてきた。文献史料・縄張り・考古学の三分野の研究成果をまとめると、下記のようになる。なお、七尾城支城群を含めた総合評価は特別論文で詳述しているので、そちらを参照にされたい。

（１）築城年代

　正確な築城年代は不明。永正 11 年(1514)12 月に「七尾江御出張」という文献史料、そして城下町の建設が 16 世紀初頭から始まっていることから、七尾城も 16 世紀初頭に築城されたと考えられる。

（２）廃城年代

　文献史料に天正 14 年(1587)まで登場する。天正 17 年から始まったとされる小丸山築城により

廃城になったと考えられる。

（３）軍事・居住の両施設を整えた拠点城郭
　能登畠山氏の絶頂期は7代義総で、七尾城内に義総の居館が存在していたことが判明している。少なくとも七尾城は16世紀第二四半期までに単なる軍事施設から、軍事・居住の両施設を整えた畠山氏の拠点城郭として機能していたのである。

（４）縄張り・遺構
①基本的な縄張りは、尾根の上に曲輪を並べ、堀切によって尾根続きを遮断している。しかし大堀切によって完全に尾根続きを遮断しているため、各曲輪の独立性が高まり、本丸からの各曲輪に対する求心力が低下している。
②主要曲輪群を中心に前田利家は改修し、石垣を導入している。
③本丸の外枡形虎口⑧や三の丸の虎口⑱は利家によって構築されたと考えられる。
④温井屋敷の虎口⑮及び九尺石は、権力を誇示するために畠山氏が構築した可能性が高い。
⑤長屋敷には畠山・上杉氏時代の遺構が多数残っていると考えられる。特に大堀切①と土塁がセットになった防御ラインは、上杉氏が構築した可能性が高い。

（５）城下町
　発掘調査により16世紀初頭から17世紀初頭まで存在したことが判明した。畠山氏時代を主体として、前田氏時代も存在していたと考えられる。『独楽亭記』では、繁栄していた畠山氏時代の城下町の様子が述べられている。

（６）城道
①大手道は、現在遊歩道として整備されている通称大手道とほぼ重複している。城下町では16世紀初頭に造設された大手道が発掘された。道幅は約3ｍ（10尺）、両側に幅1ｍ（3尺）の石組みの側溝を備えており、側溝を加えると総幅5ｍの堂々たる大道である。
②搦手道は長屋敷の背後の尾根を通り、物見櫓・古府枡形砦を経由して石動山に至っていたと推定される。
③Ｉ・Ｊ曲輪から大谷川に抜ける道も大手道に次ぐ重要な城道だったと考えられる。畠山氏・前田氏共に重要視している。

（７）総構え
　総構えは、庄津川から木落川までの間、総延長約1.1kmにわたって設けられている。総構え堀は上幅7ｍ、堀底は5.8ｍ。深さは城外側（城下町側）は1.3ｍ、城内側（守護館側）は4ｍあったと推定された。総構えの構築は、16世紀後半と考えられた。従って構築者は、畠山・上杉・前田の三氏が考えられる。

（８）山頂の居住について
　山頂に壮麗な御殿が存在していたことは事実である。また城内に畠山氏居館が存在していたことも事実である。しかし、だからといって畠山氏の居館が山頂に存在していた証拠にはならない。来賓が登城したときだけ使用する別荘の可能性も考えられるからである。発掘調査等によって慎重に判断すべきであろう。

（９）石垣
　桜馬場北側石垣最下段の石垣を発掘調査した結果、16世紀後半以降に構築あるいは改修されたことが判明した。わずか一ヶ所だが、考古学的によって構築年代が判明した画期的な成果といえる。

以上

1. 七尾城全体平面図

『史跡七尾城跡保存管理計画書』（2002 七尾市教育委員会）より転載・加筆

3. 長屋敷周辺図
調査測量 佐伯哲也

4. 本丸～二の丸周辺図

5. 三ノ丸周辺図
調査測量 佐伯哲也

6. I〜J曲輪周辺図

8. J曲輪尾根先端周辺図
調査測量 佐伯哲也
0m　50m　100m

9. 尾根㉕周辺図
調査測量 佐伯哲也

10. 尾根㉖周辺図
調査測量　佐伯哲也
0m　50m　100m

11. 尾根②周辺図
調査測量 佐伯哲也
0m 50m 100m

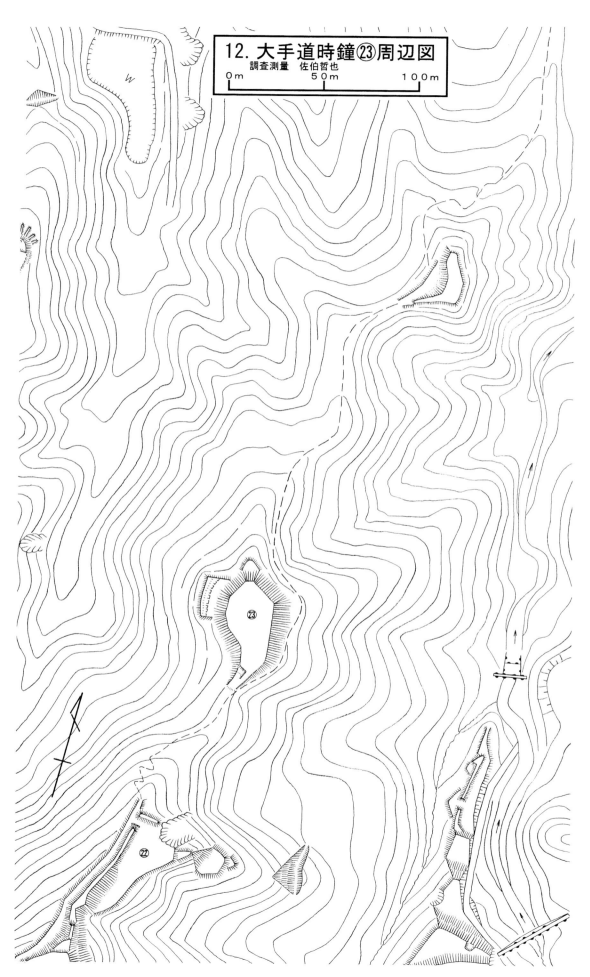

12. 大手道時鐘㉓周辺図
調査測量 佐伯哲也

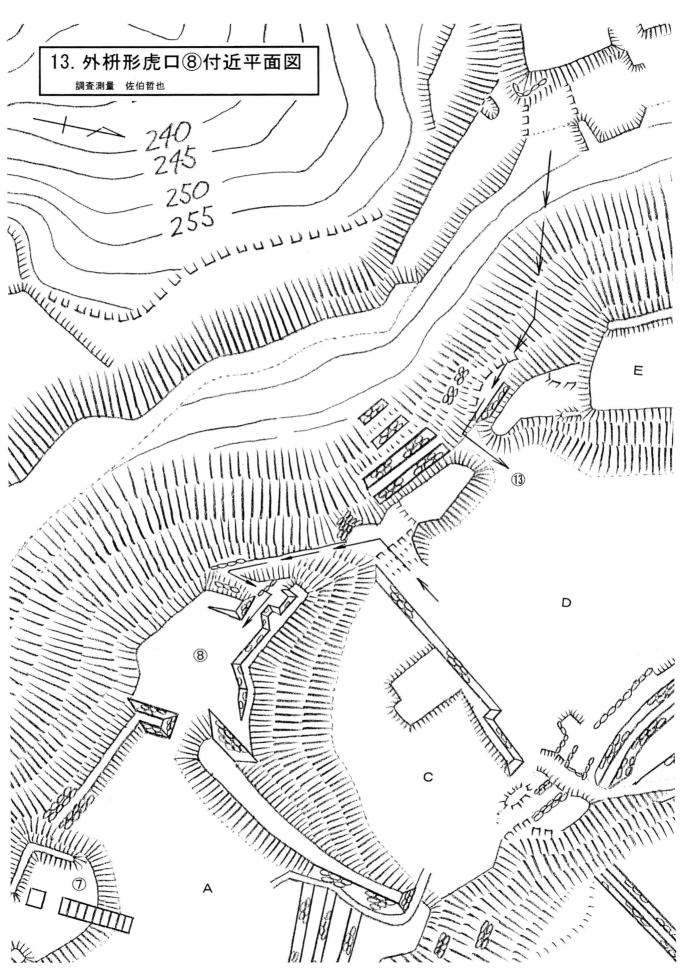

13. 外枡形虎口⑧付近平面図
調査測量　佐伯哲也

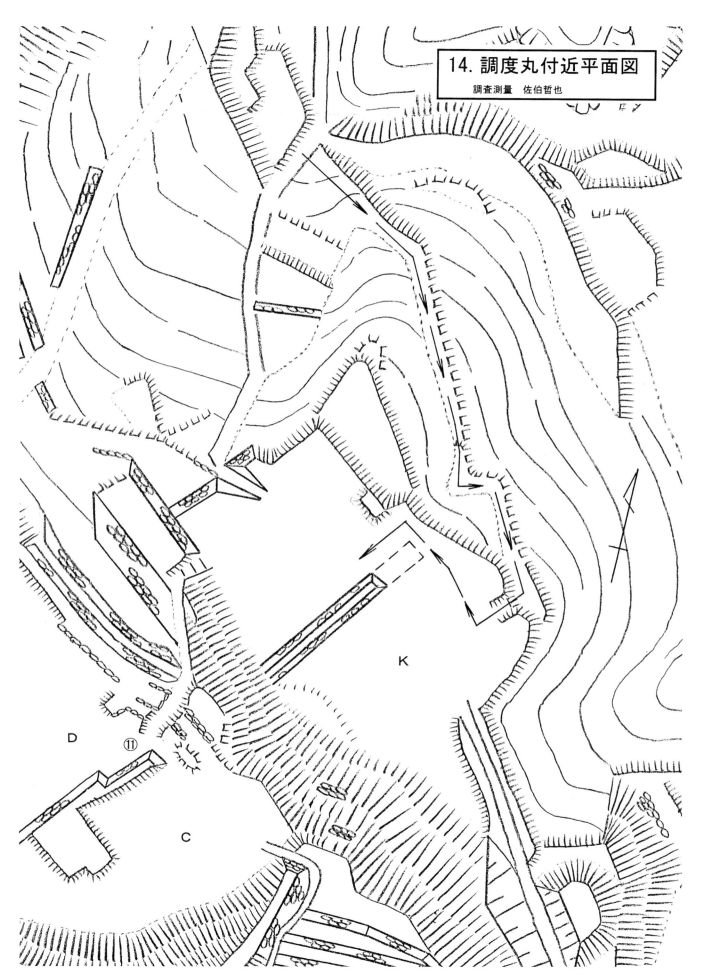

14. 調度丸付近平面図

調査測量 佐伯哲也

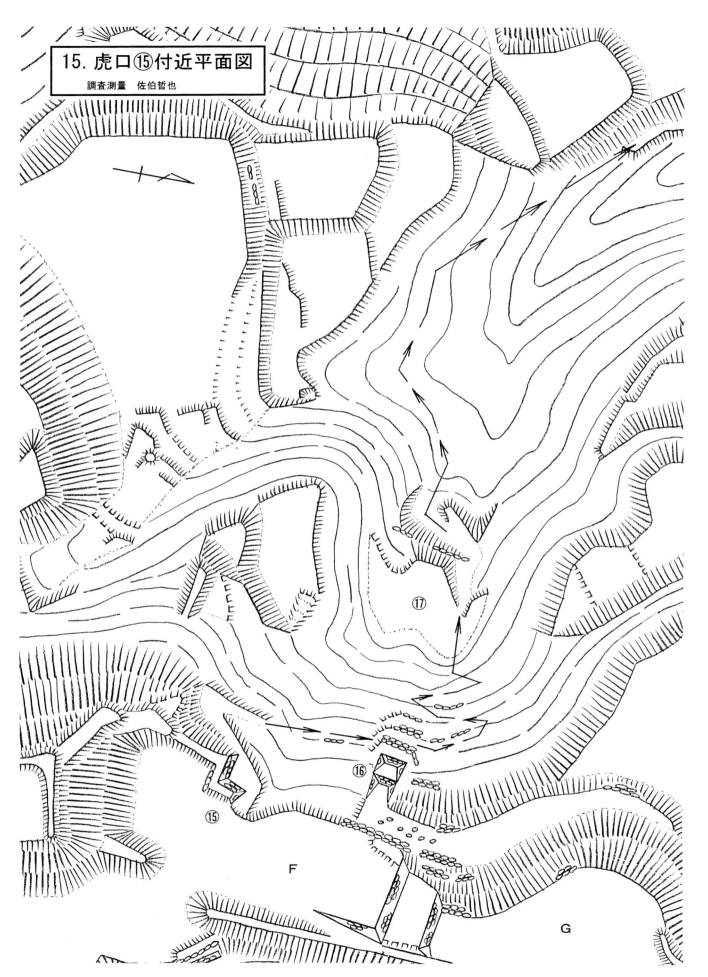

外枡形虎口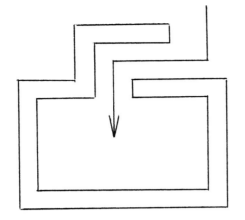

内枡形虎口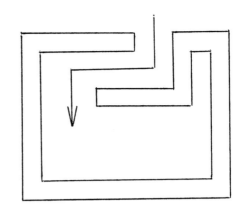

七尾城虎口⑮現況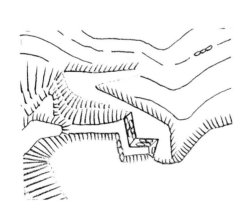

七尾城虎口⑮模式図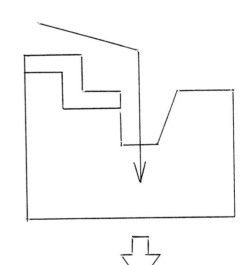

⇩

塁線が屈曲しているのみで虎口は屈曲していない

⇩

枡形虎口とはいえない

図16

17. 二の丸通路付近平面図

調査測量　佐伯哲也

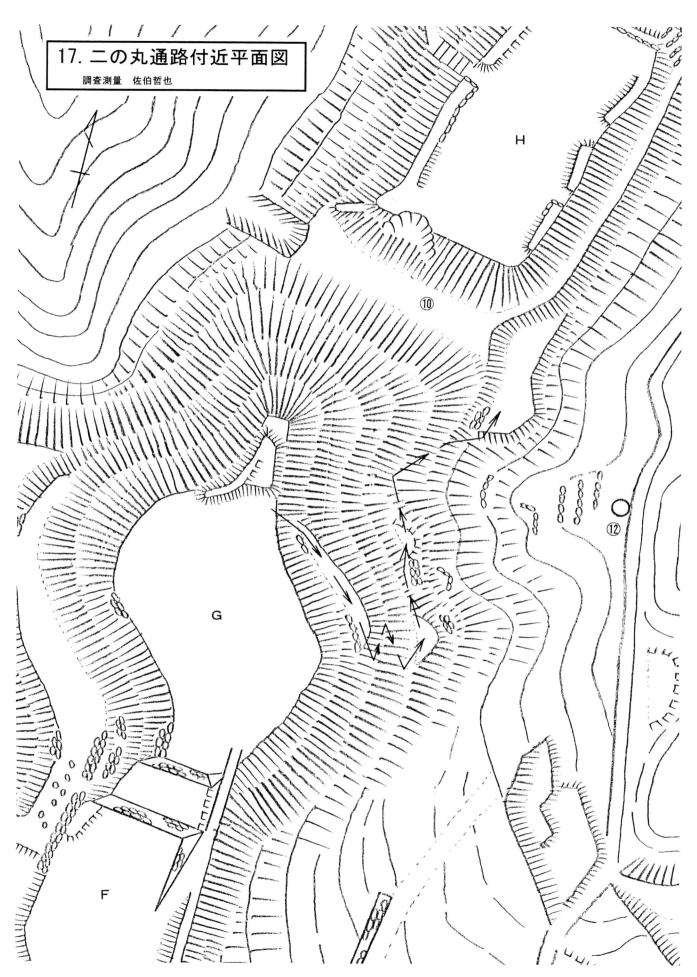

63. 七尾城物見台遺構（ななおじょうものみだいいこう）

①七尾市古城町　②－　③16世紀後半　④16世紀後半　⑤16世紀後半　⑥畠山氏・上杉氏
⑦山城　⑧削平地・切岸・土塁・堀切・畝状空堀群　⑨100 m×160 m
⑩標高 376.9 m　比高 290 m　⑪35

　『長家家譜』によれば、永禄12年(1569)11月畠山氏重臣八代俊盛は畠山義隆に謀反を企て、鶏塚において挙兵する。同月末畠山軍が鶏塚を攻め、俊盛は戦死し、叛乱は鎮圧される。
　鶏塚の位置については、多くの絵図に七尾城長屋敷背後の尾根続きに描いている。しかし絵図に該当する場所は尾根から若干下った平場で、軍勢が立て籠もるには全く不向きの場所である。さらに現地は自然地形で、城郭遺構は存在しない。絵図には鶏塚の付近に「物見櫓」と注記された小城を描く。物見櫓も長屋敷背後の尾根続きにあり、標高も長屋敷より60 mも高く、長屋敷を見下ろすことができ、七尾城を攻めるには絶好の場所である。さらに明確な城郭遺構が存在していることから、俊盛が籠城した鶏塚は現在物見台に比定されている。
　山頂に主郭Aを置き、展望台遺構に繋がる尾根に堀切①を設けているが、遮断性は低い。七尾城の弱点とも言うべき石動山方面の尾根続きには、大堀切②を設けて完全に遮断している。堀切を越えず、尾根を迂回してきた敵軍の進攻速度を鈍らすために、上杉系の櫛の歯状畝状空堀群③を設けている。この敵兵からの攻撃に対して防御力を増強するために、B曲輪の東側のみに土塁を設けている。一方、七尾城側（西側）は尾根続きにもかかわらず、全くの無防備である。つまり現存の縄張りは、石動山方向から攻めてくる敵軍に備えるための縄張りと理解できよう。
　上記理由から、俊盛が籠城した簡素な陣城を、天正5年(1577)七尾城を奪取した上杉氏が七尾城を固めるために改修した支城という仮説が立てられよう。

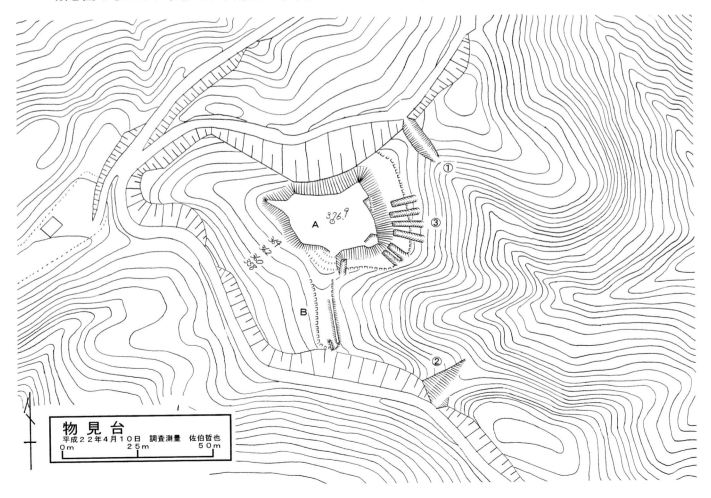

64. 七尾城展望台遺構（ななおじょうてんぼうだいいこう）

①七尾市古城町　②－　③16世紀後半　④16世紀後半　⑤16世紀後半　⑥畠山氏・上杉氏
⑦山城　⑧削平地・切岸・土塁・畝状空堀群　⑨270ｍ×200ｍ　⑩標高379.9ｍ　比高290ｍ　⑪35

　現在コンクリート製の展望台Ａが建ち、さらに周辺も公園化してしまったため、保存状態は悪い。また絵図にも描かれておらず、伝承も存在しない。

　主郭は展望台が建つＡ曲輪と推定されるが、遺構は全く残っていない。しかし幸いにも西斜面に畝状空堀群①が残っていた。この畝状空堀群は上杉系櫛の歯状畝状空堀群とは言えないが、同じ尾根続きで北方約450ｍの至近距離に物見櫓遺構があり、そこには上杉系櫛の歯状畝状空堀群が残り、さらに両遺構の間には強力な遮断線が存在しない。このことから、展望台遺構も上杉氏が七尾城の搦手方向を固めるために築城したと推定したい。

　北側の尾根続きに切岸②があって、尾根続きを遮断している。切岸②の南側の尾根は、公園化による破壊を受けていないのに、ほぼ自然地形となっている。とすれば展望台Ａ付近も削平せず、自然地形をそのまま使用した主郭だったという推定も可能である。

　切岸②のほぼ中央に、土饅頭のような土塁が二個残っており、門跡とも思われる。横矢も掛からず、また切岸の中央に設けていることから、防御のための城門とは思われない。城域を区別するための城門と考えられる。とすれば、上杉氏が構築する以前から、畠山氏の簡単な砦が存在していた可能性もある。

　以上の理由により、最初に搦手方向の城域を区別するために、畠山氏が簡単な砦を構え、天正5年(1577)七尾城を奪取した上杉氏が七尾城を固めるために改修した支城という仮説が立てられよう。

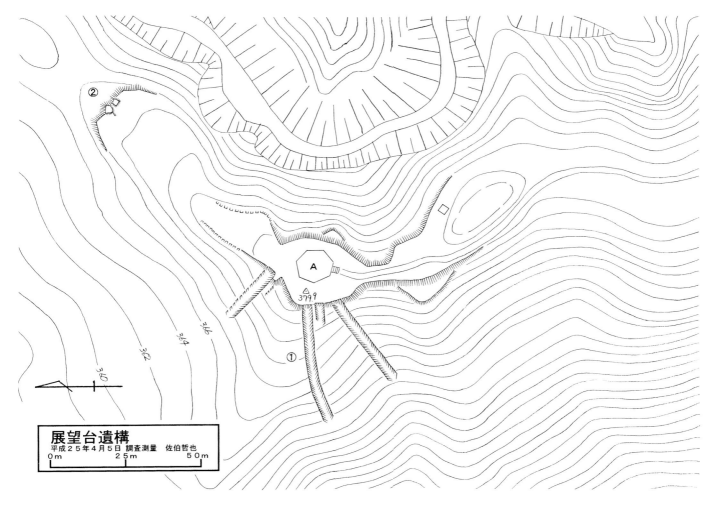

65. 七尾城古府谷山支群（ななおじょうふるこたにやましぐん）

①七尾市古府　②－　③１６世紀後半　④１６世紀後半　⑤１６世紀末　⑥上杉氏・前田氏
⑦山城　⑧削平地・切岸・土塁・堀切・竪堀・横堀・石垣　⑨ 430m × 130m
⑩標高 124.8m、比高 70m　⑪ 35

　多数残る山麓遺構群の中で、唯一明確な城郭である。まず大谷川を見下ろす尾根道⑨を進んできた敵軍は、土塁に挟まれた平虎口①に屈曲して入る。虎口①に入らず、西斜面を移動する敵軍に対しては、竪堀２本と切岸を設けて移動を阻止している。さらに主郭Ａの西斜面にも竪堀３本設けている。西斜面に設けられた合計５本の竪堀は、敵軍の横移動を阻止するもので、性格は畝状空堀群と同じである。築城者を上杉氏とする理由はここにある。

　一方、虎口①に入らず、東側の斜面から進攻する敵軍に対しては、土塁や横堀を設けてこれを阻止している。つまり敵軍は虎口①に入らざるを得なかったのである。恐らく敵軍は一列縦隊で進んできたと考えられるから、虎口①に入れたのは小人数だったのである。

　虎口①を突破して腰曲輪Ｂに入ったとしても、敵軍は、主郭Ａや中段の腰曲輪から長時間横矢攻撃を受けてしまう。②地点には木戸があって進路を塞いでいたと考えられるから、袋小路のような場所に侵入してしまった敵軍は右往左往するのみで、頭上からは弓矢（あるいは銃弾）が注がれ、全滅に近い被害を被ったことであろう。つまり腰曲輪Ｂを奪取したからといっても長時間維持することができず、城兵からの反撃により撤退せざるをえなくなるのである。

　主郭Ａの北側切岸に石垣が設けられている。恐らく土塁や切岸の上には、石垣でしか支えきれない重量構造物が建っていたと推定される。重量構造物とは、銃弾の貫通を防ぐ分厚い土塀と推定される。主郭Ａの城兵は土塀に守られながら、腰曲輪Ｂに侵入した敵軍に発砲したのである。

　木戸②を突破した敵軍は、細長い通路を上り、180 度屈曲して内枡形虎口③に到着する。つまり敵軍は少人数で、しかも進攻速度を鈍らされて到着したのである。この間常に主郭Ａからの横矢に晒されているため、やはり敵軍は大打撃を被ったことであろう。木戸②を突破しても、内枡形虎口③にたどり着くのは、至難の業だったにちがいない。

　内枡形虎口③は、二折れして入る明確な内枡形虎口である。しかも石垣で固めていることから、土塀で囲まれていたと考えられる。城域全てに石垣を用いるのではなく、敵兵との激戦区域のみに用いていることに注目したい。石垣で固められた枡形虎口は織豊系城郭の特徴の一つで、勿論七尾城にも存在する。

　虎口①から③まで、計画的な通路を設定していることにも注目したい。計画的な通路を設定しているということは、事前に敵軍の進攻方向が察知できるということで、この結果城主は効果的な城兵の配置ができる。つまり少人数での籠城が可能になるのである。このような縄張りは、天正 13 年(1585)に前田利家が改修した白鳥城（富山県）と酷似している。

　平常時は、尾根道⑨を通ってきた武士達は、木戸②から平坦面⑤に下り、一旦城外で出る。そして④地点から尾根に取り付き、七尾城へと登っていったと考えられる。

　主郭Ａは、ほぼ全周に塁線土塁を巡らし、南端に櫓台⑥を設けている。櫓台東側の道は後世の破壊道と思われる。櫓台⑥からの南側の土木工事量はさほどでもない。本遺構の使命は、北側の尾根道⑨を監視することだったので、南側の改修は実施されなかったのであろう。

　平坦面⑦から⑧は、土塁で囲まれているものの、防御性は低く、また井戸を伴っていることから、居住スペースと考えられる。防御力が低いため、敵軍の攻撃を受けてしまう尾根道⑨沿いに設けなかったと考えられる。このことからも尾根道⑨は重要視するも警戒していた証拠になろう。

　以上述べたように本遺構は当時の最新技術を導入して改修し、尾根道⑨を監視・掌握している。いかに尾根道⑨を重要視していたか判明しよう。改修者は織豊政権武将、具体的には前田利家が天正９年(1581)頃改修したと断定してよい。恐らく上杉氏が畝状空堀群を持つ城郭を築き、それを利家が改修したと考えられるが、なぜ利家が多数存在する山麓遺構の中で、大谷川沿いの本遺構のみ改修したのか、重要な課題の一つと言えよう。

66．七尾城古城新薮北支群（ななおじょうこじょうしんやぶきたしぐん）

①七尾市古城町　②－　③１６世紀　④１６世紀　⑤１６世　⑥畠山・上杉氏・前田氏
⑦－　⑧削平地・切岸・土塁・堀切・横堀・櫓台　⑨130m×70m　⑩標高77.1m、比高12m　⑪35

　総構えの中に存在する支群である。尾根の突端に選地しており、南側の尾根続きには古城新薮南支群が位置する。当地は延徳２年(1490)ないし明応９年(1500)に創建されたと伝える妙国寺の寺名が残る（山村亜希「中近世能登七尾の湊町と城下町の景観」『能登七尾城・加賀金沢城』2006千田嘉弘・矢田俊文。以下、山村論文と略す）。
　A・B・Cの曲輪がほぼ一直線に並んでおり、きちんと削平されており、恒久的な建物の存在が推定できる。A・C曲輪には竪穴があり、井戸跡と推定される。しかも井戸跡は平坦面の利便性を考慮して、脇の方に設けられている。
　主郭はA曲輪であろう。主郭Aに入るには、まずC曲輪に入ったと思われる。現在はB曲輪の⑨地点から入れるが、かつて⑨地点には横矢の掛かった土塁が存在していたと推定される。C曲輪には、西側から南側に土塁が囲繞する。北端には櫓台④を設けており、直下を通る道⑧を監視するとともに、総構え方向も監視している。道⑧は地籍図（善端直「能登畠山氏の城下町「七尾」の復元的考察」『七つ尾』第25号2006七尾城址文化事業団）で存在が確認でき、土塀坂⑦・大工町に至っているため、中世から存在していた可能性が高い。特に土塀坂⑦は大手道に繋がり、さらに七尾城下の両端である木落川と庄津川をほぼ繋いでおり、七尾城下では重要な道だったと考えられる。道⑧は中世の往来として捉えることができよう。
　虎口②は平虎口だが、土塁により明確化された虎口である。かつては南側の横堀内を通って虎口②に入ったと考えられる。そうすれば土塁内（C曲輪内側）からの横矢が効き、さらに敵軍は⑨地点からの後矢にも晒されることになる。計画的に構築された虎口と評価できるが、枡形にまで発達しておらず、また古府谷山支群の内枡形虎口とは違っているため、前田利家の改修とは考えにくい。このレベルの虎口であれば、七尾城長屋敷にも残り、さらに黒峰城（珠洲市）・西谷内城（七尾市）・熊木城（七尾市）・館開き城（志賀町）・大窪道３砦（中能登町）・長坂道砦（中能登町）にも残っており、在地勢力も多く構築していることが判明する。従って前田氏以前の段階、すなわち畠山・上杉氏が構築したものと考えたい。しかし、私的居館の防御施設を構築する可能性が高いのは、やはり畠山氏であろう。
　D曲輪の役割は、C曲輪が陥落したとき城兵がD曲輪に逃げ込み、虎口③からB曲輪に進撃する敵兵に対して横矢攻撃を掛ける曲輪と推定される。このために、B曲輪と接する箇所のみに土塁が存在するのであろう。
　C曲輪からは、虎口③→B曲輪→虎口⑤を経由して主郭Aに入る。虎口⑤は多少食い違ってはいるものの、基本的には平虎口で、技術的には在地土豪でも十分構築可能な虎口である。さすがに主郭だけあって、尾根続きを堀切①で遮断すると共に、塁線土塁の外側に横堀⑥を設けている。普段は堀切に木橋等が掛けていたのであろう。木橋を渡って主郭A内に入るために、二ヶ所土橋通路を設けている。背後の古城新薮南支群との親密さを推定することができる。⑩・⑪地点に横堀の残欠と思われる遺構が残っているが、後世の改変も著しく、当時の遺構なのか今一つ自身がもてない。
　遺構全体を見れば、西側に土塁や横堀を多く設けている。これは山村論文によれば、新大手道に対する「補強された防御施設」の可能性があるとしている。しかし土塁や横堀と新大手道（筆者は新大手道は山村論文が述べる場所には存在していなかったと推定している）とは200m以上も離れており、とても新大手道の防御施設として設けられたとは思えない。筆者は土塁直下を通る道⑧に敵軍が進攻し、その敵軍に備えて横堀や土塁を集中させたと考えている。
　結論として古城新薮北支群は、畠山氏私的居館の防御施設として畠山氏が16世紀後半構築したと考えたい。平坦面がきちんと整形されているのは、先に妙国寺が存在し、その境内を利用したためと考えられよう。

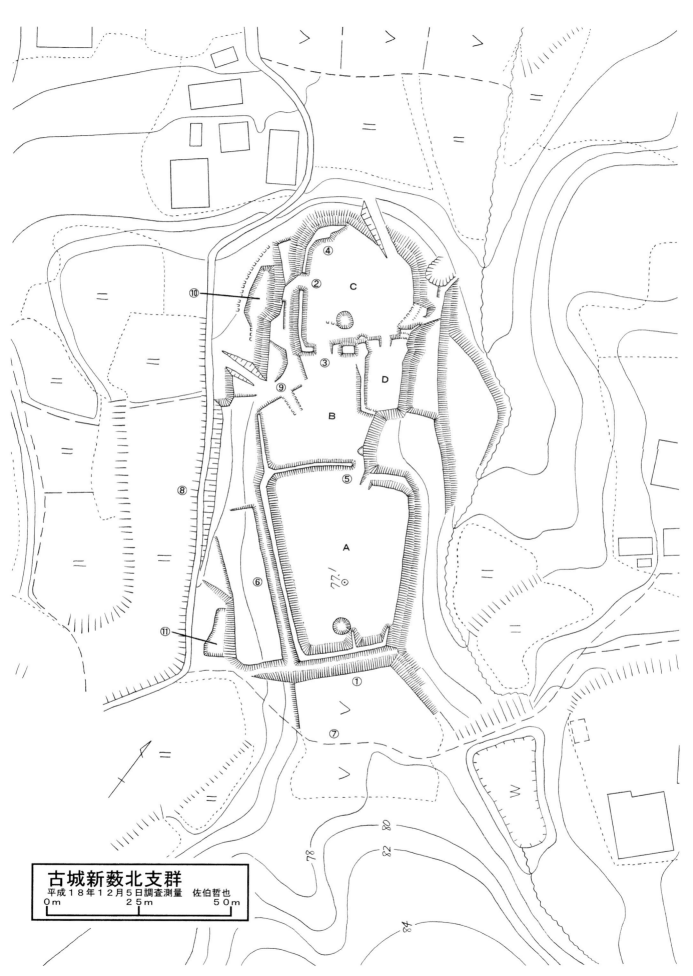

67. 七尾城矢田砦（ななおじょうやだとりで）

①七尾市矢田　②－　③１６世紀後半　④１６世紀後半　⑤１６世紀末　⑥上杉氏　⑦山城
⑧削平地・切岸・畝状空堀群　⑨60m×70m　⑩標高173.4m、比高70m　⑪35

　山麓に残る遺構群の中で最東端に位置すると共に、七尾城城域の最東端に位置する。すなわち七尾城全体の東側を監視する砦と推定される。
　尾根の先端に主郭Aを置くが、削平は甘く、簡素な建物しか存在していなかったことが推定される。南側の尾根続きには小規模な堀切や切岸を設けてはいるものの遮断性は低い。西側の尾根続きは全くの無防備で、防御施設は設けておらず、緩やかに下って自然地形となっている。尾根続きから攻めてきた敵軍の攻撃を遮断することが、矢田砦の主要目的でなかったことを物語っている。この他、櫓台や横堀・枡形虎口は存在せず、築城者が織豊政権武将である確率は低い。
　矢田砦で最も注目したいのが、畝状空堀群①である。わずか３本しかないが、上杉系の櫛の歯状畝状空堀群であり、上杉氏が構築したことを物語っている。さらに南側の切岸には竪堀が２本、合計５本の竪堀が東側斜面を固めている。畝状空堀群があるのはここだけで、北側や西斜面には設けていない。東側斜面のみを異常に警戒している。矢田砦の防御の主眼は、東側斜面にあったことを物語っている。天正５年(1577)七尾城を奪取した上杉氏が、七尾城城域の最東端を監視するために築城したという仮説が立てられるであろう。

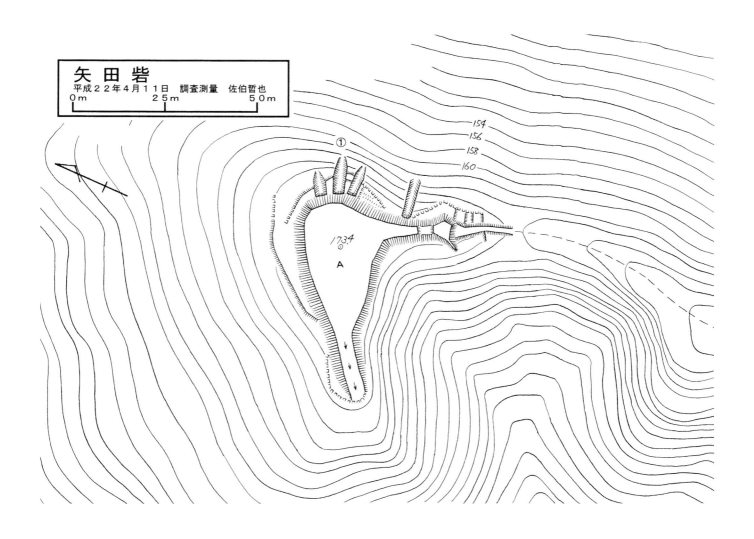

68. 多 茂 城（たもじょう）

①中能登町武部　②－　③16世紀後半　④16世紀後半　⑤16世後半　⑥武部氏・畠山氏？
⑦山城　⑧削平地・切岸・土塁・堀切　⑨260m×260m　⑩標高310m　比高230m　⑪39

　城跡の南麓には石動山七口の一つ二宮道が走り、また城跡からは能登の穀倉・動脈である邑知平野を一望することができる要衝でもある。『故墟考』には簡単に「武部師澄居たり」と記述するにとどまっており、伝承もほとんどなく、謎の城と言って良い。武部氏は武部集落周辺を支配していた土豪と考えられ、天正元年(1573)気多社檀那衆交名（七尾市史七尾城編第4章28）に記載されている「武部殿」と考えられる。

　城内最高所はB地点だが、幅広の土塁といった感じであり、主郭はB地点直下のA曲輪であろう。尾根続きから進攻してくる敵軍の攻撃を遮断する防波堤として、自然の地山を土塁状に加工したのであろう。主郭Aに設けられている溝状遺構の性格は不明。少なくとも城郭遺構ではないと考えられる。C曲輪からは、D曲輪方面に延びる尾根道や主郭Aを見下ろすことができ、監視所としての役割を果たしていたのであろう。C曲輪の北端に土塁通路を設け、下部曲輪と連絡している。この土塁通路は城内の各所に設けられ、しかも横矢が掛けられるよう屈曲しているものが多い。若干の新しさを感じさせる遺構である。

　大堀切①は、幅20m、長さが110mもあり、尾根続きを完全に遮断している。仮に大堀切①を越えても、正面の切岸によりそれ以上直進できず、E曲輪まで迂回しなければならない。勿論この間、上部のB地点から敵軍は長時間横矢に晒されることになる。

　このように多茂城は、若干の新しさを感じさせる縄張りである。武部氏が天正元年まで存続していたことが確認できることから、現存遺構は16世紀後半のものと考えられよう。

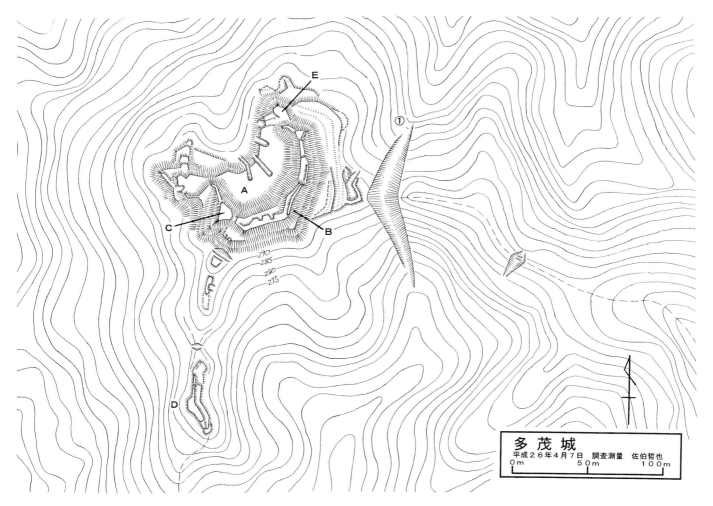

多茂城　平成26年4月7日　調査測量　佐伯哲也

69. 石 動 山 城 （せきどうさんじょう）

①中能登町石動山　②－　③16世紀後半　④16世紀後半　⑤16世紀末　⑥天平寺・上杉氏・前田氏
⑦山城　⑧削平地・切岸・土塁・堀切・横堀・竪堀　⑨310m×190m　⑩標高520m、比高70m　⑪38

　石動山の最高峰大御前（564.1ｍ）から東側に下る尾根上に築城されており、石動山七口の一つ多根道を直下に見下ろす山上に位置する。多根道を挟んだ対岸に種道砦があり、多根道を強く意識した選地と言えよう。
　『鹿島町史石動山資料編』（鹿島町役場 1986）によれば、天正４年（1576）七尾城攻略を目指す上杉謙信が、七尾城の後方を押さえるために石動山城を築き、部将の直江大和守を置いたとしている。越後は古くから天平寺の知識米を寄進する地域だったことから、天平寺は永禄12年（1569）謙信の武運長久を祈願しており（『鹿島町史石動山資料編』鹿島町役場1986、第三章中世史料43、以降、鹿島町史○○と略す）、このことからも謙信が石動山に本陣を置く要因の一つになったのであろう。七尾攻城中、一旦帰陣する謙信は天平寺大宮坊・火宮坊等を陣中（恐らく石動山城）に召し寄せ、普請等に対する指示を出している（鹿島町史46）。
　天正10年（1582）４月、上杉景勝は窮地に追い込まれた越中魚津城を救うために、「石動山城」等の能登勢を救援に向わせると述べている（鹿島町史48）が、勿論実現しない。
　天正10年６月佐久間・前田連合軍に敗れ焼亡した天平寺は前田利家の支配下に入り、石動山城にも利家の家臣青木信照・大屋勝重が在城（七尾市史武士編第１章 224・243・245・246・262・271・283・295）する。信照等の在城は、天正13年８月佐々成政降伏まで続くので、石動山城は七尾城の背後を守り、能越国境の要衝として存続したのであろう。天正12年11月「石動山番手之次第」（七尾市史武士編第１章250）では、利家から一番に命じられた小塚藤十郎が鉄砲を25挺用意し、10日間在城するよう命じられている。在城衆の具体的な内容と共に、既に鉄砲が必要不可欠の装備として認識されていたことが判明して興味深い。
　天正13年８月佐々成政降伏以降、石動山城は史料上に登場しない。能越国境の軍事的緊張が解消されたことにより、石動山城も廃城になったのであろう。
　城内最高所のＡ曲輪が主郭。広く、きちんと削平されており、長期間使用されたことを推定させる。現在主郭Ａに上がる道はヒュッテが置かれていたときの破壊道で、当時は⑥地点から入ったのであろう。山内方向に虎口を設けていることに着目したい。
　多根道（山外）方向に伸びる尾根続きには、横堀①・竪堀②・堀切③④を設けて異常に警戒している。これに対して大御前（山内）方向には現在破壊されてしまったが、かつて⑤地点に大規模な堀切（幅約12ｍ、深さ約５ｍ、鹿島町史石動山資料編を参照）を設けて完全に遮断していた。山外方向には防御施設を多数設けるが、山内方向は少ない。後述するが、石動山七口に設けられた城郭群は、山外方向に対して防御施設を多数設け、山内方向に対してはほとんど設けていないという傾向を持ち、同じ傾向を石動山城も持っていることが判明する。石動山城が天平寺衆徒によって築城されたとする筆者の論拠はここにある。Ｂ曲輪について鹿島町史石動山資料編は、「一辺約25ｍ、頂部平坦面約12ｍに10ｍの方台状をなす小郭が設けられている」と述べており、現状と一致する。Ｂ曲輪西切岸を城域の西端としたい。
　Ｃ曲輪とＤ曲輪の連絡は、一旦⑦地点から横堀①に下りて、土塁に挟まれた虎口⑧に上がってＤ曲輪内に入ったと考えられる。城域東端のＥ曲輪は現在東林院墓地として使用されているが、その先端に堀切⑨を設け、やはり多根道を警戒する縄張りとなっている。
　以上述べたように、石動山城の縄張りは石動山七口の城郭群の縄張りと基本的に同じである。また曲輪数も多く、大きく、しっかり削平されていることから長期間使用されたことを物語っている。このことから天正４年上杉謙信が一時的に在城したにせよ、基本的には天平寺衆徒が天平寺を守るために築城・使用したと考えられる。天正10年以降は前田氏が使用しているが、虎口は枡形化しておらず、横堀も上手く使い切っておらず、改修の痕跡が認められない。前田氏の在城は、使用するのみにとどまったと考えられよう。

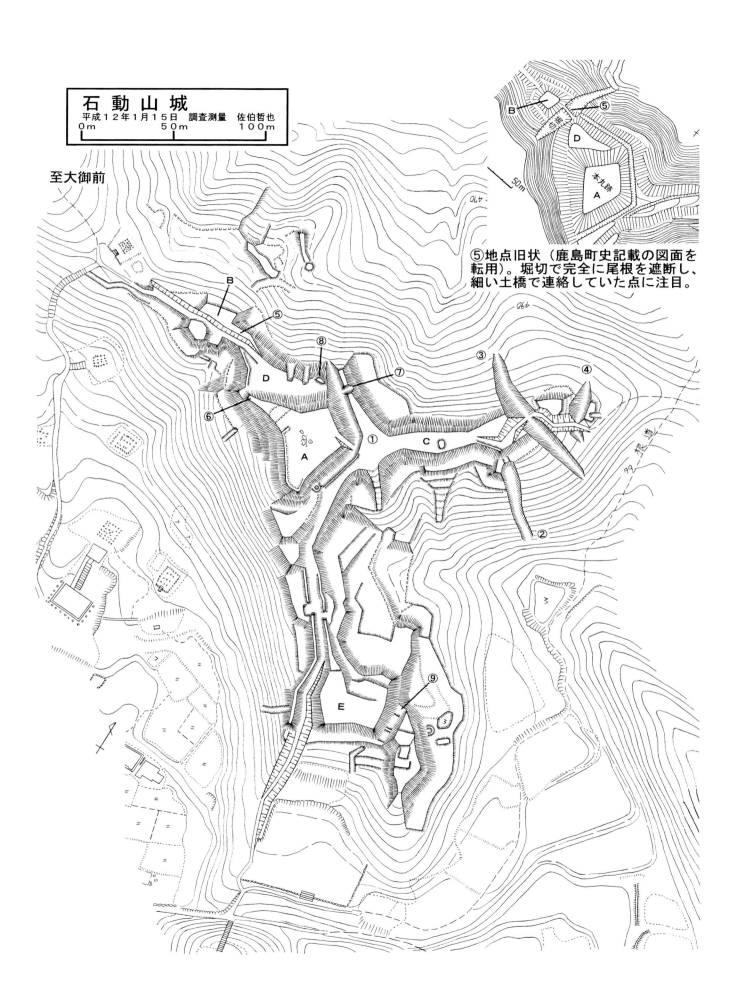

70. 石動山多根道砦（せきどうさんたねどうとりで）

①中能登町石動山　②－　③16世紀　④16世紀　⑤16世紀　⑥天平寺　⑦山城
⑧削平地・切岸・堀切　⑨40m×15m　⑩標高532.1m、比高80m　⑪38

　石動山天平寺の登拝道である石動山七口の一つ、多根道を下ろす山上に位置している。『鹿島町史石動山資料編』（鹿島町役場 1986）には、「数ヶ所の平坦面が残り、小規模な砦跡となっている」と記載されている。
恐らく
　縄張りは単純で、山頂に主郭Aを置き、尾根続きを二本の堀切で遮断している。堀切は東の尾根続きに設けられ、この方面からの敵の攻撃に対応するために築かれたと推定される。多根道を見下ろす山頂に位置することから、天平寺が多根道を監視するために築城されたと考えられる。さらに石動山城と300mの至近距離に位置することから、石動山城の出城という見方も可能であろう。

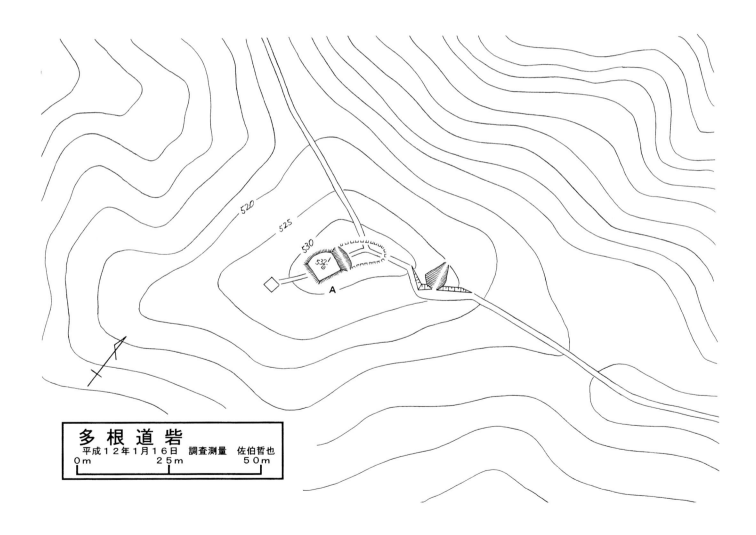

71. 石動山平沢道2砦 （せきどうさんひらさわどうにとりで）

①中能登町石動山　②－　③16世紀後半　④16世紀後半　⑤16世紀後半　⑥天平寺　⑦山城
⑧削平地・切岸・横堀　⑨100m×30m　⑩標高434m、比高100m　⑪38

　石動山七口の一つ、平瀬道が砦内中央やや北寄りを通っており、平沢道を強く意識した縄張りとなっている。

　山外方向（東側）には、高さ4～7mの高切岸を設け、一部横堀も残っている。恐らくかつては切岸直下に全面的に横堀を設けていたと考えられる。つまり高切岸と横堀がセットになった防御ラインだったのである。防御ラインの末端を竪堀状に加工して、切岸を越えず斜面を横移動する敵軍を阻止している。高切岸に折れを設け、横堀内や平沢道に対して強力な横矢を効かしている。このように山外に対しては防御施設を集中させ、厳重に警戒していることが判明する。

　高切岸の上部に設けられた平坦面Aが主郭と推定される。ここに城兵が駐屯していたと推定されるが、この主郭Aの山内方向に対する防御施設が全く設けられていない。つまり山内方向に対しては全くの無防備なのである。

　以上、縄張りの概要を説明した。平沢道2砦は、平沢道を攻め上ってきた敵軍を遮断するためだけに設けられた関所的存在だったと考えられる。このために山内方向に対しては無防備で良かったのである。

　この縄張りからは、平沢道2砦は石動山天平寺を守るために天平寺衆徒が構築したと考えられる。大規模な高切岸や横堀から16世紀後半に構築されたと考えられる。佐久間・前田連合軍と戦った天正10年（1582）の石動山合戦の時、天平寺衆徒が構築したという仮説を、候補の一つとして立てることが可能であろう。

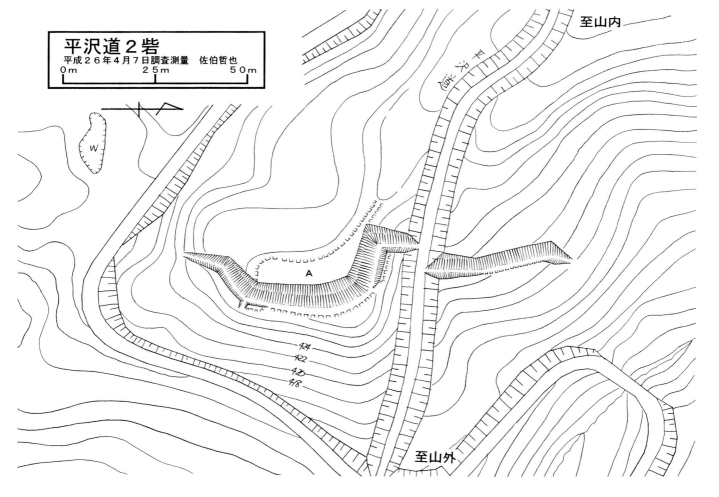

72. 石動山長坂道砦（せきどうさんながさかどうとりで）

①中能登町石動山　②－　③16世紀後半　④16世紀後半　⑤16世紀後半　⑥天平寺　⑦山城
⑧削平地・切岸・堀切・土塁・横堀　⑨130m×110m　⑩標高438m、比高300m　⑪38

　石動山七口の一つ、長坂道が砦内の中央を通っており、長坂道を強く意識した縄張りとなっている。『鹿島町史石動山資料編』（鹿島町役場 1986）には、「空濠・土塁・平坦面がみとめられ」と記載されている。
　山外方向に対しては、堀切①・②を設けている。堀切①・②は横堀といっても良いほど長大な防御ラインで、幅広の尾根を完全に遮断している。また堀切を越えず、尾根の斜面を横移動する敵軍を阻止するために、堀切の末端を竪堀状に落としている。さらに山外側を土塁状に加工し、堀切をより越えにくくしている。長坂道を遮断する完璧な防御ラインと言えよう。
　A・B両曲輪の内、B曲輪を見下ろし、敵軍の攻撃を最後に受けるA曲輪が主郭であろう。B曲輪の山外側のみに横堀を巡らし、堀切②を越えてきた敵軍に備えている。横堀内を移動する敵兵の移動速度を鈍らせるために、竪堀を設けている。B曲輪からの横矢攻撃に長時間晒されながら敵軍は③地点に進む。ここで90度屈曲することになるが、このときB曲輪からの横矢攻撃を受けることは勿論だが、主郭Aからの横矢も受けてしまう。つまり③地点を通過するとき、敵軍はAB曲輪から両横矢を受けてしまうのである。B曲輪の虎口は基本的には平虎口だが、土塁で固められ、さらに敵軍と接触し、最も激戦が予想される③地点側に櫓台を設けて防御力を増強している。③地点に進攻した敵軍は、全滅に近い被害を被ったことであろう。山外から攻めてくる敵軍に対しては、幾重にも防御施設を配置し、厳重に警戒していることが判明する。
　長坂道を人工的に屈曲させ、高い縄張り技術を見せている長坂道砦だが、敵軍が③地点を制圧してしまったら、B曲輪が孤立してしまう。つまり主郭Aからの支援を受けれなくなってしまうのであり、AB両曲輪が連動しているとは言い難い。縄張り技術の限界も見せているのであり、築城に織豊政権武将（前田氏）が関与していなかったことを物語っている。
　堀切①を越えると主郭Aにたどり着く。主郭Aの虎口の外側（堀切側）は土塁で固め、内側（曲輪側）は四角く窪んでいる。恐らく内枡形虎口だったと推定される。内枡形部に石が数個残っている。あまりにも小規模すぎて、とても城郭としての石垣とは思われない。主郭Aには誉津石権現が存在していたといわれており、宗教施設としての出入口を整えるための石垣とも考えられる。この他主郭Aには礎石も存在しており、これも誉津石権現に関する礎石とされている。主郭Aの西側に櫓台状の高まりが残るが、防御的にはあまり意味がない。誉津石権現の社殿が建っていたのであろうか。
　山外から進攻してくる敵軍に対しては強力な防御ラインを設けているが、山内方向に対しては、溝程度の堀切④しか設けていない。つまり山内方向に対して主郭Aは全くの無防備なのである。山内方向と山外方向に対する防御構造の違いを明確に指摘することができよう。
　以上、縄張りの概要を説明した。長坂道砦は長坂道を攻め上ってきた敵軍を遮断するためだけに設けられた関所的存在だったと考えられる。このために山内方向に対しては無防備で良かったのである。
　この縄張りからは、長坂道砦は石動山天平寺を守るために天平寺衆徒が構築したと考えられる。B曲輪が孤立してしまうという欠点を克服できておらず、このような縄張りは、織豊政権武将（前田氏）が構築したとは考えられない。しかし長坂道を人工的に屈曲させ、両横矢を効かせるようなハイレベルの縄張りは16世紀後半に構築されたと考えられる。佐久間・前田連合軍と戦った天正10年（1582）の石動山合戦の時、天平寺衆徒が構築したという仮説を、候補の一つとして立てることが可能であろう。

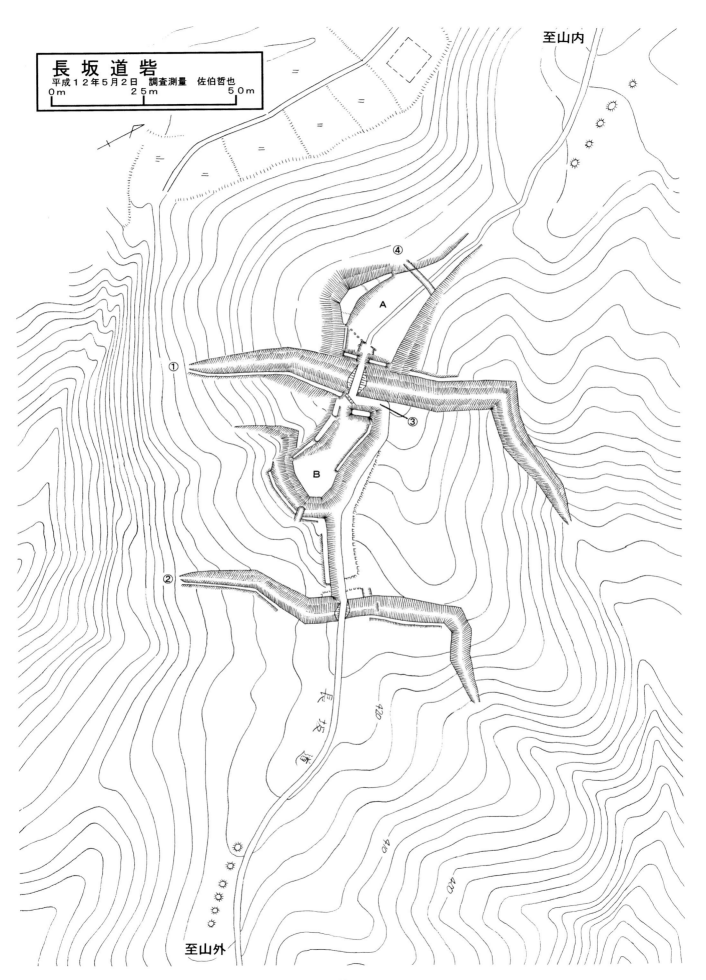

73. 石動山大窪道1砦 （せきどうさんおおくぼどういちとりで）

①中能登町石動山　②－　③16世紀後半　④16世紀後半　⑤16世紀後半　⑥天平寺　⑦山城
⑧削平地・切岸・堀切・土塁・横堀　⑨210m×50m　⑩標高497m、比高290m　⑪38

　石動山七口の一つ、大窪道が砦内の中央を通っており、大窪道を強く意識した縄張りとなっている。山外方向に対しては、堀切①・②・③・④と4本の堀切を設けて尾根続きを遮断し、大窪道を攻め上ってくる敵軍に備えている。4本も設けるとは異常なまでの警戒ぶりである。

　堀切を4本も設けているが、尾根そのものを遮断しているわけでなく、大窪道が通過するスペースは残している。つまり登拝道としての機能は維持しているのである。このことは、他の石動山城郭にも共通しており、登拝道を重視している点に、石動山衆徒との係りを見出すことができる。

　このような中で、唯一違うのは、後述する大御前遺構であり、尾根伝いに3本の堀切を設け、しかも完全に尾根を遮断している。大御前の堀切は他の石動山城郭と違った性格を有していることが推定され、この点からも大御前堀切は、結界として設けられた可能性を指摘することができよう。

　尾根が分岐する場所には横堀⑤を設け、さらに東側に巡らせ、横堀の末端を竪堀状に落としている。大窪道から脇にそれ、斜面を横移動する敵軍に備えるための防御施設と考えられる。かつて堀切①と横堀⑤は繋がっていて本尾根から枝尾根にかけて敵軍の攻撃を遮断する防御ラインを構築していたのであろう。防御ラインの防御力を増強するために、横堀の内・外側に土塁を設けている。櫓台⑥は大窪道を往来する武士達を監視していたと考えられるが、これによって中世の大窪道もほぼ現位置だったことが判明する。堀切⑦は、本遺構からあまりにも離れすぎていることから、城郭遺構でない可能性が高い。境界線としての堀切か。

　山外方向に対しては防御施設を何重にも巡らせ、厳重に警戒しているのだが、主郭Aに対する防御施設、つまり山内方向に対する備えは皆無である。

　この縄張りからは、大窪道1砦は石動山天平寺を守るために天平寺衆徒が構築したと考えられる。大窪道1砦は大窪道を攻め上ってきた敵軍を遮断するためだけに設けられた関所的存在だったと考えられる。横堀を巡らしていることから16世紀後半に構築されたと考えられる。佐久間・前田連合軍と戦った天正10年(1582)の石動山合戦の時、天平寺衆徒が構築したという仮説を、候補の一つとして立てることが可能であろう。4本の堀切・横堀・塁線土塁・櫓台と防御は極めて厳重である。この砦が突破されれば、天平寺境内に敵軍が殺到してしまう。このことから、最後の防御線として防御を厳重にしたのかもしれない。また、越中に繋がる登拝道（平沢・長坂・大窪）の内、城郭遺構を3城も構築しているのは大窪道だけである。このことから、戦国期において、天平寺は大窪道を最も警戒していたということが言えよう。

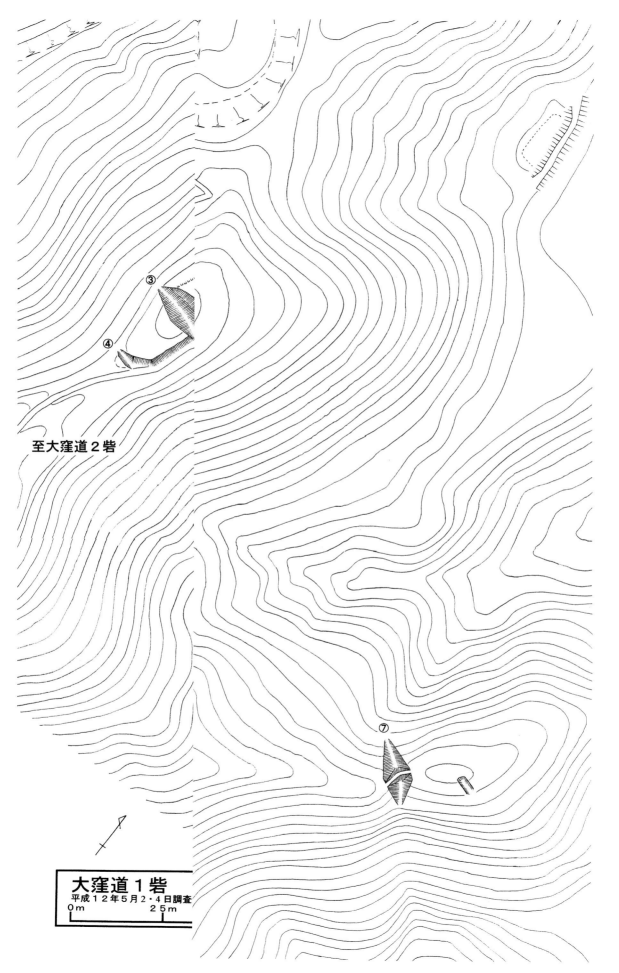

74. 石動山大窪道 2 砦 (せきどうさんおおくぼどうにとりで)

①中能登町石動山　②－　③ 16 世紀後半　④ 16 世紀後半　⑤ 16 世紀後半　⑥天平寺　⑦山城
⑧削平地・切岸・堀切・土塁・横堀　⑨ 140m × 40m　⑩標高 482m、比高 290m　⑪ 38

　石動山七口の一つ、大窪道が砦内の中央を通っており、大窪道を強く意識した縄張りとなっている。堀切①が尾根を遮断し、大窪道を攻め登ってくる敵軍に警戒している。
　現在使用している大窪道は②だが、③もかつて大窪道だったと考えられる。新旧関係で言えば、③が古いと考えられるが、堀切①が両道を貫通しているので、両道は同時に存在していた時期もあったと考えられる。恐らく使用しなくなった③道に土塁を設けて塞ぎ、土塁の背後に城兵が隠れて、大窪道を攻め登ってきた敵軍に弓矢を放ったのであろう。
　主郭はＡ地点と考えられるが、全くの自然地形で、削平はされていない。平坦なため自然地形で良かったのであろう。恐らくＡ地点の城兵は土塁の背後に隠れて、大窪道を攻め登ってきた敵軍に弓矢を放ったのであろう。
　山外方向に対しては、堀切と土塁で防御しているのに、山内方向に対しては全くの無防備である。この縄張りからは、大窪道 2 砦は石動山天平寺を守るために天平寺衆徒が構築したと考えられる。大窪道 2 砦は大窪道を攻め上ってきた敵軍を遮断するためだけに設けられた関所的存在だったと考えられる。堀切と土塁がセットになって防御ラインを構築していることから、16 世紀後半に構築されたと考えられる。佐久間・前田連合軍と戦った天正 10 年(1582)の石動山合戦の時、天平寺衆徒が構築したという仮説を、候補の一つとして立てることが可能であろう。

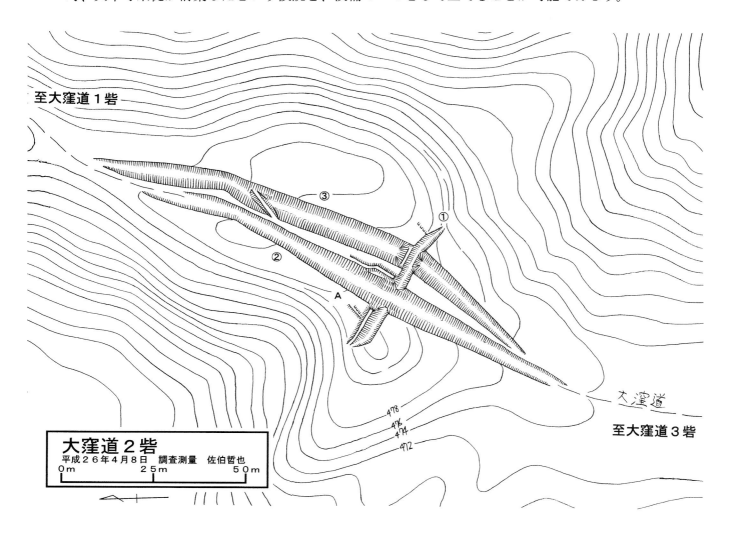

75. 石動山大窪道3砦（せきどうさんおおくぼどうさんとりで）

①中能登町石動山　②－　③16世紀後半　④16世紀後半　⑤16世紀後半　⑥天平寺　⑦山城
⑧削平地・切岸・堀切・土塁・横堀　⑨140m×90m　⑩標高465m、比高275m　⑪38

　石動山七口の一つ、大窪道が砦直下を通っており、大窪道を強く意識した縄張りとなっている。『鹿島町史石動山資料編』（鹿島町役場1986）には、「数ヶ所にわたって尾根が掘り切られ、砦跡とみられる平坦面が作られている」と述べている。
　主郭はA。大窪道側に塁線土塁を設け、大窪道側を警戒している。山外側に大堀切①・②を設けて、尾根続きを完全に遮断している。堀切③・④は、大堀切①・②を越えて主郭A背後に回り込む敵軍を阻止するための防御施設。山外方向を異常に警戒した縄張りと言えよう。
　一方、山内方向に対しては、堀切⑤を設けているのみ。つまり山内方向に対しては、ほとんど無防備なのである。虎口⑥は基本的に平虎口なのだが、櫓台2基を設けて明確化しており、新しさを感じさせる。また敵軍から直撃されないように、山内方向に向って開口している点に、構築者が石動山衆徒であることを推定させている。虎口を出た通路にも土塁と櫓台を設けており、出入する城兵の安全を確保している。
　以上述べたように、この縄張りからは大窪道3砦は石動山天平寺を守るために天平寺衆徒が構築したと考えられる。大窪道3砦は大窪道を攻め上ってきた敵軍を遮断するためだけに設けられた関所的存在だったと考えられ、このため主郭Aは山内方向に対して防御施設を多数設ける必要がなかったのである。虎口が明確化していることから、16世紀後半に構築されたと考えられる。佐久間・前田連合軍と戦った天正10年（1582）の石動山合戦の時、天平寺衆徒が構築したという仮説を、候補の一つとして立てることが可能であろう。

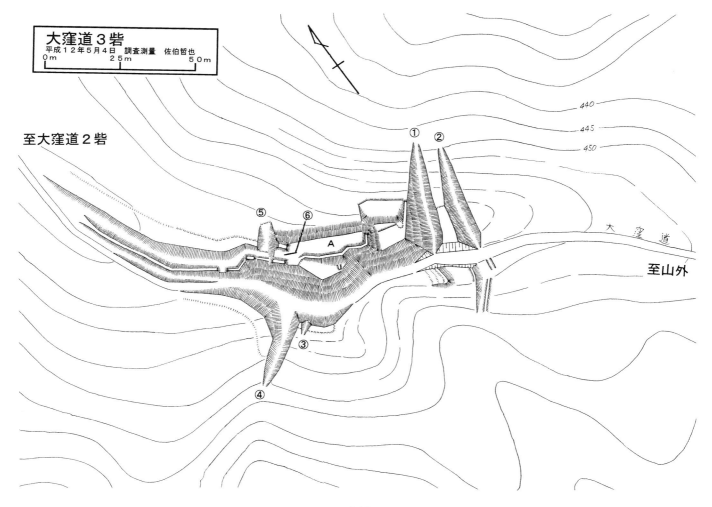

76. 石動山二宮道1砦（せきどうさんにのみやどういちとりで）

①中能登町石動山　②−　③16世紀後半　④16世紀後半　⑤16世紀後半　⑥天平寺　⑦山城
⑧削平地・切岸・横堀・土塁・畝状空堀群　⑨160m×100m　⑩標高464m、比高14m　⑪38

　石動山七口の一つ、二宮道が砦直下を通っており、二宮道を強く意識した縄張りとなっている。『鹿島町史石動山資料編』（鹿島町役場 1986）には、「平坦面や堀切などがみとめられ、小規模な砦跡となっている」と記載されている。
　主郭はA曲輪と思われる。主郭Aを防御するために、山外方向に対して横堀①②・堀切③を設けて尾根続きを遮断し、二宮道に面している場所には高さ10mの高切岸を設け固めている。さらに二宮道に面した部分に畝状空堀群④を設け、斜面を横移動する敵軍を阻止している。このように山外方向には異常なまでの多数の防御施設を設けている。
　一方、山内方向には防御施設は全く設けていない。つまり山内方向に対して主郭Aは全くの無防備なのである。山内から敵軍が進攻してくるとは想定していない縄張りと言えよう。
　以上述べたように、二宮道1砦の縄張りは二宮道を攻め登ってきた敵軍に対応するためだけの縄張りであり、二宮道を遮断する関所のような施設だったと推定される。構築者は天平寺衆徒で、石動山天平寺を防御するために構築したと考えられる。B地点は主郭Aより標高が高く、城主はB地点を敵軍に奪取されないように武装化しなければならない。しかし現地はほとんど自然地形である。二宮道1砦の目的は主郭の防御ではなかったから、自然地形で良かったのである。
　畝状空堀群が設けられていることから16世紀後半に構築されたと考えられる。佐久間・前田連合軍と戦った天正10年(1582)の石動山合戦の時、天平寺衆徒が構築したという仮説を、候補の一つとして立てることが可能であろう。

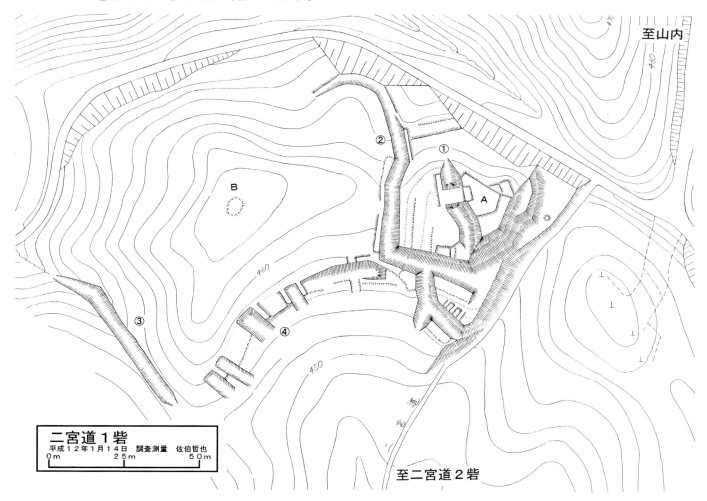

77. 石動山二宮道2砦 （せきどうさんにのみやどうにとりで）

①中能登町石動山　②－　③16世紀後半　④16世紀後半　⑤16世紀後半　⑥天平寺　⑦山城
⑧削平地・切岸・堀切・竪堀　⑨110m×60m　⑩標高435m、比高14m　⑪38

　石動山七口の一つ、二宮道が砦内を通っており、二宮道を強く意識した縄張りとなっている。石動山から尾根伝いを通ってきた二宮道は、砦内で別れ、斜面を下り杓子ヶ峠に至る。一方尾根伝いをそのまま通り武部集落に至る道も存在する。この道を仮に武部道と呼ぶ。敵軍が進攻してくる可能性が最も高いのは、急斜面を登る二宮道ではなく、尾根道の武部道であり、防御施設も武部道に集中している。

　主郭はA曲輪。山外方向（武部集落）に大堀切①を設けて尾根続きを完全に遮断している。さらにその外側に切岸②・竪堀③・切岸④を交互に設け、尾根道を人工的に屈曲させている。このように山外方向に対しては多数の防御施設を設け、主郭Aを防御している。

　一方、山内方向にはB曲輪の切岸を設けているぐらいで、ほとんど無防備に近い状態である。つまり山内方向に対して主郭Aは全くの無防備なのである。山内から敵軍が進攻してくるとは想定していない縄張りと言えよう。また二宮道は砦内に入っていることから、杓子峠から二宮道を登ってきた天平寺衆徒は、武部道を進攻してきた敵軍の攻撃を防ぐことができる。

　以上述べたように、二宮道2砦の縄張りは二宮道を攻め登ってきた敵軍に対応するためだけの縄張りであり、二宮道を遮断する関所のような施設だったと推定される。構築者は天平寺衆徒で、石動山天平寺を防御するために構築したと考えられる。

　他の石動山城郭群と同様に、佐久間・前田連合軍と戦った天正10年(1582)の石動山合戦の時、天平寺衆徒が構築したという仮説を、候補の一つとして立てることが可能であろう。

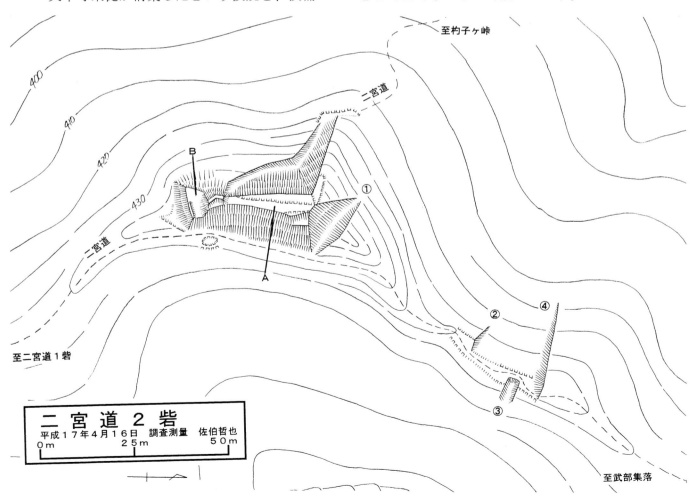

78. 石動山荒山道砦 （せきどうさんあらやまどうとりで）

①中能登町石動山　②－　③16世紀後半　④16世紀後半　⑤16世紀後半　⑥天平寺　⑦山城
⑧削平地・切岸・土塁・畝状空堀群・横堀　⑨90m×90m　⑩標高450.5m、比高160m　⑪38

　石動山七口の一つ、荒山道が砦内を通っており、荒山道を強く意識した縄張りとなっている。荒山道を攻め上ってきた敵軍は、まず畝状空堀群①により行動の自由を失う。林道造設で破壊されてしまったが、①地点付近はなだらかな地形が広がっていて、突撃する敵軍の進攻速度を鈍らせる必要があったのであろう。袋小路のような②地点に進攻した敵軍は、横堀④に潜む城兵から弓矢を浴びせられるが、狭い空間のため逃げ場が無く、多数の死傷者を出したことであろう。一方城兵の身は、土塁③が守ってくれるため被害は少なかったと思われる。

　さらに突撃する敵軍に対応するため、城兵は主郭Aに退く。進撃する敵軍の前に立ちはだかるのが、横堀を伴った畝状空堀群⑤で、切岸に取り付こうとした敵軍は、左右だけでなく前後の動きも著しく制約されてしまったため、主郭Aから放たれる弓矢攻撃により、これまた甚大な被害を被ったことであろう。このように山外方向に対しては、多数の防御施設を設けている。

　しかし山内方向に対する防御施設は、横堀⑥をもうけているのみ。つまり山内方向からの攻撃に対して主郭Aは、ほとんど無防備状態なのである。

　以上述べたように、荒山道砦の縄張りは荒山道を攻め登ってきた敵軍に対応するためだけの縄張りであり、荒山道を遮断する関所のような施設だったと推定される。畝状空堀群を設けていることから、構築年代は16世紀後半と推定される。佐久間・前田連合軍と戦った天正10年(1582)の石動山合戦の時、天平寺衆徒が天平寺を防御するために構築したという仮説を、候補の一つとして立てることが可能であろう。

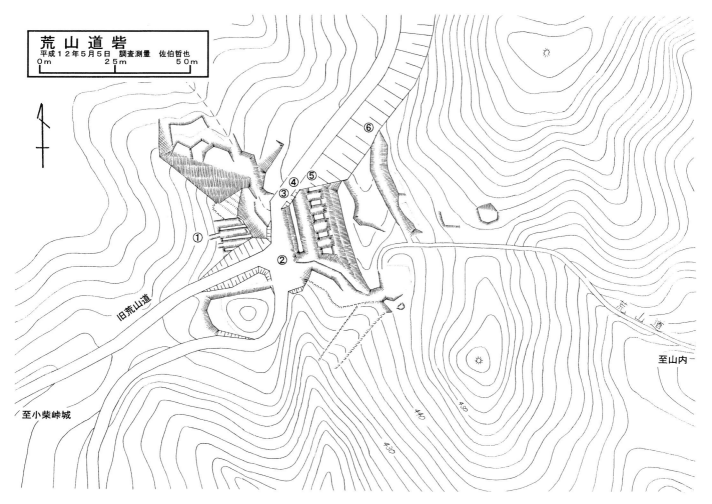

79. 小 柴 峠 砦 (こしばとうげとりで)

①中能登町石動山　②-　③16世紀後半　④16世紀後半　⑤16世紀後半　⑥天平寺　⑦山城
⑧削平地・切岸・土塁・堀切　⑨90m×90m　⑩標高492.8m、比高200m　⑪38

　石動山七口の一つ、荒山道が砦直下を通っており、荒山道を強く意識した縄張りとなっている。主郭はA曲輪。山外方向のみに土塁④を設けている。さらに山外方向に堀切①・②・③を設けており、山外方向に対して厳重な防御構造となっている。これに対して山内方向に対する明確な防御施設は堀切⑤しか設けていない。山内方向は山外方向と違い、ほとんど防御施設を設けていないのである。城主は山外から攻めてくる敵軍の攻撃を確実に遮断することを重点的に考え、山内からの敵軍の攻撃は、ほとんど考えなくてよかった、あるいほ山内から敵軍が攻めてくる可能性はほとんど無いと考えていたのである。

　以上述べたように小柴峠砦は、荒山道を攻め上ってきた敵軍を当地点で遮断することを主目的に築城されたと考えられる。言い換えれば天平寺を守ることが主目的だったのである。構築年代を特定する防御施設は残っていないが、他の石動山城郭の多くが16世紀後半に構築されているので、小柴峠砦も16世紀後半に構築されたと考えられる。佐久間・前田連合軍と戦った天正10年(1582)の石動山合戦の時、天平寺衆徒が天平寺を防御するために構築したという仮説を、候補の一つとして立てることが可能であろう。

　なお、東端尾根頂部には円形の塚が残り、また『鹿島町史石動山資料編』（鹿島町役場 1986）によれば主郭A東下の平坦面からは青磁酒海壺片一括と鉄片3点が出土している。これも天平寺衆徒が構築したことを示す傍証となろう。

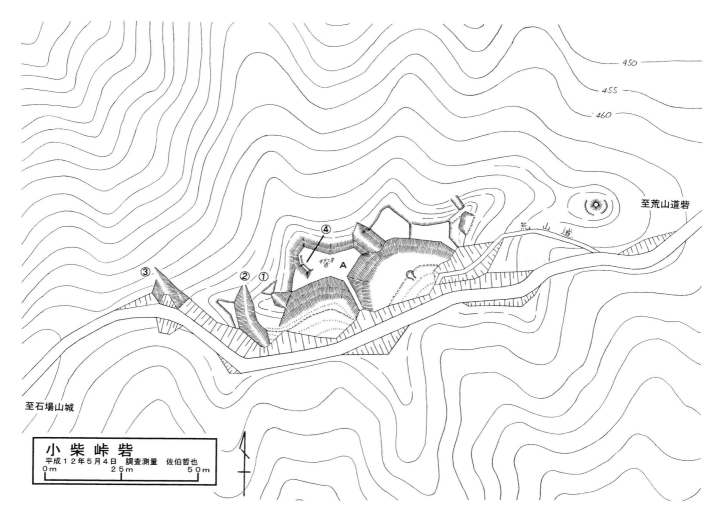

80. 徳前砦 (とくぜんとりで)

①中能登町徳前　②－　③16世紀　④16世紀　⑤16世紀　⑥武部氏？　⑦山城
⑧削平地・切岸・土塁・堀切　⑨80m×40m　⑩標高267m　比高180m　⑪39

　城跡の北麓には石動山七口の一つ二宮道が走り、また城跡からは能登の穀倉・動脈である邑知平野を一望することができる要衝でもある。古記録・伝承は一切伝わっていない。ただし、二宮川を挟んだ北岸の多茂城とは1.3kmの至近距離に位置していることから、多茂城の支城という考え方も可能である。
　城内最高所のAが主郭。背後からの敵軍の進攻はほとんど無いと考えていたのであろう。防御施設としてはC曲輪を配置しているのみである。
　尾根の先端にB曲輪を配置して、こちらは堀切①・②で遮断している。城主は山麓方面を警戒していたのである。
　このように徳前砦は単純な縄張りで、時代を特定できる遺構は残っていない。ただし、多茂城の支城の可能性があるため、16世紀代の遺構と判断した。

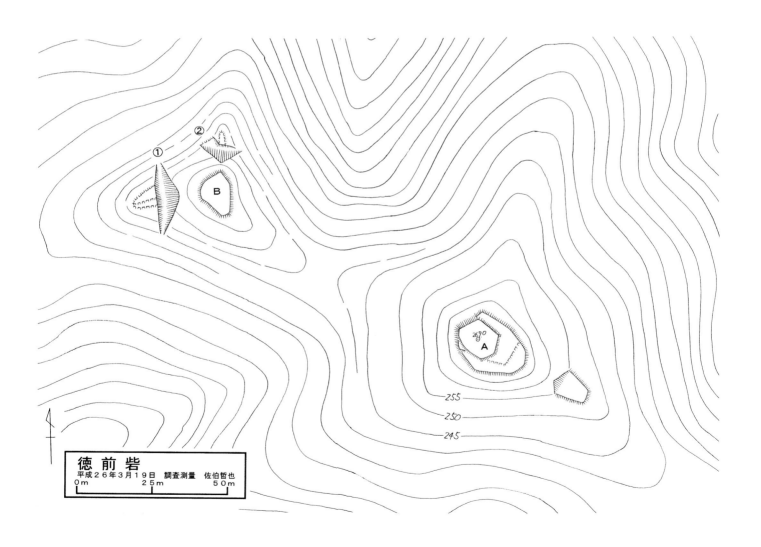

81. 荒山城（あらやまじょう）

①中能登町芹川及び富山県氷見市　②升形山城　③１６世紀　④１６世紀後半　⑤１６世紀末
⑥菊地氏・天平寺・佐々氏・前田氏　⑦山城　⑧削平地・切岸・土塁・堀切・竪堀・横堀
⑨260m×250m　⑩標高486.3m、比高210m　⑪39

　能登・越中の国境に位置し、また、南西約750ｍの尾根続きに能越を繋ぐ主要街道だった荒山往来が通る交通の要衝である。故墟考は「邑伝に、菊池入道砦とも、亦石動山の砦とも云ふ」と簡単に記している。菊池氏は阿尾城（富山県）主菊池氏と思われる。

　荒山城が一次史料に登場するのは天正10年(1582)のことである。本能寺の変により、能登奪還の好機と捉えた上杉景勝は石動山と結び、能登守護畠山氏旧臣の遊佐・温井・三宅氏を6月23日荒山城に送り込む（『氷見市史3』213　氷見市　1998。以下、氷見市史〇〇と略す）。これに驚いた能登領主前田利家は、柴田勝家と佐久間盛政に書状を送り、援軍を出してほしいと懇願している。その結果、佐久間盛政書状（氷見市史214）によれば「石動山退治刻、新山（荒山）与申古城ニ温井・三宅取籠候処、拙者一手に乗崩、壱人も不残りあけすいニ仕候」となり、荒山城は落城する。勿論盛政単独ではなく、利家との共同作戦である。落城日は『太閤記』（小瀬甫庵著）によれば6月25日となっている。書状中に「古城」とあることから、元々石動山等が築いた城郭が存在していたことが判明する。

　その後の荒山城は、勝山城（石川県中能登町）と共に能越国境城郭として佐々成政によって使用される。天正12年9月能登末森城を攻略中の佐々成政を利家が撃退すると、荒山城も前田勢が奪取したと利家は羽柴秀吉に報告している（氷見市史227）。しかし同年10月荒山城から佐々勢が撤退するらしいと利家が述べている（七尾市史武士編第1章243）ことから、9月の落城は利家のハッタリとも受け取れる。以後前田方の城郭として使用されるが、天正13年8月成政が降伏すると能越国境の軍事的緊張も解消され、廃城になったのであろう。

　荒山城は石動山から荒山峠に伸びる尾根の頂部に築かれている。石動山から延びてきた尾根道は、③地点から通路とも呼べる腰曲輪Dを通り、④地点に抜ける。腰曲輪Dから④地点にかけて、上部の曲輪から強烈な横矢が効いており、荒山城が石動山と密接に繋がっていたことを物語っている。また、③地点には堀切を設けているものの、完全に尾根道を遮断していない。これに対して堀切⑤を設けて荒山峠方向を完全に遮断している。つまり石動山側（山内方向）に防御の重点を置かず、荒山峠側（山外側）に防御の重点を置いている。これは石動山城郭群に共通している防御形態で、荒山城も石動山城郭群の一つという見方も可能であろう。

　石動山から延びてきた尾根道は③地点を通り、通路とも呼べる腰曲輪Dを経由して④地点に出る。城内に入るには、土橋⑤からE曲輪に入ったと考えられ、土橋⑤に敵兵を集めるために横堀⑦を設けている。⑥地点は横矢を効かすための張り出しなので、E曲輪から切岸を直登してF曲輪に入ったと考えられる。F曲輪から主郭Aの横矢に晒されながらC曲輪に入り、唯一明確な内枡形虎口①を通って主郭Aに入ったと考えられる。

　F曲輪方向から進攻してきた敵兵は竪堀②によって行く手を阻まれ、強制的に虎口①に入らせるような構造になっている。つまり竪堀②と連動した内枡形虎口として評価できる。しかしC曲輪との間には高さ5ｍの切岸が存在し、連絡路を確保しているとは言いがたい。土塁を設けて防御力を増強している点は評価できるが、櫓台や虎口空間は設けておらず、加越国境城郭の虎口と比較すれば、技術的には数段劣ってしまう。このような虎口は石動山城郭群にも存在している。

　城内最高所の主郭Aから階段状に曲輪を配置しているが、各曲輪には虎口が明確になっておらず、その結果、曲輪間の連絡路が積極的に確保されていない。逆に鋭角の高切岸が曲輪間の連絡路を遮断しているとも言える。さらに加越国境城郭に見られる塁線土塁や櫓台も荒山城にはほとんど見られない。つまり荒山城には加越国境城郭との共通点はほとんど見られないのである。

　以上のように、荒山城は石動山天平寺が築城し、佐々成政・前田利家は荒山城を改修せずに旧来の城郭をそのまま使用したと考えられよう。それは文献史料の調査結果とも矛盾しない。

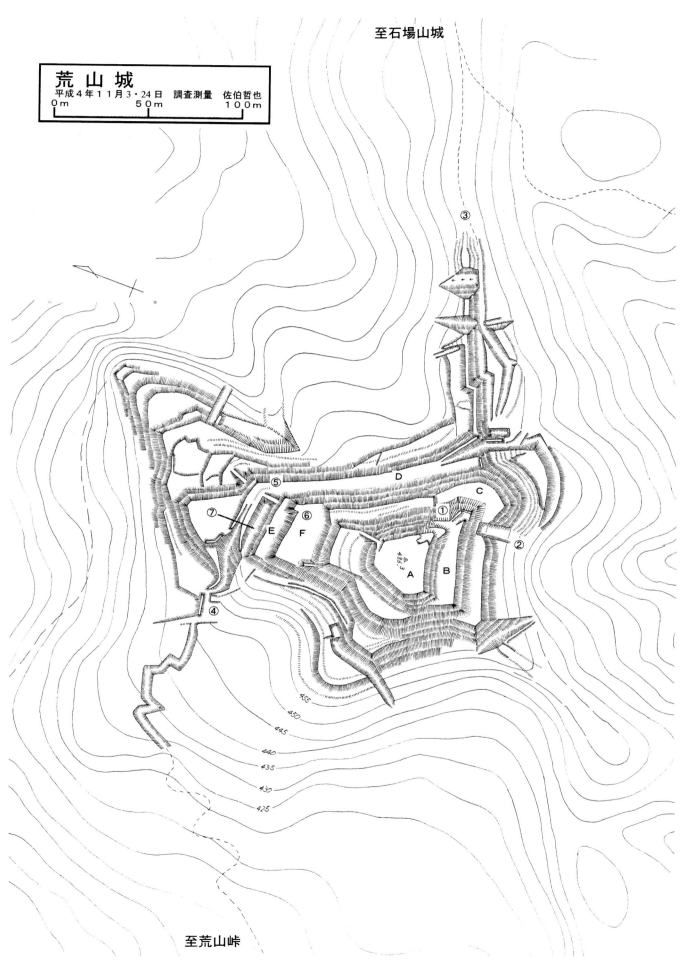

82. 石 場 山 城 (いしばやまじょう)

①中能登町石動山及び富山県氷見市　②柴峠城　③天正10年？　④天正10年？
⑤天正 10 年？　⑥石動山天平寺・前田利家　⑦山城　⑧削平地・土塁・堀切・竪堀・櫓台・切岸　⑨ 140m × 70m　⑩標高 513.0 m　比高 270 m　⑪39

　石動山天平寺へ登る7本の登拝道の一つ、荒山道と角間道が合流する交通の要衝に位置する城郭である。石場山城そのものを記した文献は存在しない。しかし『太閤記』(小瀬甫庵著)には天正10年(1582)6月25日に前田利家が石動山と荒山城の間の「柴峠」に陣取ったと述べいるが、この柴峠を石場山城としてよいであろう。さらに『石動山山内絵図』にも「大志者峠」とあり、古くから注目されていたことが判明する。
　前述の『太閤記』によれば、能登守護畠山氏の旧臣遊佐・温井・三宅氏が上杉勢・石動山と結託して合計4000の兵で荒山城の修築に取り掛かった。これを知った佐久間盛政は24日荒山城の西麓の高畠に兵2500を率いて着陣。そして前田利家は同じく2500の兵を率いて25日の早朝に柴峠に着陣し、石動山と荒山城を分断する作戦に出た。孤立した荒山城は佐久間・前田連合軍の敵ではなく、25日落城してしまう。ちなみに石動山天平寺は26日利家の攻撃によって全山焼滅してしまう。畠山旧臣と石動山の能登奪還の夢は、あっけなくも4日間で崩れ去ってしまう。
　A曲輪が主郭。前後に堀切①・②を設けて遮断している。平坦面はきれいに削平され、堀切①側、すなわち山外側に土塁を設けて防御力を増強している。堀切②側、すなわち山内側には設けていない。主郭Aの南北切岸直下に腰曲輪を設け、さらに土塁も設けて横堀状に加工し、防御力を増強している。特に南側腰曲輪の直下には荒山道が通っているため、横堀を設けて防御力を増強することは、縄張り上重要なことだったと考えられる。
　堀切②の対岸にB曲輪が存在する。主郭Aとは対照的に平坦面は未整形で、削平地に自然地形が多く残る。また、製造途中だったのであろうか、④地点土塁状の高まりが残っている。恐らく主郭Aと同様にきれいに平坦面を削平し、周囲に土塁を巡らす予定だったのであろう。しかし周囲に横堀を巡らした形跡はない。主郭Aとの格式の違いを見出すことができよう。
　谷の最上部に窪地⑤が存在し、現在も湧水が認められる。土地の古老が「兜池」と伝えている。前述の『石動山山内絵図』にも「甲池」とあることから、飲料水として使用されていた可能性が高い。伝承によれば、石動山の僧般若院快存が戦いに疲れてこの地に辿り着き、兜を脱ぎ捨てた。その脱ぎ捨てた場所から水が湧き出たので兜池と呼ぶようになったと言う。
　堀切①の西側に土塁③が残る。しかし防御施設としては役に立ちそうも無く、ほぼ尾根の中央に位置していることから、城郭遺構ではなく、別の性格の遺構の可能性を模索する必要がある。土塁③付近には他にも加工した形跡がみられることから、土塁③付近も曲輪として加工する予定だったのかもしれない。つまり主郭Aを挟んで前後に曲輪を配置する縄張りだったと推定されるのである。
　主郭Aはある程度完成していると考えられる。しかし虎口や曲輪を繋ぐ通路を設けた形跡もない。つまり織豊系武将による築城の可能性は低いと考えられる。また、主郭Aの平坦面はきちんと削平されていることから、永久城郭として築城するつもりだったのであろう。池が存在することからもその可能性は高い。そして何らかの理由によって築城工事が途中で放棄されたのであろう。このようなことを考えると、荒山城と石動山の間にあることも考え合わせると、石動山が荒山城との繋ぎの城として築城したと考えられよう。恐らく石動山は6月2日の本能寺の変の後に築城工事を開始したのであろう。それを25日早朝に前田利家が奪還し、築城工事が放棄されたのであろう。以後も築城工事が再開された形跡がないことから、佐々・前田氏に使用されることなく廃城になったのであろう。
　石場山城北下の蟻ヶ原集落から登ってくるのが、道⑥である。この道の東側のみに直径1〜2m程度の塚状遺構が残る。これは中世の山岳寺院の参道脇によく見られる遺構で、宗教遺跡としての土饅頭と考えられる。このような遺構からも、石動山が築城した可能性を示唆していよう。

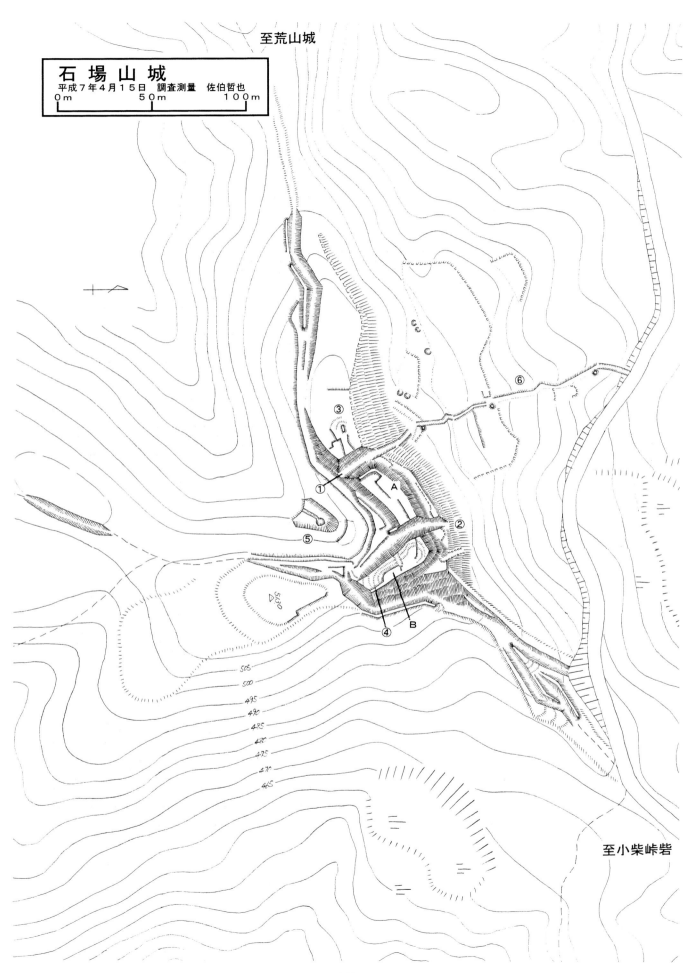

83. 勝山城 (かつやまじょう)

①中能登町芹川　②－　③弘治元年(1555)？　④16世紀後半　⑤16世紀末　⑥畠山氏・佐々氏
⑦山城　⑧削平地・切岸・竪堀・土塁・堀切　⑨660m×180m　⑩標高240.8m　比高150m　⑪39

　能登を代表する大城郭の一つである。城跡直下には、能登と越中を繋ぐ主要道だった荒山峠道が通り、また城跡からは能登の穀倉・動脈である邑知平野を一望することができる要衝でもある。このような好条件が選地を決定する要因となったのであろう。
　勝山城が築城されたのは、天文24年（＝弘治元年　1555）に勃発した、いわゆる「弘治の内乱」のときである。同年9月頃、温井・三宅反乱軍は畠山一族の畠山四郎晴俊を擁立して能登に進攻、守護畠山義綱方を七尾城に追い込んだ。このとき反乱軍が拠点として勝山城を築いたとされている（『図説押水のあゆみ』押水町役場 2001）。
　永禄元年(1558)反乱軍は義綱軍によって鎮圧され、3月頃勝山城は落城している（七尾市史七尾城編第3章138）。畠山晴俊・温井続宗等反乱軍の首謀者は戦死したと考えられる。
　勝山城はしばらくの空白期間を経て、能越国境の要衝として越中を制圧した佐々成政が使用する。成政の重臣・神保氏張は勝山城に部将の袋井隼人を置いたとされている。（『石川県城館跡分布調査報告』石川考古学研究会 1988）。
　天正12年(1584)9月前田利家は末森城に来攻した佐々成政軍を撃退し、さらに佐々方の荒山・勝山城も攻略したと羽柴秀吉に報告している（七尾市史武士編第1章219）。しかし同年10月26日付の書状（七尾市史武士編第1章243）で利家は、荒山城の佐々軍が今夜あたり撤退するらしいと述べ、さらに勝山城の麓にも軍隊を置いて監視するように指示している。つまりこの時点で荒山・勝山城はまだ佐々方であり、荒山・勝山城の9月落城は利家のハッタリだった可能性もある。いずれにせよこれ以降勝山城は史上に登場しない。佐々軍撤退後前田氏が使用し、天正13年成政降伏により能越国境の軍事的緊張が解消され、荒山・勝山城も廃城になったのであろう。
　主郭は城内最大規模のA曲輪。南側にコの字形の土塁を設けている。尾根続きからの攻撃を遮断するために、土塁を伴った堀切①を設け、さらにその南側に土塁囲みのB曲輪を設けている。
　山麓に続くD尾根には、びっしりと曲輪が設けられている。山頂と山麓を繋ぐ通路の役割も果たしていたため、堀切は全く設けていない。
　注目したいのは山頂から山麓まで掘り込んだ長大な竪堀②で、長さは120mにも達している。さらに竪堀②は北側（主郭側）に土塁を設けて防御力を増強し、これも山頂から山麓まで落としている。土塁とセットになった竪堀②を設けることにより、尾根続きを完全に遮断している。しかし竪堀②を越えた南側のC地区には、大小様々な平坦面を設けており、城兵達の駐屯地と推定されるが、C地区もまた完全に分離してしまっているのである。言い換えれば、C地区に対する主郭Aからの求心力は著しく低下してしまい、反対にC地区の独立性が強くなったと言える。
　このような縄張りは、脆弱な城主の権力構造を具現化したものとも言える。つまり曲輪主に対する城主の支配力が弱いため、従郭に対する主郭からの求心力も弱体化した縄張りとなってしまうのである。曲輪主の権力は城主に匹敵するほど強い権力を持っていたと言えよう。城主だった畠山晴俊の権力が、極めて脆弱だったのではなかろうか。
　しかし、このように各曲輪が独立し主郭の求心力が弱い城郭は、七尾城や増山城（富山県）のように、守護・守護代の拠点城郭に共通して見られる縄張りである。守護・守護代は有力家臣団の盟主的存在であり、それが城郭の縄張りに色濃く表れているのであろう。
　勝山城には、大規模な平坦面・土塁・堀切が残っており、また平坦面はきちんと削平されている。これは多数の城兵が長期間駐屯していたことを物語っている。しかし曲輪と曲輪を繋ぐ通路や虎口は設けられておらず、旧態依然とした縄張りを残している。つまり佐々成政は使用したものの、改修せず、畠山晴俊時代の縄張りをそのまま使用したのである。同じ領地境の加越国境の城郭を成政は大改修しているのに、荒山城を含む能越国境の城郭は全く改修していないのである。この明確な違いは、成政の対利家戦略を考える上で極めて重要な問題と言えよう。

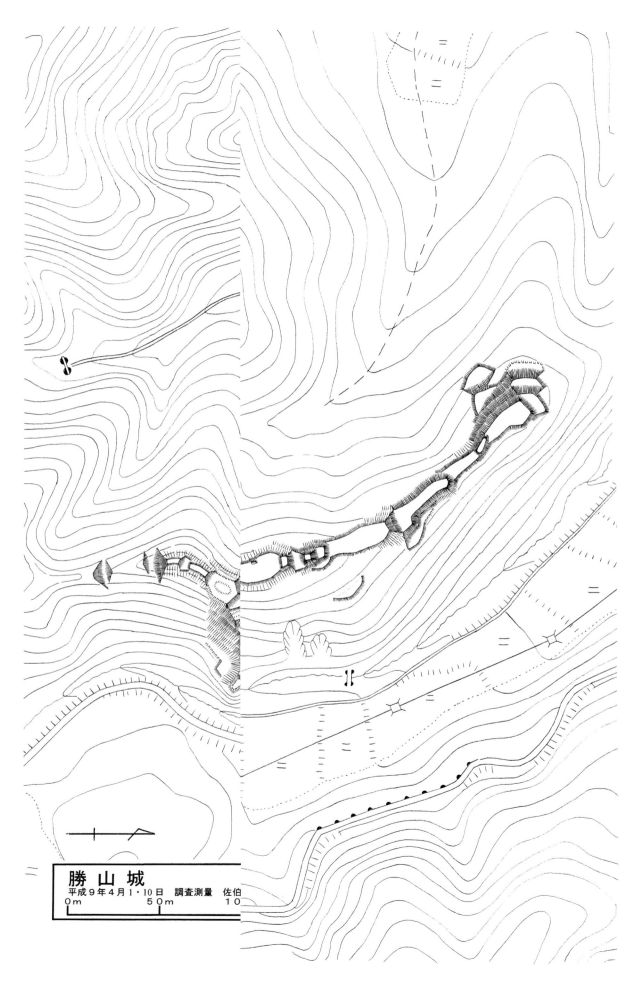

84. 春 木 斎 藤 館 (はるきさいとうやかた)

①中能登町春木　②－　③15世紀　④16世紀　⑤16世紀　⑥斎藤氏　⑦平地館址
⑧削平地・土塁・空堀（一部水堀）　⑨100m×100m　⑩標高－　比高－　⑪33

　斎藤氏の歴史についてはほとんど不明。応永15年(1408)畠山管領家から能登畠山家が独立するとき、管領家の被官だった斉藤氏も一族が分派して能登畠山氏に従った。この能登畠山氏に従った斎藤氏が能登国一青（ひとと）荘を賜り、一青荘春木に居館を建てたのが春木斉藤館と言われている。勿論確証はない。しかし斎藤氏は能登畠山氏被官で、一青荘に関与する武将だったことは事実である。すなわち「元長卿記」（『加能史料』戦国Ⅵ 2008 石川県）によれば、永正9年(1512)正月25日斉藤某が、一青荘から禁裏に納める御料のうち、去々年・去年分は六千疋をもって完納したとみなしてほしいと懇願している。一青荘を管理する武将だったようである。その斎藤氏の居館が春木斉藤館だった可能性は十分あろう。

　館跡は現在林照寺の境内になっている。西及び南側に土塁と空堀が残っており、特に西側空堀には一部水堀となっており、かつては全面的に水堀だったと推定される。北及び東側の道路がかつての堀跡だったとも考えられ、この仮説が正しければ、堀も含めた館の大きさは方一町（約百m四方）となり、正規の畠山氏被官の姿が浮かんでくる。最も残りの良い箇所で、土塁の高さは5m、空堀の上幅は15mもあり、守護・守護代クラスの大きさと言って良く、館主の権力の大きさを物語っていると言えよう。

　残念ながら、その後の斎藤氏や春木斉藤館がどうなったか、よくわかっていない。ちなみに館跡東側から、昭和30年代に珠洲焼き大甕に入った約六万枚の備蓄銭が発見された。埋納時期は珠洲焼きの年代観から14世紀中期以降と推定され、館主との関連が注目されている。

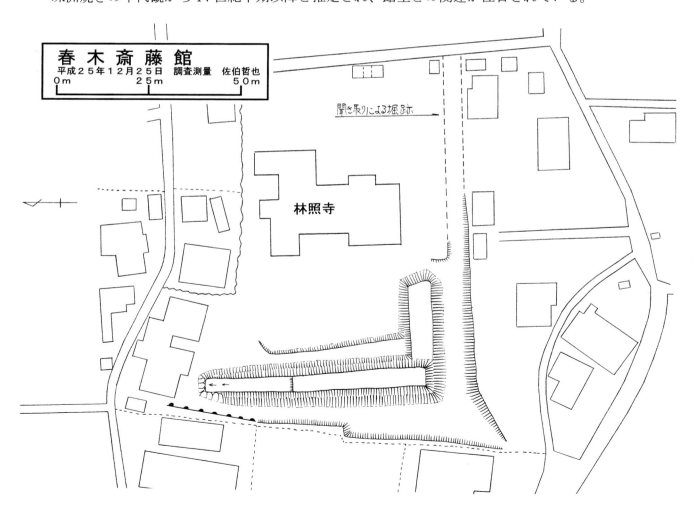

85. 徳丸城 (とくまるじょう)

①中能登町徳丸　②－　③南北朝期　④16世紀後半　⑤16世紀後半　⑥長連龍　⑦山城
⑧削平地・切岸・土塁・堀切　⑨330m×270m　⑩標高150m　比高120m　⑪40

　城跡からは能登の穀倉・動脈である邑知平野を一望することができ、また、城跡西麓には邑知地溝帯から羽咋郡志賀町へ抜ける徳丸峠の道が走る要衝でもある。
　城歴については、天正12年に漸く現れる。「長家家譜」(氷見市史226)によれば、天正12年9月6日(一説に11日)佐々成政の重臣神保氏張が兵三千余をもって能越国境の荒山砦まで進撃し、長連龍が居城する徳丸城を攻めようとした。神保軍と長軍は徳善川原で激突し、戦いに敗れた神保軍は越中に撤退したと述べている。しかしこの合戦には多少の無理がある。すなわち同年同月9日に成政は一万五千の兵を率いて末森城を攻めているからである。当然その中にも神保氏張は含まれているから、単独で三千の兵を率いて3日前に徳丸城を攻めるのは無理であろう。あるいは末森城攻めが混同されているのかもしれない。
　長連龍は天正8年(1580)9月織田信長より鹿島半郡を与えられ、福水を居城を福水城にすることについての許可も得ている(七尾市史七尾城編第6章104)。しかし福水城は羽咋郡である。事務手続きや新城築城中は福水城に在城していたであろうが、遅くとも1～2年後ぐらいには鹿島郡の徳丸城に居城を移したと考えるべきであろう。
　城跡は清四郎山、別名獅子山の山頂に位置する。細尾根に築かれているため、各曲輪は非常に狭く、居住空間はほとんど無いと言って良い。城内最高所のA曲輪が主郭。「調度(チョウド)」と呼ばれており、「軍用器」を埋めていると伝えている(『能登部町誌』1936 能登部神社)。前後を遮断する堀切等の遮断施設はなく、比較的通行しやすくなっている。主郭A背後のC地点に細長い平坦面が階段状に設けられている。幅が3～5mほどしかないが、風当たりが強い尾根上において、ほとんど無風に近く、簡単な小屋掛け程度なら最適の地と言える。尾根続きには「馬責場(バセンバ)」あるいは「馬かけ場」と呼ばれているB地点がある。ほとんど自然地形だが、主郭との連絡性は良く、広々としているので、馬等を繋いでおいた場所かもしれない。
　D地点の小段群は「風呂屋敷(フロヤシキ)」と呼ばれている。『能登部町誌』には「水源アリ」と記載されているが、現在湧水箇所は存在しない。さらに『能登部町誌』によれば、風呂屋敷から「齋瓮破片土器、五輪石一個を拾得せり」とあるが、現物は行方不明。C地点同様に細長い平坦面が階段状に並んでおり、風呂屋敷の名前のように、城兵達の居住空間として使用されたのであろうか。
　E曲輪は「火の見台」あるいは「おたや」と呼ばれている。火の見台にふさわしく、邑地平野は勿論のこと石動山系まで眺望することができる。E曲輪の尾根続きに、大規模な堀切①・②を設けて尾根続きを完全に遮断している。山麓から主郭Aに続く尾根は合計4本存在し、山麓から攻め登ってくるという条件では皆同じなのだが、大規模な堀切を設けて遮断しているのはE曲輪の尾根しかない。なぜE曲輪の尾根のみ遮断したのであろうか。F地点は「一の丸」と呼ばれているが、単純な平坦面があるのみ。
　以上、縄張りを概説した。基本的には平坦面と堀切の城で、計画的な通路の設定や枡形虎口は見られず、古い形式の縄張りとなっている。天正12年頃新設された縄張りではない。また各曲輪は狭く、常時居住したとは思えない。天正12年頃連龍は徳丸城に在城していたと推定されるが、徳丸城そのものはそれ以前から存在していたと考えられる。また連龍の居館は山麓にあったのであろう。あるいは天正12年頃連龍は既に居城を他に移し、徳丸城には連龍の一族・家臣が在城していたとも思える。
　いずれにせよ、徳丸城は天正12年以前から存在していたと考えられる。連龍は徳丸城を「仮の宿」として使用し、連龍本人は短期間在城しただけで他に居城を移し、一族や家臣が在城していたのではないだろうか。ちなみに南北朝期に登場する「能登部城」の所在は現在も不明になっている。あるいは徳丸城が能登部城なのかもしれない。

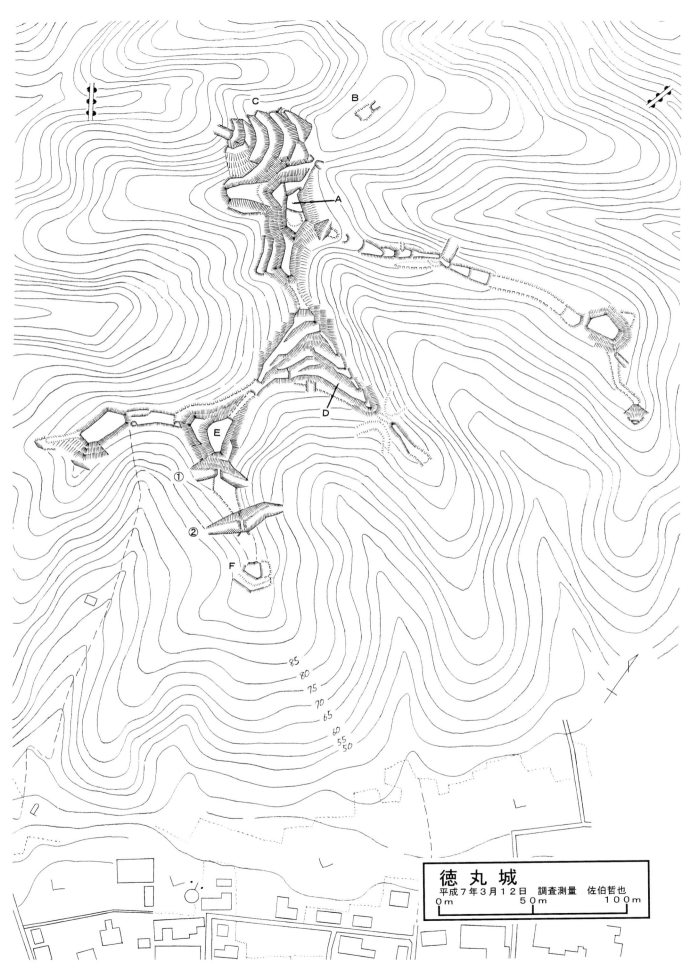

徳丸城
平成7年3月12日 調査測量 佐伯哲也

86. 金丸城（かねまるじょう）

①中能登町金丸　②−　③南北朝期　④16世紀後半　⑤16世紀後半　⑥桃井氏・吉見氏・温井氏・八代氏　⑦山城　⑧削平地・切岸・堀切・竪堀　⑨360m×220m　⑩標高116.4m　比高100m　⑪40

　城跡からは能登の穀倉・動脈である邑知平野を一望することができる。金丸城は南北朝期の軍忠状に二度登場する。一度目は観応元年(1350)11月13日能登守護桃井義綱が金丸城に籠城していたところ、桃井直常軍が攻めたが、城中から長野季光が打ち出して戦い、直常軍を撃退している（『加能史料』南北朝Ⅰ 1993 石川県）。二度目は応安二年(1369)で、4月28日越中の桃井直常が能登に進攻したため、金丸城には能登守護吉見氏頼の部将吉見左馬助・得田章房が籠城し、能登部城には吉見伊予入道・得江季員に篭城した。合戦は6月1日まで続けられたが、その後主戦場は加賀平野に移る。9月に入り桃井軍が加賀平野の各所で敗北し、桃井軍が越中へ敗退したため合戦は終了する。

　上記の内容からは、越中勢が能登に進攻した場合、邑知平野を挟んで相対していたことが多かったと推定される。邑知平野のみならず、能越国境の山々を遠望することができる金丸城は、能登勢にとって必要不可欠の城郭だったのであろう。ところで軍忠状に登場する「能登部城」は現在所在が不明となっている。能登勢が籠城していることから、邑知平野を見下ろす邑知平野西方の尾根先端にあったと推定される。この条件を備えているのが徳丸城で、金丸城との距離も約3kmと手頃な距離にある。能登部城は徳丸城の可能性が高いと言えよう。

　「長家家譜」（七尾市史七尾城編第5章）によれば、弘治3年(1557)いわゆる「弘治の内乱」において金丸城に温井・三宅反乱軍が籠城する。これを七尾城勢が攻めるが、かえって撃退されてしまう。さらに天正7～8年にかけて金丸城周辺は、能登奪還を目指す長連龍と、これを迎え撃つ温井・三宅軍との主戦場となり、「長家家譜」に度々登場する。特に天正8年(1580)6月9日、菱脇合戦において連龍は、金丸城に籠城していた八代肥後・同越中と菱脇で戦い、これを撃破し肥後・越中は戦死する。長軍は金丸仏性寺城等を占拠して邑知平野は連龍が制圧する。金丸仏性寺城は金丸城のことであろう。

　以後、金丸城に代わり徳丸城が史料上に登場する。菱脇合戦からほどなくして金丸城は廃城になったのであろう。

　城内最高所はB曲輪だが、あまりにも小さく主要曲輪群から離れているため、主郭はA曲輪と推定される。主郭Aには単純ながらも内枡形虎口③が設けられており、天正期まで使用されたことを物語る。主郭Aの南側斜面に細長い平坦面が階段状に設けられており、城兵達の駐屯地と推定される。狭い尾根上で平坦面を確保することができず、斜面を階段状に加工することにより平坦面を確保したのであろう。最下段の平坦面は、離れた尾根を繋ぐ連絡路の役割も果たしていたと推定される。

　主郭Aの背後を防御するためにB曲輪を配置し、さらに堀切①で尾根続きを遮断している。山麓に続く尾根は全て堀切・切岸・竪堀を設けて遮断しており、特に二重堀切②は圧巻である。

　東側の尾根から主郭Aの背後に廻り込まれる恐れがあるため、こちらの尾根にも竪堀⑤・堀切⑥⑦・切岸⑧を設けて徹底的に遮断している。C曲輪にもやはり単純な内枡形虎口④が設けられており、主郭Aと同年代の遺構と推定される。さらにC曲輪の城兵は堀切①を経由せず主郭Aに到達することができ、縄張りの一貫性を見ることができる。

　以上述べたように、縄張りに時代差は見られず、内枡形虎口も残っていることから、現存する遺構の大部分は、天正期に大改修されたと推定される。また尾根続きを遮断する堀切も見られるが、圧倒的に山麓方向を遮断する防御施設の方が多く、邑知平野からの攻撃に備えた縄張りと推定される。このことから現存遺構は天正7～8年頃に改修されたという仮説を立てることが可能であろう。

　金丸・徳丸城の縄張りを比較した場合、数段金丸城の縄張りが優れている。なのに、なぜ金丸城が廃され、徳丸城が使用され続けたのか、判然としない。

金丸城

平成8年4月6日 調査測量 佐伯哲也

87. 福 水 館 (ふくみずやかた)

①羽咋市福水　②－　③16世紀　④16世紀後半　⑤16世紀後半　⑥温井氏・三宅氏・長連龍
⑦山城　⑧削平地・切岸・堀切・横堀・石垣？　⑨300m×160m　⑩標高120m　比高90m　⑪43

　福水館址は古くから山岳修験の寺・丹治山福水寺跡としても知られていた。館跡の山麓に越中からの論田道が通る交通の要衝でもあった。館となっているが、純然たる山城である。
　「長家家譜」(七尾市史七尾城編第5章)によれば、弘治3年(1557)いわゆる「弘治の内乱」において温井・三宅反乱軍が福水に着陣し、守護七尾城方と数度の合戦に及んでいる。恐らく寺院を陣として利用したのであろう。
　天正7年(1579)越中守山城に身を寄せていた長連龍は能登敷波に出陣し、さらに翌8年3月9日福水に進軍する。恐らくこの時から連龍は福水に居城するのであろう。翌閏3月七尾城に籠城する温井・八代方は福水館を攻撃するが、連龍は見事これを撃退する。天正8年閏3月30日付長連龍宛織田信長書状(七尾市史七尾城編第6章85)に「七尾、飯山敵追払、得勝利候由」とはこのことを言っているのであろう。飯山とは福水の北西約3kmに位置する地名である。
　天正8年5～6月にかけて行われた菱脇合戦では、連龍は福水館を拠点に活動しており、特に6月9・28日の合戦で温井・三宅・八代軍に大勝し、邑知平野を制圧する。この戦功により連龍は同年9月信長より鹿島半群を与えられ、福水館を居城とすることにも許可を得る(七尾市史七尾城編第6章 104)。しかし福水館は羽咋郡であり、連龍が福水館に長期間居城したとは考えにくい。鹿島郡での居城が確定するまでの短期間のみ福水館に在城し、徳丸城(鹿島郡)に居城を移したと考えられよう。福水館はその時点で廃城になったか、あるいは規模を縮小して家臣が在城する支城として利用されたと考えられよう。
　主郭はA曲輪と考えられ、背後に中世墳墓を利用した櫓台①が残る。櫓台①の東側に小曲輪Cが残る。櫓台との間に小規模な空堀を設け、馬出曲輪としての性格も兼ね備えていることから、小曲輪Cから横堀③に木橋を掛けて、城外と連絡していたかもしれない。
　現在白山奥宮が建っているため、後世の改変が考えられる。主郭A北西方向に伸びる平坦面が当時の平坦面なのか判然としない。⑤地点に両竪堀を設けて敵軍の進攻を阻止しているので、城郭遺構と判断して良い。白山奥宮一帯が朝日山と呼ばれていることから、「長家家譜」が天正8年3月に連龍が「朝日山を被取立御居城たり」と述べているのは、当地点のことと考えられる。
　尾根続きを堀切①で遮断し、さらに横堀③を設けて防御力を増強している。尾根②を土塁状に加工して、尾根伝いから進攻してきた敵軍が主郭Aの西側に廻り込むのを防いでいる。横堀を主郭Aの東側にのみに設け、西側に巡らさないのは、このためだと考えられる。
　B曲輪は唯一広い面積を持つ曲輪だが、居住スペースには狭すぎる。他に居住スペースは存在せず、このような状況では、連龍が福水館で長期間居住したとするには無理があろう。D曲輪は長殿屋敷(チョウデンヤシキ)と呼ばれているが由来は不明。出入口⑥は石垣で固められているが、城郭施設としての石垣とは考えにくい。正面の荘厳性を高めるという意味で、福水寺の寺院施設としての石垣と考えられよう。
　以上述べたように福水館は、長期間居住する曲輪は存在せず、城主居館は山麓に存在したか、あるいは連龍は短期間の居住で他に移ったと考えられる。ただし、馬出曲輪Cが残っていることから、連龍が天正年間に改修したことも事実である。連龍は必要最小限の改修で、福水館を使用したと考えられよう。
　昭和54・56年にかけて石川考古学研究会が主体となって発掘調査が行われた(『丹治山福水寺遺跡』1982 羽咋市教育委員会)。遺構としては中世墳墓8基が確認された。遺物としては珠洲焼・土師質土器等が出土し、珠洲焼の制作年代は12～14世紀と推定された。付近から古密教法具も出土していることから、当遺跡は山岳宗教遺跡と推定された。これを福水寺とすれば、福水寺は平安時代に建立され、中世に最盛期を迎えて室町末期まで存続し、戦国期には廃絶していたと推定される。つまり連龍は福水寺跡に居城したのである。

88. 芝原将監館 (しばはらしょうげんやかた)

①羽咋市柴垣　②-　③14世紀　④14世紀　⑤14世紀　⑥芝原将監　⑦平地館址
⑧削平地・土塁　⑨150m×100m　⑩標高-　比高-　⑪42

　『加能史料』南北朝Ⅲ（1997 石川県）所収「能登名跡志」によれば、芝原将監（別名館中将監）の館と伝えられている。この芝原将監は柴原集落一帯を支配していた土豪と考えられ、能登妙成寺建立に尽力した大檀越だったとされている。将監は妙成寺二世日乗の伯父とされており、日乗は康暦2年（1380）110歳で没している（『加能史料』南北朝Ⅲ 1997 石川県）ので、将監とその館は14世紀代のものとみなすことができよう。
　将監の法名は法光日恵で、将監の追善供養のために製作された笠塔婆が妙成寺境内に現存している。「応永33年（1426）8月19日　沙弥法光」と紀年銘されている。妙成寺と将監が深く関っていたことを示していよう。
　館跡は将監屋敷（ショウゲンヤシキ）と呼ばれており、柴垣集落を見下ろす微高地に位置する。後世の改変が著しく、遺構は土塁の一部が残るに過ぎない。館跡の大きさは全くの推定でしかないが、図中の標高20mの等高線が館跡とし、長方形の館が存在していたと推定したい。

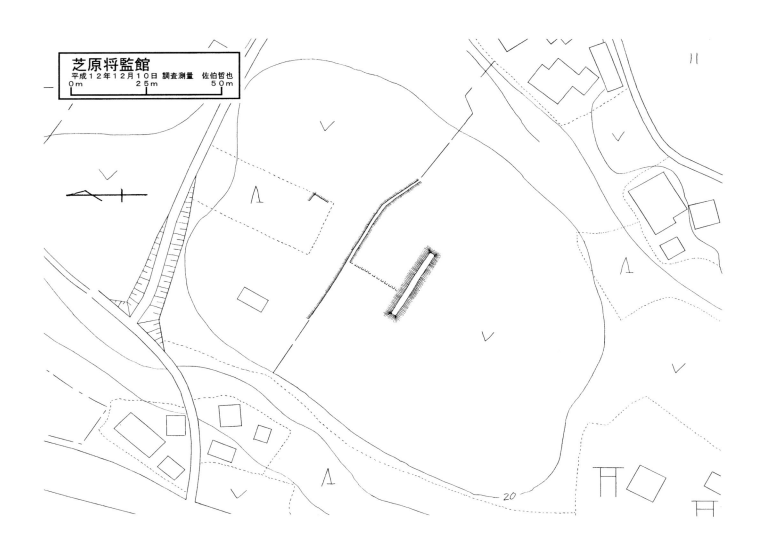

89. 菅原館 (すがわらやかた)

①宝達志水町菅原　②−　③16世紀　④16世紀　⑤16世紀　⑥温井氏?・三宅氏?・前田氏
⑦山城　⑧削平地・切岸・堀切・土塁　⑨240m×130m　⑩標高53.6m　比高40m　⑪44

　『羽咋郡誌』によれば、天正8年(1580)織田信長は能登一国を平定するために、七尾城に菅屋長頼、富来城に福富行清、そして菅原館に前田利家を配したという。利長は菅原館にしばらくの間居住した後、七尾城に移ったという。
　菅原館の位置する山を土地の古老達は御館あるいは大納言山と呼び、廃藩置県まで前田家から毎年夏盆に灯油料を下賜され、館跡に灯明を灯していたという。『志雄町史』(1974 志雄町)によれば、館跡に礎石が存在していたとしているが、現在は全く確認できない。
　館跡としているが、純然たる山城である。城内最高所のA曲輪が主郭だが、狭く、平坦面には未整形箇所も存在する。さらに各従郭への通路も設けられておらず、連絡は悪い。主郭Aのみならず、各曲輪の面積は狭く、平坦面には未整形箇所が存在する。このような状況から曲輪内に存在していた建物は、小規模かつ簡素な建物だったと推定される。
　主郭Aの防御施設としては、堀切①・②・③・④が存在し、尾根続きを遮断している。しかし天正期の特徴を示す枡形虎口や通路の設定は、一切残っていない。
　以上述べたように、菅原館には天正期の特徴は全く見られず、また長期間在城するような城でもない。恐らく利家が在城する以前から存在し、利家はごく短時間在城するだけで七尾城に移ったと考えられる。それよりも注目したいのは弘治元年(1555)～永禄2年(1559)まで続いた弘治の内乱で、菅原館・三日城周辺が主戦場となっている。このとき温井・三宅氏が一時的に籠城するために築城したという仮説を提唱することが可能であろう。

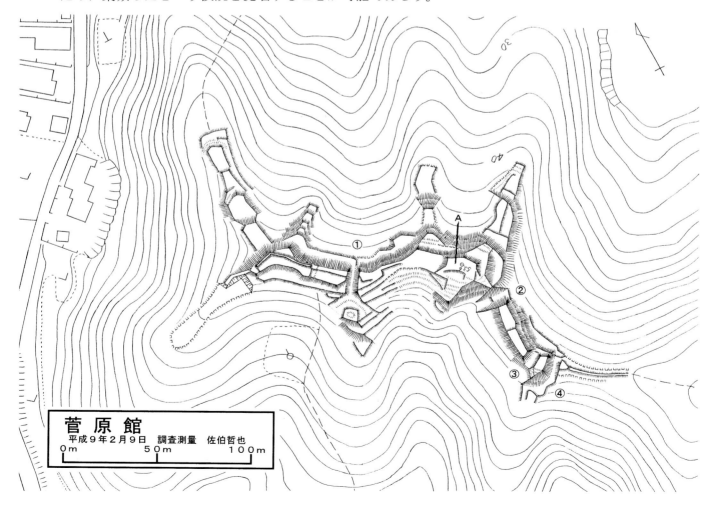

菅原館
平成9年2月9日　調査測量　佐伯哲也
0m　50m　100m

90. 三 日 城 （みっかじょう）

①宝達志水町荻市　②－　③16世紀　④16世紀　⑤16世紀　⑥得田氏・温井氏？・三宅氏？
⑦山城　⑧削平地・切岸・堀切・畝状空堀群　⑨160m×90m　⑩標高74.9m　比高60m　⑪44

『荻市区史』（2007 荻市区）によれば、志雄保地頭得江氏の城郭として紹介されている。例えば得江石王丸代長野彦五郎季光軍忠状（『加能史料』南北朝Ⅰ 1993 石川県）によれば、観応元年（1350）10月23日得江石王丸は桃井軍との合戦にあたり、「堀（掘）切石王丸一族等所領志雄越山」と志雄越山を掘り切っていることが判明する。志雄越山とは三日城のこととされ、敵軍の攻撃を遮断するために、堀切を設けていたのである。

城内最高所のA曲輪が主郭。非常に狭く、居住空間は持たない。他の曲輪も同様で、みな狭い。堀切①・②を設けて尾根続きを遮断し、特に①は二重堀切となっている。しかし堀切③も含めて全て小規模で、敵軍の攻撃を遮断できたのか疑問に思う。基本的に、曲輪の周囲に鋭角の高切岸を構築して敵軍の攻撃を遮断している。軍忠状に見える「堀切」は現存しておらず、あるいは別の地点に存在していたと考えられる。切岸直下には通路状の腰曲輪を巡らしているが、計画的な通路までには発達していない。④地点に畝状空堀群を配置して、腰曲輪や尾根続きを移動する敵軍の動きを鈍らせている。畝状空堀群は16世紀に用いられた防御施設である。16世紀の特徴を示すものの、枡形虎口や計画的な通路の設定までは発達しておらず、織豊期までは下らない。

以上の理由により、南北朝期の「志雄越山」の遺構は現存していない。現存遺構は16世紀に在地勢力が構築したものと考えられ、南北朝期の「志雄越山」を16世紀の三日城とする根拠は遺構から存在しない。弘治の内乱では、菅原館・三日城周辺が主戦場となっているので、このとき温井・三宅氏が一時的に籠城するために築城したという仮説を提唱することが可能であろう。

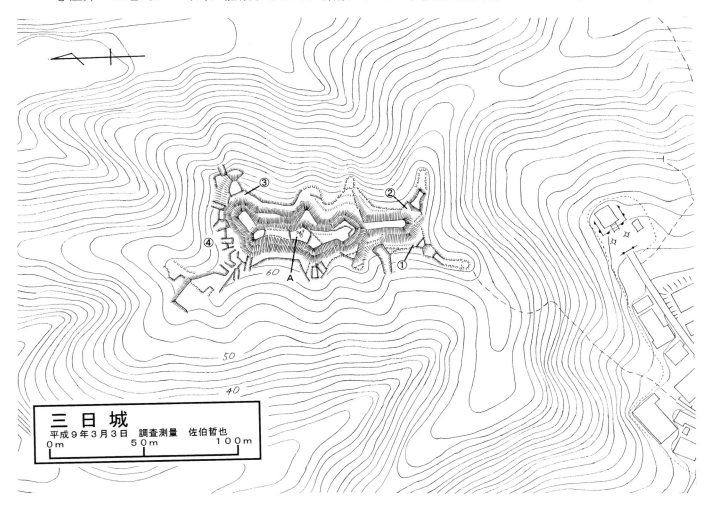

91. 棚懸城 (たながけじょう)

①宝達志水町原　②－　③16世紀　④16世紀　⑤16世紀　⑥－　⑦山城
⑧削平地・切岸・堀切　⑨120m×40m　⑩標高250m、比高170m　⑪45

　能越国境に位置する城郭である。江戸期の地誌類に記載されていないが、氷見高校歴史クラブ報告書『故郷の城址』には「城ヶ峯城」という記載があるので、何らかの伝承が存在していたようである。

　さて、城郭遺構として確認できるのは、A曲輪周辺及び堀切①のみである。②地点に残る塚状遺構等は防御遺構にはなりえず、さらに堀切①でA曲輪とは遮断されており、その間には明確な遺構が認められないことから、城郭遺構ではないと考えられる。なだらかな山頂の中央に位置することから、雨乞い等の宗教施設、国境の境塚等々が考えられる。

　主郭であるA曲輪は、北と東側の尾根続きに堀切を設け、さらに周囲に切岸を巡らして遮断している。西側の尾根続きは、小規模な堀切⑤、さらに明確な堀切と竪堀をセットで設けている堀切①で遮断している。主郭Aの平坦面はほとんど削平されていない。恐らく軍事的緊張が高まった結果、在地土豪の城郭として築城されたのであろう。

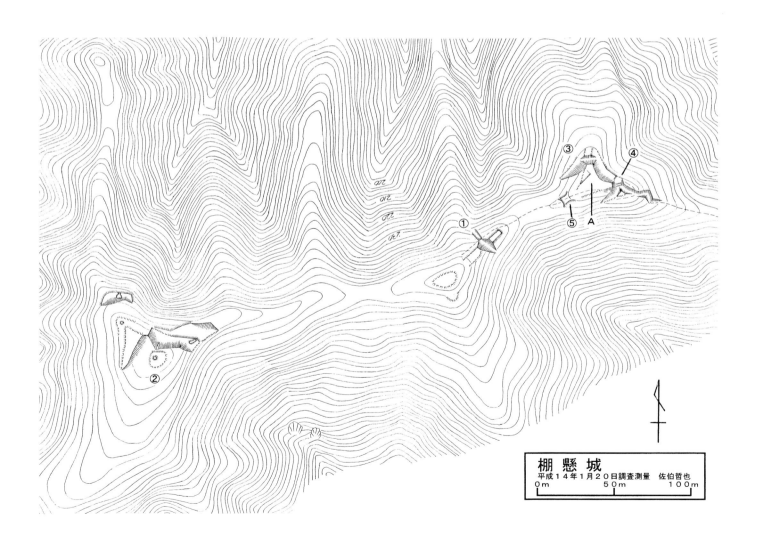

棚懸城
平成14年1月20日調査測量　佐伯哲也

92. 末森城 (すえのもりじょう)

①宝達志水町南吉田　②-　③16世紀　④16世紀後半　⑤16世紀末　⑥土肥氏・前田氏　⑦山城
⑧削平地・切岸・堀切・横堀・土塁・竪堀　⑨740m×420m　⑩標高138.8m、比高120m　⑪46

１．歴史

　能登・加賀国境の要衝に位置する城郭である。天正5年(1577)8月、七尾城攻略中だった上杉謙信は、柴田勝家等織田軍の進攻に備え、能加国境を固めるために末森城に出陣する（七尾市史七尾城編第4章73）。これが末森城の史料初見。つまりこの時点で末森城が畠山方の城郭として存在していたことが判明する。謙信が末森城を攻略するのは、七尾城攻略2日後の9月17日で、謙信は部将の山浦国清・齋藤朝信を置いている（七尾市史七尾城編第4章76）。

　その後末森城には土肥但馬守信真が配されるが、天正8年閏3月口能登に進攻した柴田軍に攻められ、親真は降伏する（七尾市史七尾城編第4章78）。親真は許されて、そのまま末森在城を認められ、さらに羽咋一郡を与えられている（七尾市史七尾城編第4章102）。親真は従来在地土豪とされてきたが、一次史料の研究により、上杉氏の家臣ということが判明している。天正元年(1573)気多社檀那衆交名（七尾市史七尾城編第4章28）に登場しないことから、当時の畠山家臣団にはいなかったことが考えられる。また天正5年12月に作成された上杉家中名字尽（謙信の家臣団名簿、七尾市史七尾城編第4章000）に見える土肥但馬守（親真）の名は、能登衆の欄になく、越中衆の中にある。恐らく親真はまだ越中に在国し、末森城に在城するのは天正6年以降なのであろう。

　天正9年能登一国を与えられた前田利家は、親真を与力とし末森在城も認めている。しかし独立性の強い与力の存在は利家にとって重荷であり、特に親真は利家に新領地五千石を約束させている（『末森城等城館群発掘調査報告書』2007 宝達志水町教育委員会）。このように利家にとって親真は決して頼もしい存在とは言えなかったと思われる。また、能加国境の要衝には腹心の家臣を在城させる必要もあった。そんなこともあって親真が天正11年賤ヶ嶽合戦で戦死すると、利家は親真の弟（甥ともいう）次茂の在城を認めるとともに、腹心の奥村永福・千秋範昌を送り込み、末森城を前田氏の城郭としてしまう。

　史上有名な末森合戦は、天正12年9月9日佐々成政が坪山砦に本陣を据え、末森城を攻めたことに始まる。11日、前田利家が援軍に駆けつけたことで末森城は落城を免れ、成政は越中に撤退する（七尾市史武士編第1章219）。この合戦で次茂は戦死してしまい、土肥氏と末森城との関係は終焉する。

　末森城の廃城年は明確にできない。しかし利家は天正14年7月末守（森）町を廃して敷浪村に移しており、これをもって廃城とみなすこともできよう。前年の天正13年に成政は降伏して軍事的緊張は解消しており、能加国境を固める末森城の使命も終わったと考えられよう。

２．縄張り
（１）概要

A曲輪が通称本丸（ホンマル）で主郭と考えられる。B曲輪は通称二ノ丸（ニノマル）、C曲輪は通称三ノ丸（サンノマル）、D曲輪は通称若宮丸（ワカミヤマル）、E曲輪は通称若宮（ワカミヤ）、F曲輪は通称馬駆場（ウマカケバ）、G地点は通称武家屋敷（ブケヤシキ）と呼ばれている。

　H尾根の先端に大手門があったとされ、礎石等も残っていたとされる。しかし度重なる道路造設のため遺構し破壊され、確認できなくなっている。しかしH尾根はかつて城下町があったと推定される山麓にむけて下っている。また、城域に繋がる主要尾根全てに堀切を設けて遮断しているのに、H尾根のみ設けていない。これは重要な城道が通っていたことを物語る。以上の理由により、H尾根を大手方向とすることができよう。G地点に広がる平坦面は武家屋敷と呼ばれ、恐

らく城兵達の駐屯地だったと考えられる。大手道沿いに城兵達を駐屯させて、大手道を警戒させたのであろう。

　末森城は林道造設により破壊されている箇所があるので、復元する必要がある。推定復元したのが、推定復元図である。以下、現況図と推定復元図の両方を用いて論を進める。

　G地点を通過した大手道は現在直進しているが、階段状のＩ曲輪が存在していて、Ｉ曲輪を迂回して進んだと考えられる。勿論このときＩ曲輪からの横矢が効いている。

　①地点まで進んだ敵軍は左右に分かれることになり、本丸Ａに進むには長大竪堀②を越えなければならない。長大竪堀には平常時吊橋が掛かっていたと推定され、合戦時は武家屋敷ＧやＩ曲輪の城兵が城内に退却したあと、切り捨てたと推定される。長大竪堀②を通過できたとしても、敵軍は細長い土塁通路を一列縦隊で進まざるをえず、この間常に城内からの横矢に晒され、多大な犠牲を強いられたことであろう。

　③地点まで進むと、また左右に分かれる。④地点に進んだとしても行き止まりで、敵軍は頭上にＡ・Ｂ曲輪からの弓矢攻撃を浴びてしまう。

　⑤地点は低段状の曲輪が連なる空間で、ここに進んだ敵軍は比較的自由に動き回ることができる。敵軍を細長い通路に誘導し、攻撃の焦点を絞ることに成功しているのに、⑤地点で敵軍に自由な動きを許してしまい、焦点をぼやかしてしまうミスを犯してしまっている。

　このミスを帳消しにするかのように、若宮丸Ｄと三の丸Ｃの間の狭い通路を通らせ、さらに両側に土塁を設けて強引に通路を設定し、横堀⑥の横矢が効く場所に敵軍を渡らせている。敵軍が横堀⑥を渡るとき、⑦地点と三の丸Ｃからの両横矢攻撃に晒され、多大な犠牲を被ったことであろう。無事横堀⑥を渡った敵軍は、⑦地点を通過し、⑧地点に向う。このとき三の丸Ｃから長時間横矢に晒されることになる。

　『末森城等城館群発掘調査報告書』（2007 宝達志水町教育委員会、以下、『報告書』と略す）では⑧地点に三の丸Ｃの横堀を延長させているが、現地に横堀を設けるようなスペースは存在せず、横堀を設けることは不可能である。従って『報告書』の考えに賛同はできない。⑧地点の目の前に二の丸Ｂの切岸が迫っていて、これが横堀と同じく遮断線の役割を果たし、敵軍の行動の自由を著しく阻害しているため、あえて横堀を設ける必要はなかったと考える。⑧地点に上がった敵軍は、Ｂ・Ｃ両曲輪から攻撃を受けてしまう。しかし⑧地点を敵軍が完全に制圧してしまったなら、三の丸Ｃは孤立してしまうというミスも犯してしまっている。

　⑧地点に上がった敵軍は土橋通路を駆け上がり、屈曲して二の丸Ｂに辿り着く。このとき二の丸Ｂの⑨地点の横矢に晒されている。さらにもう一度屈曲して坂虎口を駆け上がり、漸く本丸Ａに辿り着く。『報告書』では二の丸Ｂを、後方の堀切を欠いた馬出と評価している。馬出の機能を保持していたことは認めるが、後方の堀切（遮断線）を欠いている以上、それは馬出とは評価できず、『報告書』の考えに賛同できない。後方の遮断線を欠いたものまで馬出にしてしまえば、虎口後方の曲輪は全て馬出になってしまう恐れがあるからである。

　以上述べたように、①地点から二の丸Ｂまで、一部ミス部分も存在するが、一連の設定された通路と評価できる。それは同一人物が同一時代に改修したことを示唆している。

　本丸Ａは細長い上下二段の曲輪から構成されており、先端の⑪地点は、下部曲輪やＪ尾根道を監視している。横矢掛けの張り出し⑩を設けているものの、塁線土塁や櫓台はなく、単純な構造となっている。本丸虎口も基本的には坂平虎口である。この傾向は二の丸Ｂや三の丸Ｃ、若宮丸Ｄ全体に言えることで、主要曲輪群に塁線土塁や櫓台・横堀・枡形虎口が極端に少ないのは、末森城の特徴の一つである。

　⑧地点から敵軍は二の丸Ｂに進むものと、本丸Ａ東直下の通路を北上するものとに分かれる。本丸Ａ東直下通路は、竪堀や土塁を設けているものの、非常に通行性は良い。これは本丸Ａの周囲に切岸を設けた結果、必然的に発生する腰曲輪を通路として整形したことを物語る。反対側の西直下にも腰曲輪を設けているが、通路として整形していないため、各所に段を残しており、通行性は悪い。つまり本丸Ａの東・西側では、必然的に発生した腰曲輪の使い方は違っていたのである。西側は腰曲輪、東側は通路として使用していたのである。

　東側腰曲輪を通路として使用すれば、城内の連絡用としても重宝するが、⑧地点まで進んだ敵軍にとっても本丸直下を自由に往来することができ、城主にとって諸刃の剣となる。このため、

敵軍が本丸Aに進入させないために、本丸Aの周囲に高さ8mの高切岸を巡らして完全に敵軍の攻撃を遮断している。また⑩地点に張り出しを設けて通路内を監視している。敵軍を警戒しながらも、あえて本丸直下に通路を設けなければならなかったのである。

東側直下通路は、J尾根道へと繋がっている。本丸Aから延びてきている曲輪の先端の⑪地点は、J尾根から城内に入ろうとする敵軍を監視するとともに、M・N・O尾根から城内に入ろうとする敵軍も監視する監視所と評価できる。J尾根には、合計5本の堀切を設けて敵軍の進攻を阻止しているとともに、K・L曲輪を設けて監視している。この尾根道が警戒するとともにいかに重要だったかを物語っている。M・N尾根にも尾根道が伸びているが、こちらは堀切⑫で遮断しているのみで、さほど警戒していない。J尾根道は警戒するとともにいかに重要な尾根道だったかがわかるであろう。J尾根道は加越国境の集落へと伸びている。末森城は能加国境の要衝のみならず、加越国境を繋ぐ脇道が直接城内に入った三州要の城郭として評価すべきであろう。

本丸A・二の丸B・三の丸Cは、周囲に切岸を巡らした結果、切岸直下に必然的に腰曲輪が発生している。末森城のように曲輪の周囲に切岸を巡らせ、その直下を腰曲輪として使用している事例として、三日城（宝達志水町荻市）がある。三日城と末森城は2.8kmしか離れておらず、両城の共通性を指摘することができる。

⑫地点からは今でも湧水し、堤内に水が溜まっている。恐らく水田を耕作するために堤が構築されたと考えられるが、豊富な湧水量だからこそ水田の耕作が可能だったのであろう。恐らく戦国期も湧水しており、末森城の飲料水として使用されていたと推定したい。

馬駆場Fは、城内最大の曲輪であり、広々とした平坦面が広がる。武家屋敷Gのように敵軍から直撃されることもなく、また三の丸Cが敵軍からの攻撃を遮断し、防御するような縄張りとなっている。また主要曲輪群との間に大規模な遮断施設はなく、主要曲輪群との繋がりは強いといえる。このように主要曲輪群に守られていることを考えれば、馬駆場Fは城主居館に比定することも可能であろう。馬駆場Fは尾根続きではなく、従って敵軍から直撃される可能性は非常に小さいのだが、先端に堀切や竪堀を設けて防御力を増強している。城主居館という重要性を表しているのではないだろうか。

若宮丸Dと三の丸Cとの間に通路を通すために掘割りを設け、その結果、若宮丸Dは主要曲輪群から完全に切り離されている。言い換えれば、若宮丸Dは、本丸Aからの求心力があまり及ばず、独立性の強い曲輪となっている。若宮丸Dの虎口⑬が主要曲輪群と反対の方向に設けているのも証左の一つであろう。つまり①地点からは、設定された通路を通らず（＝主要曲輪群を通らず）に若宮丸Dに入るのである。若宮丸DはA・B・Cの主要曲輪群とは違った役割を担っていたという推定も可能であろう。

若宮丸Dの西側のE地点は若宮（ワカミヤ）と呼ばれている。一応塁線土塁を巡らせているものの、後方が地続きになっているため、曲輪とは言えない。①地点から若宮丸D西側に入り込んだ敵軍は比較的自由に動き回ることができ、また敵軍の行動を阻止するような防御施設を設けていない。敵軍は若宮Eの背後に簡単に廻り込むことができ、若宮Eの城兵は背後から敵軍に攻撃されてしまう。このように若宮丸D・若宮E周辺は、厳しく敵軍の動きを阻止してきた主要曲輪群とは明らかに様相が異なっているのである。

若宮Eの西側に大小様々な平坦面が存在し、明確な通路設定もないので、一旦ここに侵入してしまえば行動は自由である。軍事施設とは異なった様相を見せている。しかし尾根の先端には、堀切や竪堀を設けて尾根を遮断しており、ここも城域の範囲内であることを明確に物語っている。

（2）考察

第一に注目したいのは、若宮丸Dのように、主郭からの求心力をあまり受けず、独立色の強い曲輪が存在する城郭は、守護・守護代の拠点クラスに多く見られる。七尾城の長屋敷や三の丸、森寺城（富山県）の野崎屋敷や金戸山、増山城（富山県）の安室屋敷が代表的な例である。勝山城（中能登町）もその例であろう。末森城は能加国境の要衝に位置し、さらに加越国境を繋ぐ脇道が直接城内に入っており、三州要の城郭として評価すべきである。このように考えれば、能登畠山氏の城郭として、国境を固めるために築城されたと推定することも可能であろう。

第二に注目したいのは、若宮丸Dは主要曲輪群とは違った役割を果たしていたと考えられるこ

とである。また若宮丸D及び若宮E周辺は、主要曲輪群と違い、軍事施設があまり設けられていない。その反面大小様々な平坦面が存在する。若宮（若宮）という地名から、若宮丸Dには宗教施設、若宮Eの西側の大小様々な平坦面には僧坊が存在していたという推定も可能であろう。守護・守護代の拠点城郭には宗教施設が存在していたと考えられ、七尾城には寺屋敷・安寧寺、一乗谷城（福井県）には赤淵神社・観音屋敷という地名が残っている。七尾城の重要支城と推定される末森城に宗教施設が存在しても、何等不自然さはなかろう。

　第三に注目したいのは、主要曲輪群、特に本丸A周囲に設けられた切岸及び切岸直下の腰曲輪である。本丸Aの西側に高さ約 10 ｍの切岸を巡らし、その直下には必然的に生じた腰曲輪を設けている。所々に自然地形や段が残っているので通行性は悪い。東側にも切岸を巡らし、その直下には腰曲輪も残るが、こちらは通路として整備したので、通行性は良い。

　主要曲輪の周囲に切岸を巡らせ、その直下を腰曲輪として使用している事例として、三日城（宝達志水町荻市）がある。三日城と末森城は 2.8 kmしか離れておらず、両城の共通性を指摘することができる。三日城から末森城にかけての一帯は、弘治の内乱（弘治元年＝ 1555 〜永禄２年＝ 1559）において、主戦場の一つとなっている。仮にに三日城が弘治の内乱の時に築城されたのなら、末森城もこのとき主要曲輪周辺を改修したことが推定できよう。

　第四に注目したいのは、①〜⑧地点までの計画的に設定された通路である。通路を設けて攻撃の焦点を絞り、敵軍の行動自由を奪うことに成功しているのに、一部敵軍に行動の自由を与えてしまうミスを犯している。これは技術力が不足しているのではなく、通路を設定する以前から古い時代の遺構が存在しており、古い時代の遺構から様々な制約を受けてしまい、一連の完全な通路にできなかったと解釈できよう。つまり通路の方が新しい遺構と言えるのである。

　計画された通路の設定は、織豊系城郭に良く見られる遺構であり、①から⑧までの通路設定も織豊系武将によって構築されたと推定できる。同事例として、天正 12 年頃佐々成政が大改修した加越国境城郭（一乗寺城・松根城・加賀荒山城）や、天正 13 年頃前田利家が大改修した白鳥城が挙げられる。従って①〜⑧の通路設定は、天正９年以降における利家の改修と推定することができ、天正 12 年成政との抗争にあたり、利家が改修したとする説が最有力候補といえる。ちなみに『報告書』では二の丸Bを後方の堀切を欠いた馬出と評価して、天正 10 年前後の築造としている。しかし前述のように二の丸Bを馬出とすることについては賛同できず（馬出の性能を持っていたことについては賛同する）、従って二の丸Bを天正10年前後に織豊政権が築造することについても賛同できない。二の丸B程度の縄張りであれば、越中国内で上杉氏が構築しており（松倉城・升方城・大道城・富崎城・中村山城）、天正５〜６年に上杉氏が構築した可能性も十分考えられるからである。

　通路設定はしているものの、枡形虎口は全く存在せず、横堀や塁線土塁・櫓台といった織豊系城郭に多い防御施設はほとんど見られない。前述の一乗寺城・松根城・加賀荒山城・白鳥城では多数使用されているにもかかわらずに、である。このような状況では、松根城・白鳥城が大改修とすれば、末森城は小規模な改修と言わざるをない。

　天正 12 〜 13 年にかけて成政は利家と抗争するにあたり、加越及び能越国境の城郭を改修している。前述の加越国境城郭は大改修しているのに、なぜか能越国境城郭（能登荒山・勝山城）はほとんど改修していない。これに合わせるかのように、利家も能越国境城郭（石動山城・能登荒山・勝山城。能登荒山城と勝山城は佐々軍が撤退後、前田氏が使用）もほとんど改修していない。つまり能越国境付近は、軍事的に城郭を大改修する必要性が無かったのであり、従って末森城も必要最小限の改修に止まったと考えられるのである。たからこそ成政は末森城を急襲したのであり、松根城クラスに大改修されていたら、別の城郭を狙っていたかもしれない。

（２）小結

a）若宮丸Dのように独立色の強い曲輪が存在する城郭は、守護・守護代の拠点クラスに多く見られる。さらに加越国境を繋ぐ脇道が直接城内に入っている。このように考えれば、能登畠山氏の城郭として、国境を固めるために築城されたと推定することも可能であろう。

b）若宮丸Dは主要曲輪群とは違った役割を果たしていたと考えられる。若宮丸Dには宗教施設、若宮Eの西側の大小様々な平坦面には僧坊が存在していたという推定も可能であろう。守護

・守護代の拠点城郭には宗教施設が存在していたと考えられるため、末森城にも宗教施設が存在していたとしても、何等不自然さはない。
c) 主要曲輪群、特に本丸A周囲に設けられた切岸及び切岸直下の腰曲輪は、三日城（宝達志水町荻市）にも見られる。三日城から末森城にかけての一帯は、弘治の内乱（弘治元年＝1555～永禄2年＝1559）において、主戦場の一つとなっている。仮にに三日城が弘治の内乱の時に築城されたのなら、末森城もこのとき主要曲輪周辺を改修したことが推定できよう。
d) ①～⑧地点までの計画的に設定された通路は、一部未熟部分も存在するが、天正9年以降における前田利家の改修と推定することができ、天正12年成政との抗争にあたり、利家が改修したとする説が最有力候補といえる。しかし加越国境城郭や白鳥城と比較すると改修度は格段に低い。だからこそ成政は末森城を急襲したのであり、松根城クラスに大改修されていたら、別の城郭を狙っていたかもしれない。

３．発掘調査

　末森城跡調査団により、昭和61～63年にかけて発掘調査が実施された（『末森城跡発掘調査報告書』1989 押水町教育委員会）。遺物の大半は若宮丸Dから出土している。遺物は15世紀後半から16世紀中頃のもので、土師質土器・越前・珠洲・瀬戸焼・瓦質土器・青磁・白磁・染付け・珠洲窯製品・銅銭・鉛弾丸・碁石・砥石・銅製装飾金具が出土した。当時は高級品であった中国磁州窯渡来品（翡翠釉白磁鉄絵文瓶）も出土している。質・量ともに豊富な日常雑器から高級品まで出土し、山上で居住していたことを推定させる。また翡翠釉白磁鉄絵文瓶の出土は若宮丸の性格を推定する上で重要な遺物となった。銅製装飾金具も若宮丸から出土しており、ワカミヤマルという名称から、宗教施設が存在していた可能性を指摘することができよう。

　豊富な遺物ながら土師器皿の組成率は低く、宴の回数が少なかったこと推定されている。これは居住ではなく、宗教施設のみ存在していたことを表しているのではなかろうか。しかし遺物の下限は16世紀中頃であり、もし若宮丸Dに宗教施設が存在していたとしても、佐々・前田抗争期の16世紀末には廃絶していたことになる。

　本丸からはピンポール調査で礎石と推定される石を数十個確認された。規模等は不明だが、礎石建物が存在することが判明した。また若宮丸では掘立建物は確認できたが、礎石建物は確認できなかった。本丸と若宮丸の上下関係を指摘することができそうである。

　若宮丸からは掘立柱建物が2棟検出され、内1棟は柱間4.5～6mを測る大型のものである。またこの掘立柱建物は16世紀後半において数回火災に遭ったことも判明し、出土遺物の中にも二次的な加熱を受けたものも認められた。天正5年の上杉謙信、そして天正12年の佐々成政による攻城の際の炎上を物語っているのであろう。

４．まとめ

（１）加能国境を固めるため、能登畠山氏により16世紀初期に築かれた可能性を指摘できる。しかし出土遺物に15世紀後半のものが含まれているので、城郭に先行する施設が存在していた可能性がある。

（２）加越能三州要の位置にあるため、16世紀後半は、上杉・前田・佐々三氏による争奪戦が繰り広げられる。遺構的には、織豊系武将による改修が認められる。天正14年頃廃城になったと考えられる。

（３）若宮丸からは豊富な遺物が出土し、山上での居住の可能性を指摘することができ、さらに宗教施設の存在の可能性も指摘することができる。しかし遺物の下限は16世紀中頃なので、16世紀末の上杉・前田・佐々氏による争奪戦のときに宗教施設は廃絶していたかもしれない。

以上

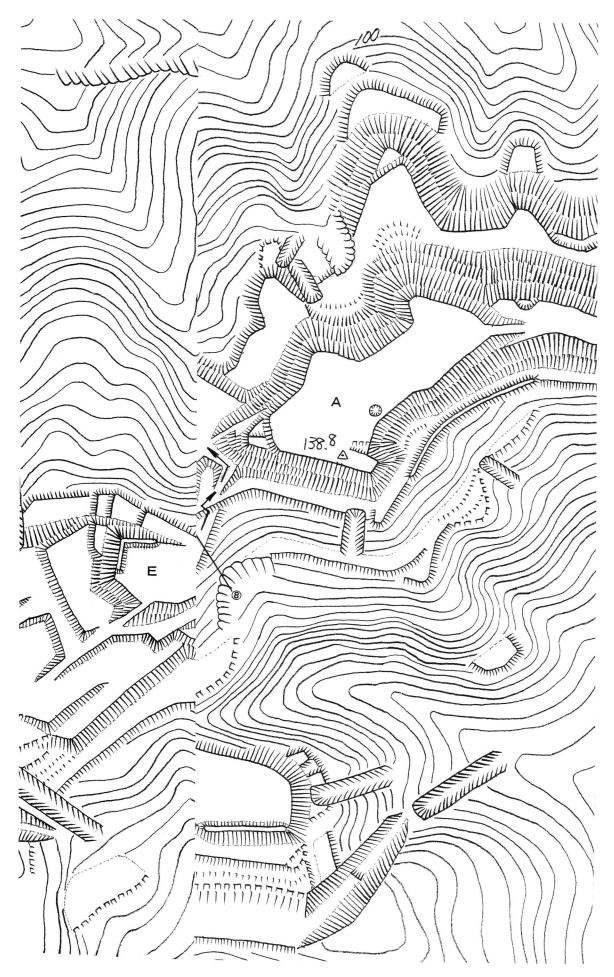

93. 国 田 城 (くにだじょう)

①宝達志水町菅原　②−　③16世紀　④16世紀　⑤16世紀　⑥国田氏　⑦山城
⑧削平地・切岸・堀切　⑨100m×25m　⑩標高77.1m　比高60m　⑪44

　前田利家の家臣国田氏が在城していたと伝えている。氷見方面から臼ヶ峰を越えて邑知平野に達する街道と、羽咋街道が交差する交通の要衝でもある。菅原集落の背後に位置し、集落を見下ろせる。

　遺構は単純かつ小規模で、菅原集落で標高の一番高い山頂部を鋭く加工して望楼とし、前後を三本の堀切で遮断している。当城は標高の低い菅原館では見えなかった部分を当城で補う目的、すなわち菅原館の物見台という性格を持っていたとも考えられる。

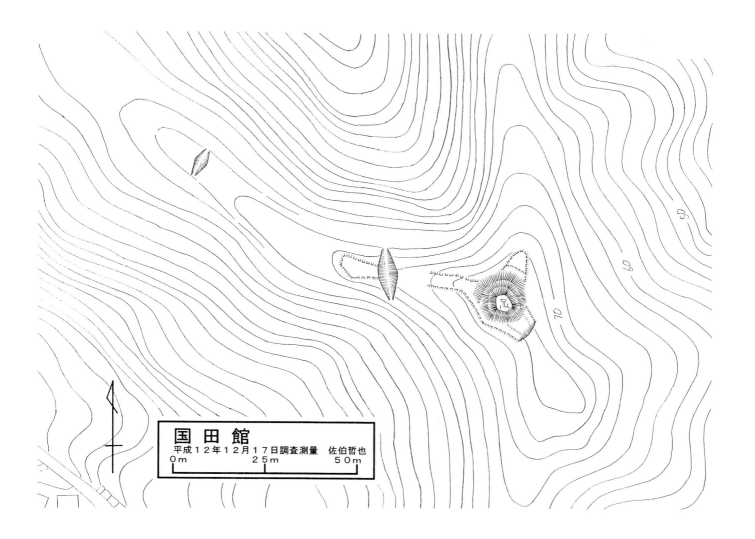

94. 坪山砦 (つぼやまとりで)

①宝達志水町坪山　②坪井山砦　③永禄10年？　④16世紀末　⑤天正12年？　⑥畠山氏・佐々成政　⑦山城　⑧削平地・切岸・堀切・横堀・土塁・竪堀　⑨210m×90m
⑩標高54.1m、比高20m　⑪46

　天正12年(1584)佐々成政が末森城を攻めるにあたり、本陣を置いた砦として有名である。しかし砦そのものは、それ以前から存在していた。
　永禄9年(1566)能登守護畠山義綱は父義続とともに能登から追放され、七尾城方は義綱の子義慶を擁立して政権を樹立させた。その七尾城方が、加賀方面からの義綱軍の反撃に備えるために築城したのが坪山砦である（七尾市史七尾城編第3章194）。しかし翌永禄11年5月に義綱方の三宅彦次郎が加賀から進攻し、坪山砦の奪取に成功する。
　その後しばらく空白期間があり、前述の通り天正12年9月佐々成政が末森城を攻めるにあたり、本陣を置いている。しかし成政の在陣は9月9日～11日までのわずか3日間にすぎない（七尾市史武士編第1章219）。現存遺構が成政によるものなのか、検討の余地が残る。
　成政越中撤退後、使用された形跡はない。成政撤退をもって廃城になったと考えられよう。
　主郭はA曲輪。平坦面の削平は甘く、傾斜が多く残っている。自然地形をそのまま使用したのであろう。中央部付近に土塁や段差遺構が残るが、どのような性格の遺構なのか不明。主郭Aの周囲に、横堀と塁線土塁がセットになった防御ラインが設けられている。土塁は約半分ぐらいしか設けられていないが、切岸はほぼ全周しており、防御ラインとしては完成している。東側には虎口①が開口している。前面は堀切で尾根続きを遮断し、両サイドに櫓台を設けているが、基本的に平虎口である。北側櫓台から下部の横堀に土塁を伸ばし、横堀に栓をしている。竪堀を越えて敵軍が横堀内を移動するのを防止したのであろう。
　②地点は虎口だったと考えられるが、構築途中だったのか、どのような虎口なのかよくわからない。折れ曲がっていることから、内枡形虎口に仕上げるつもりだったのであろうか。
　平坦面③は、後方を両竪堀で遮断しているため、馬出曲輪と評価できる。こちらも構築途中だったのか、後方遮断の竪堀は完成しているが、平坦面には自然地形が残っており、構築途中だったことを推定させる。
　切岸④は尾根の全幅を遮断した総構ともいうべき防御ライン。尾根の端に土塁通路⑤を設け、関所のような建物が存在していたと推定される⑥地点を通って切岸内に入ったと思われる。二ヶ所に横矢折れを設けて防御力を増強している。完成された防御ラインである。
　以上が坪山砦の縄張りである。所々未完成箇所が残っていることが幸いして、構築していた順番が判明する。まず主郭周囲の切岸や両竪堀・総構が完成しているため、防御ラインを一番最初に構築していることが判明する。その次に虎口に着手し、全く加工していない平坦面は最後に施工する予定だったと考えられる。
　それでは現存する遺構は何時の時代のものであろうか。明確な虎口、単純ながらも馬出曲輪の存在、総構の構築は、天正11年に構築された賤ヶ嶽合戦城郭群の縄張りと酷似しており、やはり天正12年佐々成政によって構築されたと考えてよい。しかし主郭の周囲に切岸を巡らした三日城が弘治の内乱のときに構築されていることを考慮すれば、永禄10年の使用時は、切岸を巡らした主郭と尾根の前後を遮断した堀切・両竪堀を構築したとも考えられよう。
　平成17年11月～18年3月にかけて末森城等城館跡群調査委員会により発掘調査が実施された（『末森城等城館群発掘調査報告書』(2007宝達志水町教育委員会)。主郭の周囲を巡る横堀に、南北各1本のトレンチを入れた。その結果、横堀は幅3.5m、深さ2～2.5mということが判明した。現状の横堀は一部途切れている箇所も存在するが、かつては全周に巡っていたのであろう。主郭Aの頂部にもトレンチを入れたが、やはり凹凸面が検出され、築城当初から曲輪は平坦に加工されていなかったことが判明した。
　遺物は8～9世紀の須恵器が出土したが、16世紀代の遺物は出土しなかった。

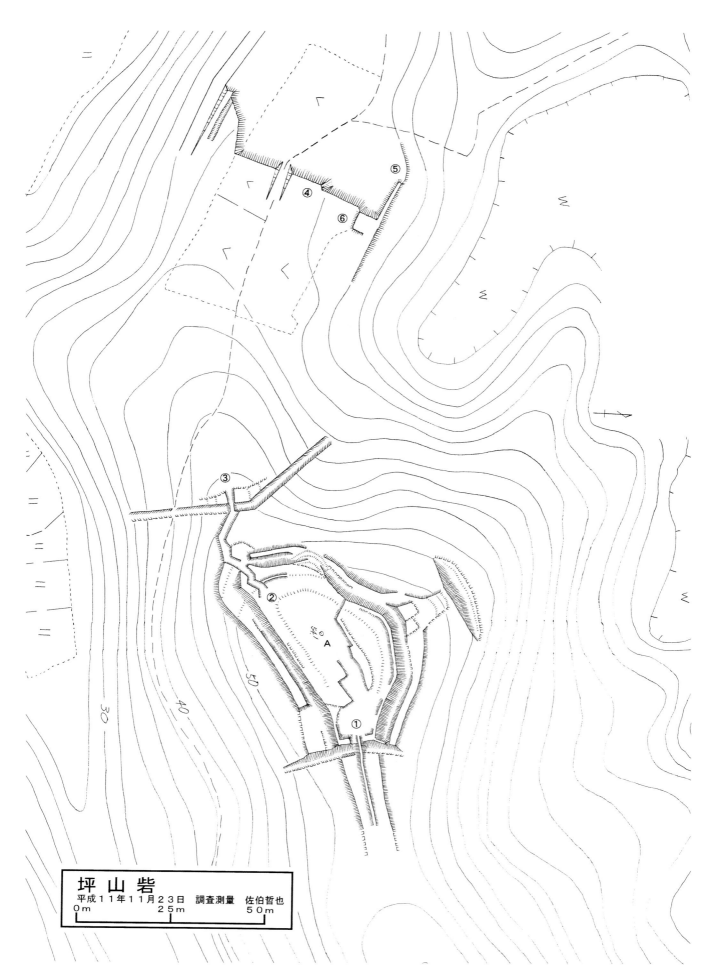

坪山砦
平成11年11月23日 調査測量 佐伯哲也

95. 御舘館 (おたちやかた)

①宝達志水町御舘　②－　③14世紀後半　④16世紀後半　⑤16世紀末　⑥岡部六弥太？
⑦平城　⑧削平地・切岸・横堀・土塁　⑨210m×90m　⑩標高54.1m、比高20m　⑪46

　平城でありながら、主要曲輪群の遺構をほぼ完存している貴重な城郭である。これほど明瞭な遺構を残しておきながら城主等の事跡は希薄である。江戸期の地歴書には岡部六弥太、順徳上皇の館跡としているが、いずれも確証は無い。発掘調査では遺物の時期に、14世紀後半～15世紀前半及び16世紀第3四半期にピークがあった。14世紀後半～15世紀前半では能登守護吉見氏、16世紀中～後半では反七尾方畠山氏・「免田村」を領した三宅氏・羽咋郡領主土肥氏、16世紀末では押水内に一万俵で召抱えられた不破源六広綱を城主の候補とすることが可能であろう。

　かつて地表面観察では、A・B・C曲輪しか確認できなかったが、発掘調査によりD・E・F曲輪が確認された。なお発掘調査で確認された堀跡は点線で示した。城跡は杓田川に面した台地の縁辺部に築かれている。南縁の崖の高さは最高所で13mもあり、敵軍の攻撃を遮断するには十分な高さである。従って南側からの敵軍の進攻の可能性はほとんど考えられず、この結果、南側のみ主郭Aを保護する従郭は存在しない。

　主郭はほぼ中央に位置するA曲輪。ほぼ80m四方の正方形をしている。堀幅を入れれば方一町（100m四方）となり、正規の武士の館を推定させる。①地点に大型の櫓台を設けている。前田氏の拠点平城（松任城＝天正11年、大堬城＝天正13年）の多くは、主郭の隅部に大型の櫓台を設けており、現存遺構の構築者・構築年代を推定する一つの指標となる。塁線土塁は東・北側で確認できるが、西側には存在していなかったことが発掘調査で確認されている。塁線土塁や櫓台①も、現在は微高地でしかないが、これは耕作により削られた結果と推定される。かつてはB曲輪土塁のように高かったのであろう。ちなみに櫓台①はワワミヤ（若宮？）と呼ばれ、明治頃まで神社があったとされている。

　C曲輪→B曲輪→主郭Aに入るルートは詳細図のように推定される。C曲輪からB曲輪には木橋を掛け、このとき②地点から横矢が効いている。さらにもう一度木橋を渡ってB曲輪に入るが、このとき③地点から横矢が効いている。B曲輪から主郭Aに入るときは、二度屈曲して入るが、このとき④地点から横矢が効いている。計画的な通路の設定と評価できよう。現在主郭Aに入るルートはこのルートしか確認できず、ここが大手と推定されよう。

　主郭Aの周囲に内堀、その外側にB曲輪、さらにその外側に外堀が巡り、この部分だけを見れば典型的な輪郭式の城郭である。主郭Aの東・北・西側には二重の堀と外曲輪が巡り、主郭を保護するには十分な縄張りと推定される。C曲輪の堀⑤の外側には街道が通っていたと推定され、C曲輪は街道から進攻してくる敵軍に備えるための曲輪と推定される。しかしD・E・F曲輪の役割について、うまく説明できない。B曲輪とは単純な平虎口で連結していたと推定されるから、利家改修以前の縄張りと推定される。D・E・F曲輪は一直線に並び、また主郭Aを保護する縄張りになっているため、有力家臣団の屋敷地という仮説も成り立とう。

　以上御舘館の縄張りを説明した。一部不明箇所も存在するが、櫓台①やC曲輪から主郭Aまでの計画的な通路は、天正年間における織豊系城郭の特徴を表している。16世紀第3四半期から若干外れるが、前田利家による改修を指摘することができよう。

　平成7～12年にかけて押水町教育委員会が発掘調査を実施した（『御舘館跡』2002 押水町教育委員会）。発掘の結果、土師器皿・瓦質土器・珠洲焼・越前焼・瀬戸・美濃焼・信楽焼・備前焼・青磁・白磁・青白磁・染付け・木杭・鉄釘・刀子・銅銭が出土した。その中でも土師器皿の占める割合が92.4％と非常に高かった。遺物の時期に、14世紀後半～15世紀前半及び16世紀第3四半期の二つのピークがあることも判明した。

　建物は礎石建物は検出されず、全て掘立柱建物だった。現存の堀の深さは1～2mしかないが、かつては幅が7～15m、深さは3～6mもあったことが判明した。天然の要害がほとんど期待できないため、堀を巨大化させることにより、敵軍の攻撃を遮断したのであろう。

Ⅱ．城館関連遺構

96. 七尾城小池川原丸山支群（ななおじょうこいけかわらまるやましぐん）

①七尾市小池川原町　②－　③１６世紀　④１６世紀　⑤１６世　⑥畠山・上杉氏・前田氏
⑦－　⑧削平地・切岸・土塁　⑨190m×60m　⑩標高 81.8m、比高 20m　⑪35

　小池川原町の集落を見下ろす尾根の突端に位置する。集落との比高もわずか 20 mぐらいしかなく、この場合、敵軍攻撃を受けやすい尾根の前後に堀切等の遮断線を設けるのだが、何故かそうしてない。南端には切岸①を設けているが、遮断線としての効果は発揮しそうにない。深くて鋭角な堀切にできたはずなのに、あえてそうしていないのである。もっと別な目的、例えば区画線、宗教施設としての結界施設等々を考える必要がある。

　一方、北端は集落から上がってくる通路を設け、出入口②を設けている。屈曲して入る構造になっているが、幅が広すぎて城郭としての虎口とは思われない。

　上部から、A・B・C・D・Eの平坦面が並ぶ。どれもきちんと削平された平坦面を持ち、恒久的な建物の存在が推定できる。またどの平坦面にも直進できる出入口を持つ。防御施設として加工された痕跡は見当たらず、逆に入りやすくするためにスロープ状に加工している。また塁線土塁は、平坦面Bはほぼ全周を巡っているが、他の平坦面は一部にしか設けていない。

　このような構造から、当支群は城郭とは考えられず、生活を主体とした施設、具体的には武家屋敷あるいは宗教遺跡と考えた方が良さそうである。最上段に位置する平坦面Aが奥の院、平坦面Bが本堂、平坦面Cが子坊、平坦面Dの窪地は池跡と考え、山岳寺院の可能性も指摘できる。本堂跡の平坦面Bのみ土塁を巡らしているのも、これで納得できる。平坦面Bの北側の土塁が高いのは、風除けのためと考えられる。残念ながら当支群から時代は特定できず、城下町が存在していた 16 世紀に当遺構も存在していた推定した。

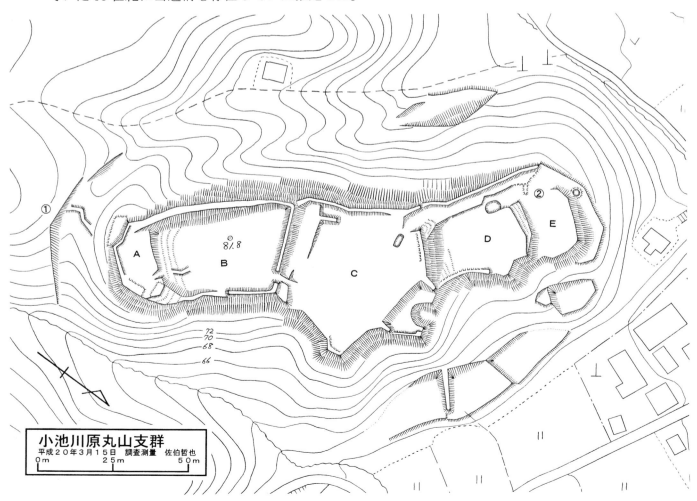

97. 七尾城古城新薮南支群（ななおじょうこじょうしんやぶみなみしぐん）

①七尾市新薮　②－　③16世紀　④16世紀　⑤16世　⑥畠山・上杉氏　⑦－
⑧削平地・切岸・土塁　⑨260m×110m　⑩標高118m、比高30m　⑪35

　総構え内のほぼ中央に位置する。しかも大手道を挟んで守護館の反対側に位置し、しかも守護館を見下ろす高台に構えられている。

　広々とした、しかもきちんと削平された平坦面が規則正しく並べられており、しっかりした建物群の存在が推定できる。平坦面Aが最大の広さ（100m×40m）を誇り、中心的な存在となっている。竪穴①は井戸跡と考えられ、14m×12mもあるため、多数の城兵の飲料水を賄うことができる。平坦面A直下には、ほぼ同じ大きさのB・C・Dの平坦面が規則正しく並んでおり、平坦面Aからの従属性が感じられる。各平坦面の周囲に塁線土塁は存在せず、また区画用の土塁・溝も存在しない。つまり区画する必要性が無かったことを物語っており、単独の武将による遺構の可能性も指摘できる。本支群は守護館を見下ろしているものの、出入口は守護館の方を向いており、守護館との親密性も感じられる。

　出入口はほぼ直進して入る構造となっており、防御性は確認できない。また敵軍の攻撃を遮断するような堀切も存在しない。これにより本支群は城郭遺構ではないと考えられる。居住の利便性が図られていることから、屋敷地あるいは宗教施設と考えてほぼ間違いないであろう。

　平坦面Aを中心にまとまっていることから、複数の性格を持った遺構の集合体とは考えられない。さらに守護館を見下ろしていることから、相当有力な遺構と思われる。このようなことを考慮すれば、畠山氏の私的な居館、あるいは畠山氏の菩提寺、という考え方も可能である。平坦面Aが畠山氏の居住区域、B・C・Dが郎党・使用人の居住区域と推定することも可能であろう。

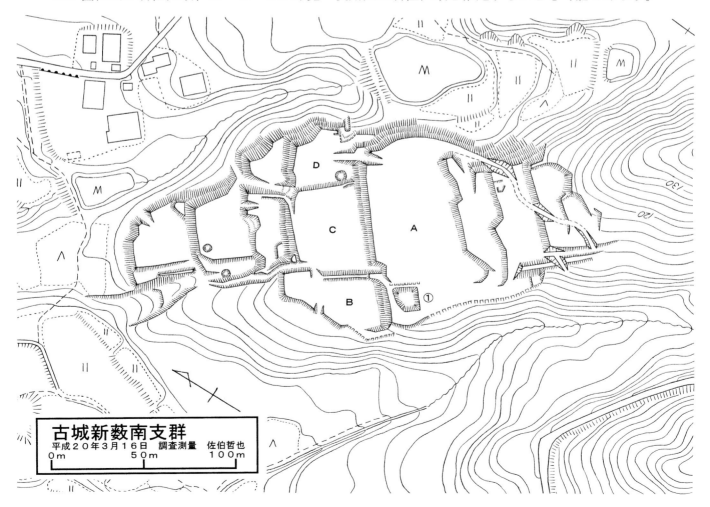

98. 七尾城妙国寺伝承地（ななおじょうみょうこくじでんしょうち）

①七尾市木落谷　②－　③１６世紀　④１６世紀　⑤１６世　⑥畠山・上杉氏　⑦－
⑧削平地・切岸・土塁　⑨130m×40m　⑩標高130m、比高40m　⑪35

　守護館の後方に位置し、大手道が尾根に取り付く入口に位置する。伝承では妙国寺という寺が存在していたという。
　尾根の先端に位置しており、尾根を攻め下ってくる敵軍の攻撃を遮断しなければならないのに、堀切等の遮断設備を設けていない。このような構造ならば、簡単に敵軍の侵入を許してしまい、また敵軍に城内を見下ろされてしまう。城郭としては致命的な欠点であり、本遺構が城郭でないことを物語っている。
　A・B・Cの平坦面が階段状に並んでいる。平坦面Cが最も広く、塁線土塁も巡らしている。しかし上部の平坦面から攻め下ってきた敵軍に対する防御性は全く感じられない。平坦面Bには井戸跡と思われる窪地も残っていることから、A・B・Cの平坦面は伝承通り妙国寺としての平坦面なのであろう。
　平坦面Dは、A・B・Cの平坦面群と少し離れた場所に存在する。大手道と接していることから、大手道を往来する武士達をチェックする関所のような機関が存在していたのかもしれない。

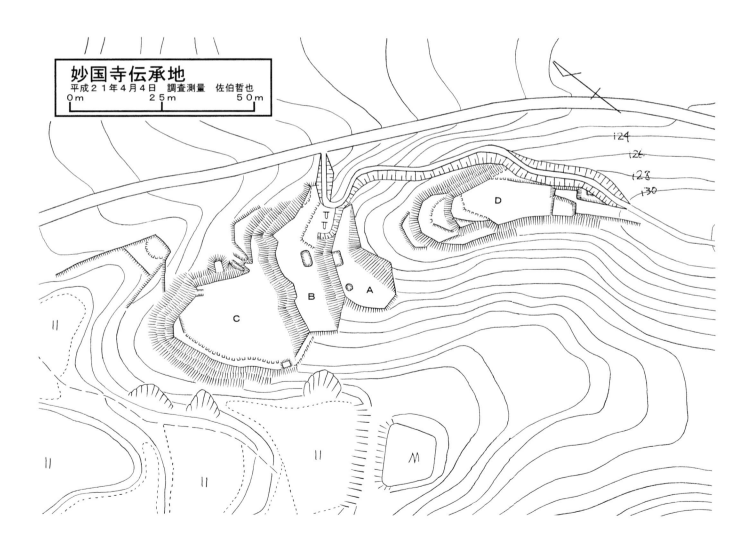

99. 七尾城蔵屋敷（ななおじょうくらやしき）

①七尾市木落谷　②－　③１６世紀　④１６世紀　⑤１６世　⑥畠山・上杉氏　⑦－
⑧削平地・切岸・土塁　⑨350m×130m　⑩標高120m、比高30m　⑪35

　守護館の後方に位置し、脇に大手道が通っている。土塁や堀切等の防御施設が存在しないことから、城郭施設でないこと考えられる。広々とした平坦面が階段状に設けらりいることから、居住施設とも考えられるが、居住に必要不可欠な井戸跡も存在しない。このことから、伝承通り七尾城の蔵屋敷が存在していた可能性を指摘することができよう。

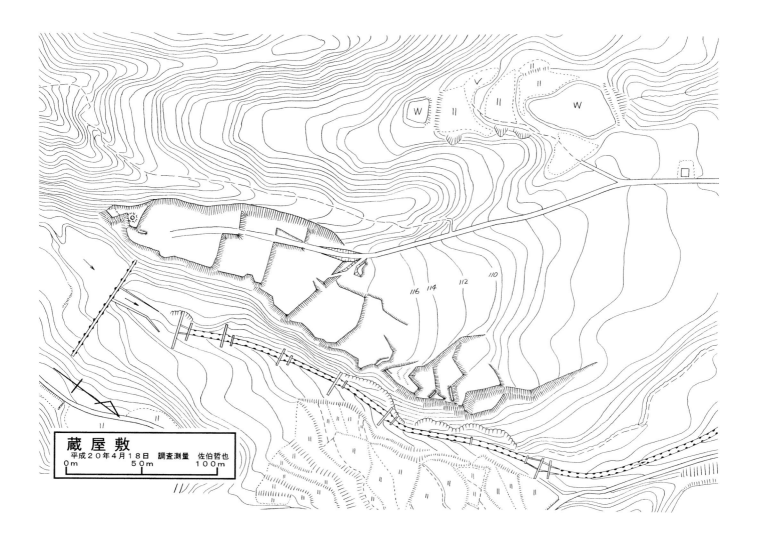

100. 七尾城矢田鉄砲山遺構（ななおじょうやだてっぽうやまいこう）

①七尾市矢田町　②－　③１６世紀　④１６世紀　⑤１６世紀　⑥畠山・上杉氏　⑦－
⑧削平地・切岸・土塁・竪堀　⑨160m×40m　⑩標高116m、比高30m　⑪35

　総構えの外側に位置している。純然たる居住施設でない証拠に、①地点に竪堀を設けて尾根続きから進攻してくる敵軍の攻撃を阻止している。尾根の先端には、人工的な加工の痕跡が残っているのだが、不明瞭すぎて、どのような縄張りにするつもりだったのか不明。
　平坦面Aは、きちんと削平され、広々とした平坦面で、しっかりした建物の存在が推定される。窪地②は井戸跡と考えられ、平坦面の利便性を考えて隅角の方に設けている。土塁や堀切等の防御施設を設けておらず、平坦面Aは居住空間と考えて良い。
　平坦面Aの後方に、平坦面Bを設けている。平坦面Aほどきちんと削平されていないが、それでも広々とした平坦面を持つ。ただし、出入口③は小平坦面を設けて通りにくくしており、単なる居住施設の出入口でないことが判明する。
　本遺構の最大の弱点は背後の尾根続きで、この尾根からは平坦面の内部が丸見えとなり、敵軍が攻め下ってきてしまう。そうならないために、平坦面Bの背後に横堀等を設けて敵軍の攻撃を遮断しなければならないのに、防御施設を設けておらず、無防備状態となっている。本遺構が基本的に城郭遺構でないことを物語っている。
　城郭遺構ではないものの、尾根続きに竪堀を設けており、防御施設としての一面も併せ持つ。武士の居住施設に必要最小限の防御施設を設けたと考えられよう。

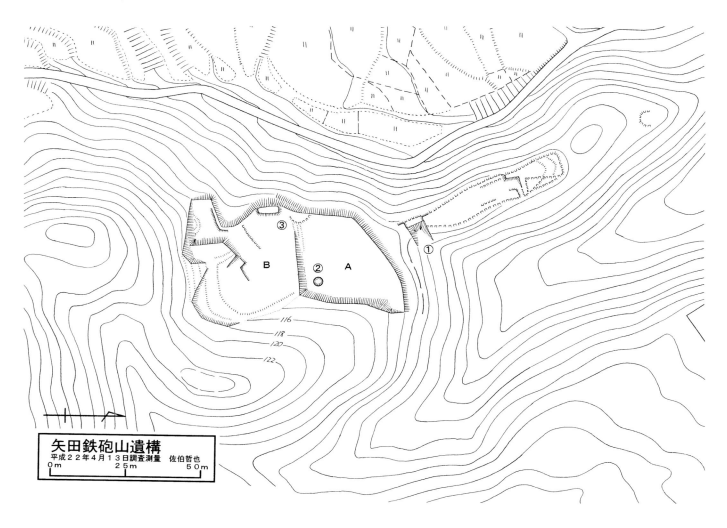

矢田鉄砲山遺構
平成22年4月13日調査測量　佐伯哲也

Ⅲ. 城館候補遺構

101. 皆 月 城 （みなづきじょう）

①輪島市皆月　②－　③16世紀　④16世紀　⑤16世紀　⑥奥平氏　⑦山城
⑧削平地・切岸・堀切　⑨100m×30m　⑩標高156.6m、比高70m　⑪18

　『能登志徴』によれば、城主は奥平氏と記述している。奥平氏については一切不明。現在城跡とされる一帯は「城ヶ腰」と呼ばれているが、全て畑地となり遺構は残っていない。そこで、城ヶ腰の北側の尾根を調査してみたところ、下図のような遺構を発見したので、下図遺構を皆月城とした。ちなみに下図遺構一帯に城跡という伝承は残っていない。
　尾根の頂部に不明瞭なA曲輪を置き、これが主郭と考えられる。尾根続きを堀切①・切岸②で遮断しており、一応城郭としての条件を兼ね備えている。一応下図遺構が皆月城の可能性があるので、候補遺構として掲載しておく。

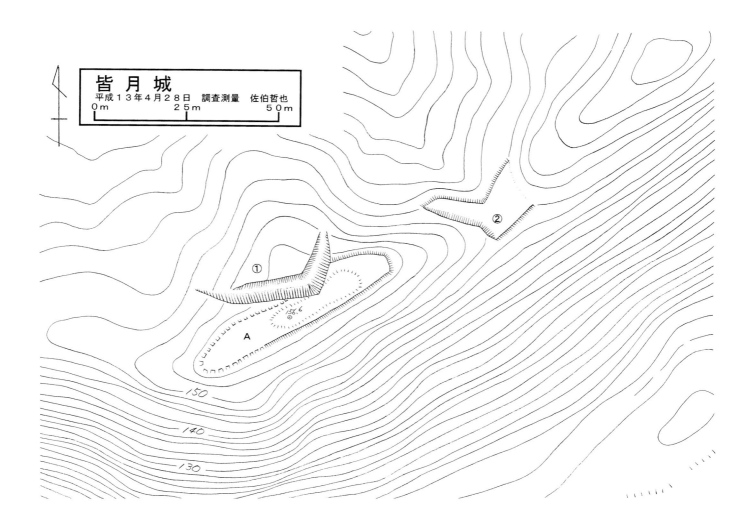

102. 館 山 砦 (たちやまとりで)

①輪島市館　②−　③16世紀　④16世紀　⑤16世紀　⑥畠山氏？　⑦山城
⑧竪堀　⑨30m×15m　⑩標高64m、比高30m　⑪19

　400m離れた東側に鶴山砦があり、そこの城主を畠山氏と推定したので、館山砦の城主も畠山氏と推定した。伝承及び古記録は一切残っていない。
　台地状から尾根状に地形が変化する箇所に竪堀を設けて、尾根上を通りにくくしている。本来ならば竪堀の南側に曲輪を設けるのだが、耕作地となっており、遺構は確認できない。つまり現段階で確認できる遺構は竪堀だけとなり、これだけで城郭と断定するわけにはいかず、とりあえず候補遺構とさせていただいた。気になるのは竪堀北側に設けられた集石遺構で、宗教遺構の可能性がある。総持寺が600mの至近距離に位置していることから、集石遺構や竪堀は結界（境界線）としての可能性も含めて総合的に議論すべきと思われる。

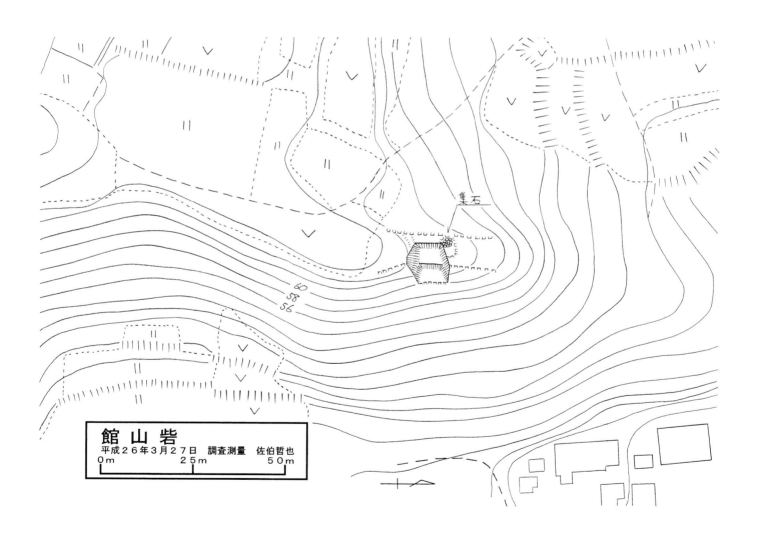

103. 神和住城（かみわずみじょう）

①鳳珠郡能登町神和住　②－　③１６世紀　④１６世紀　⑤１６世紀　⑥－　⑦山城
⑧削平地・切岸・土塁・横堀・井戸　⑨140m×130m　⑩標高185m、比高30m　⑪10

　『能登志徴』には「能登誌に、城跡あり、城主等の事不知。故墟考には此城跡を載せず。文化十二年城跡書上帳にもなし。同十四年郡方書上帳に、神和住村に古城有し儀承伝不申とあり。此時代に至り邑人の承伝絶えたるにや」とある。また『鳳至郡誌』には「字神和住」に城址あり。里伝明らかならざるといえども、残塁今尚存するものあり」とある。詳細は不明だが、城跡があったことを述べている。
　しかし『柳田の集落誌』（1977 柳田村）には「神和住城について、ある動機から、戦後２０余年間にわたり、城址伝承地の中山一帯を残るくまなく踏査している神和住の山下次郎氏も残塁の所在は全く知らず、特に城址に直結する構造物の存在を知る人は一人もいないが、残塁をとりこわして田地の石垣に移築したとの話も耳にするが、この石垣が城址から移したものであるとの指摘も全くない。郡誌の「残塁今尚存するものあり」とした頃には実在したものであろうか。それも不明であるが、城址伝承地には特に石塁を設けたと見られる場所もない」と述べており、いささか否定ぎみである。
　城跡一帯は「ヤシキアト」と呼ばれている。尾根続きは横堀①で遮断している。しかし最高所のＡ地点は本来なら主郭として曲輪を設置しなければならないのに、何故か全くの自然地形である。Ａ地点は広々としたなだらかな地形であり、敵軍が大部隊で駐屯するには最適の場所である。横堀①も幅４ｍしかなく、強力な遮断線とは言い難い。横堀①を突破した敵軍は大挙Ａ地点に進撃し、簡単にＢ地点を攻略してしまったに違いない。つまり神和住城にとってＡ地点は最大の弱点であると同時に、最重要地点なのである。本来なら敵軍に占拠されないために横堀等を完全に巡らした曲輪を設置しなければならないのに、全くそのような形跡は確認できない。神和住城が城郭遺構と断定できない最大の理由はここにある。横堀①も城郭遺構ではなく、猪垣だった可能性も否定できない。もし猪垣だとしたら、城郭の可能性はほとんどなくなる。
　反対側の尾根続きである②にも、堀切等の遮断施設は確認できない。神和住城付近の地形は、南東斜面は比較的急峻だが、あとはなだらかな地形が広がっている。つまり尾根続きから進攻してくる敵軍の攻撃をいかに遮断するか、これが最大の課題と言える。従って②地点のように遮断施設を設けず、尾根続きを放置しているのは致命的な欠陥と言えよう。
　神和住城の場合、敵軍の進攻が最も予想されるのは、尾根続きである。しかしＡ地点や②地点のように、敵軍の攻撃を遮断する防御施設を設けていないのは、やはり城郭施設として致命的欠陥と言える。なるほど③地点に堀切を設けて山麓からの攻撃を遮断し、Ｃ曲輪を保護している。しかし肝心の主尾根の防御はほとんど設置されていないため、敵軍は簡単にＡ地点に進攻し、簡単にＢ地点を攻略し、この結果Ｃ曲輪は背後から攻撃されてしまう結果となる。Ｃ曲輪が城郭としての曲輪というのであれば、背後（Ｂ地点との間）にも堀切が必要である。しかし何故か設けていない。これでは背後から攻撃され、簡単に陥落してしまう。やはり城郭とは言い難いのである。なお⑥地点は畝状空堀群ではなく、炭焼き窯跡と筆者は推定した。
　それでは神和住城はどのような性格の施設なのであろうか。注目したいのは④地点の水溜で、現在も水が溜まっている。また⑤地点に飲料水枡が残っており、山上にもかかわらず、湧水が豊富であることを物語っている。また神和住城は防御を主要目的として構築していない。これに対してＢ・Ｄ地点のようにきれいに削平された平坦面が確認できる。さらに⑥・⑦地点のように出入口を明確に構築している点にも注目したい。
　このような遺構から神和住城は城郭施設の可能性は低く、宗教施設の可能性が高いと考えられる。Ｂ・Ｃには神社仏閣が建っていて、水溜④はそれに用いる閼伽を汲んだ池だったと推定することも可能であろう。今後は少なくとも城郭施設として限定するのではなく、宗教施設として研究していくことも重要な課題と言えよう。

104. 陣ヶ平砦（じんがだらとりで）

①珠洲市上戸　②－　③１６世紀　④１６世紀　⑤１６世紀　⑥－　⑦山城
⑧削平地・切岸　⑨70m×50m　⑩標高51m、比高46m　⑪4

　陣ヶ平の読み方「じんがだら」については『上戸の遺跡と伝説地』（1984 上戸知ろう会）に従った。『上戸の遺跡と伝説地』によれば、「陣ヶ平の山は、阿弥陀山・春日山を隔てて飯田城山に並び、位置や頂上の状況及び陣ヶ平の名からも、昔の山城か館跡ではないかと思われる」と推定している。

　尾根頂部を削平してA曲輪とし、その周囲に切岸を巡らして敵軍が曲輪に進攻するのを防いでいる。従って一応城郭としての機能を備えている。しかし大規模な切岸を全周に巡らしているわりには、横堀や堀切といった他の防御施設は設けていない。①地点は堀切であった可能性はあるが、現状から推定して浅くて幅の広い堀切だったと考えられる。つまりほとんど防御施設としては機能しなかったと推定される。①地点の溝は、切岸を構築したときに必然的に発生した溝なのであろう。また「陣」という臨時的な施設にしては、あまりにもきれいに長方形に整形されており、違和感を感じる。逆に宗教施設であれば、基壇として長方形に整える必要があり、頂部を平坦に削平する必要もある。逆に防御施設は必要ない。

　以上のように、城郭としては不自然な点があり、城郭と断定するわけにはいかない。城郭の要素も兼ね備えているので、候補遺構としたい。宗教施設としても調査するのが、今後の重要課題といえよう。

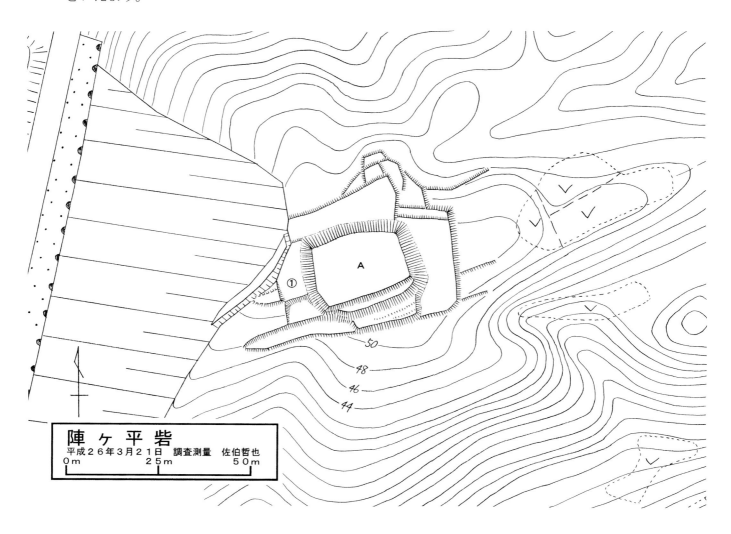

陣ヶ平砦
平成２６年３月２１日　調査測量　佐伯哲也
0m　　　25m　　　50m

105. 石動山大御前遺構（せきどうさんおおごぜんいこう）

①中能登町石動山　②－　③１６世紀　④１６世紀　⑤１６世紀　⑥－　⑦山城　⑧堀切
⑨140m×60m　⑩標高562m、比高110m　⑪38

　石動山の最高峰大御前の西方に堀切①・②・③、そして北方に堀切④を設けている。かつては大御前を含む天平寺境内を防御するために設けられた堀切と理解されてきた。しかし北及び西方は敵軍が攻めてくる可能性はほとんど無く、特に西方は急峻な地形となっており、なぜこの方面に堀切を三本も設けなければいけないのか、理解不能である。さらに堀切①は上幅20m、深さ14mもある巨大なもので、なぜこのような大堀切が必要なのか、理解できない。

　別の説として、大御前より東方に尾根を下った場所に石動山城があり、その石動山城の遮断線として構築されたという説も存在する。しかし「68．石動山城」で説明したように、かつて大御前方向に石動山城の堀切が存在しており、あえて大御前に堀切を設ける必要はなく、従ってこの説は否定したい。

　防御施設ではなく、宗教施設、つまり結界として設けた溝という説もある。結界として山頂付近に堀切を設ける事例は、少数だが存在する。しかし山頂付近に設けられた結界の事例は全て一本であり、なぜ大御前のように三本も設けなければならないのか、これも理解できない。

　どれも100％理解できるものはないが、3本も設けて完全に尾根続きを遮断しているので、天平寺境内全体を防御する防御施設として設けられたと一応理解するものとする。今後も宗教施設と両方の可能性を含めて研究すべきであろう。

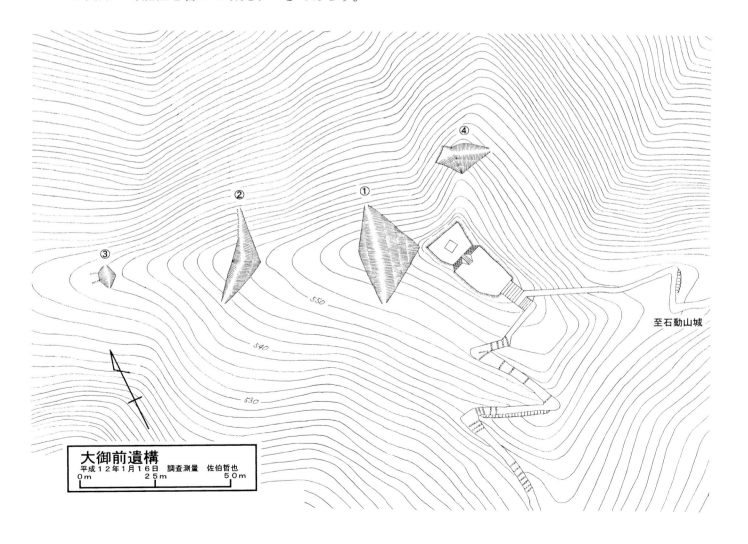

106. 石動山平沢道1砦（せきどうさんひらさわどういちとりで）

①中能登町石動山　②－　③16世紀　④16世紀　⑤16世紀　⑥－　⑦山城　⑧堀切
⑨140m×60m　⑩標高452m、比高120m　⑪38

　石動山七口の一つ、平瀬道が砦内中央やや北寄りを通っており、平沢道を強く意識した縄張りとなっている。尾根が一番細くなった部分に堀切を設けて遮断しており、これだけ見れば城郭と断定してよさそうである。しかし堀切によって守られている曲輪は、全くの自然地形であり、輪郭すら見えてこない。このような状況であれば、堀切は防御施設ではなく、土地の境界線としての溝の可能性も出てくる。

　このような状況では、城郭遺構と断定するわけにはいかない。候補遺構として、今後も議論していきたいと思う。

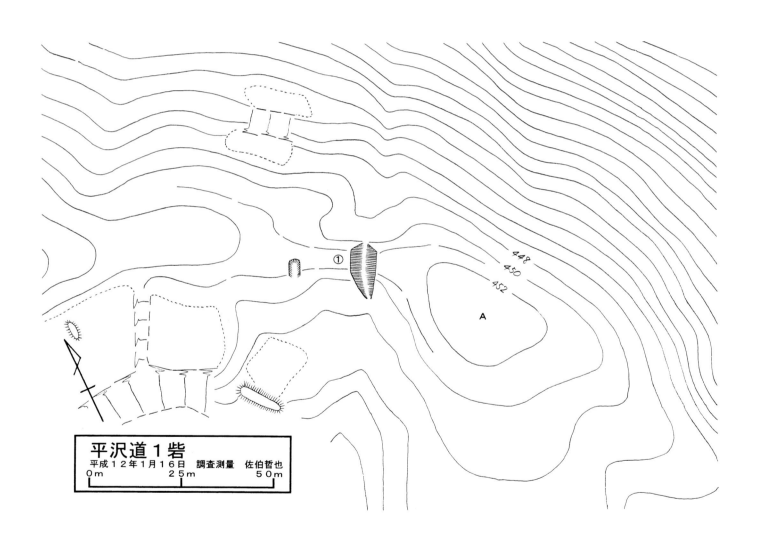

107. 三 日 東 城 (みっかひがしじょう)

①宝達志水町荻市　②－　③16世紀　④16世紀　⑤16世紀　⑥－　⑦山城
⑧堀切・削平地　⑨140m×60m　⑩標高68.2m、比高40m　⑪44

　ほとんど自然地形の曲輪2ヶ所と、堀切1本が残っている。古記録・伝承は残っていない。三日城とは同じ尾根続きで、しかも250mという至近距離で、さらに三日城から見下ろされる形になるので、三日城の支城という仮説も立てられる。さらに弘治の内乱の時、この辺りは主戦場となり、そのとき臨時的に築城されたと推定される陣城の一つという考え方も可能である。

　しかし、問題は南と東側の尾根続きである。全くの無防備であり、この方面から敵軍が進攻してくれば、山頂の主郭は簡単に敵軍に占領されてしまう。これでは城郭と断定するわけにはいかない。陣という簡易的な城郭だから必要最小限の防御施設に止めたという考え方も可能だが、ここでは結論を出さず、候補遺構として今後も議論していきたい。

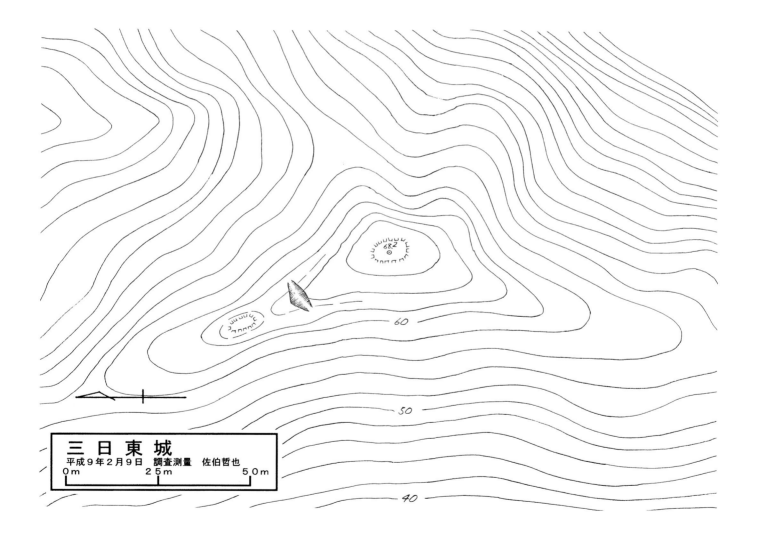

三 日 東 城
平成9年2月9日　調査測量　佐伯哲也
0m　25m　50m

Ⅳ．城館類似遺構

108. 城ヶ谷内城（じょうがやちじょう）

①輪島市百成大角間　②－　③－　④－　⑤－　⑥－　⑦－　⑧土塁・石垣
⑨50m×60m　⑩標高122m、比高－　⑪18

　通称城ヶ谷内に建つ願入寺境内に残る土塁を、城郭としての土塁とされ、これをもって願入寺境内を城ヶ谷内城跡とされている。
　『能登志徴』によれば、「能登誌に城ヶ谷内村と云に城跡あり。按ずるに、城ヶ谷内は百成大角間の枝村なり。故墟考には、此城跡を載せず。宝永・文化の書上にもなし」とあり、城ヶ谷内村に残る城跡を、願入寺境内の城ヶ谷内城跡としてきた。しかし『七浦村志』（1920　七浦小学校同窓会）には「字百成大角間城ヶ谷内の東南井守川の左岸に要害の地あり。之を城アノヅコと称す」とあり、城ヶ谷内に城あのづこ城が存在することを記載（「１３．城あのづこ城」参照）しており、「能登誌に城ヶ谷内村と云に城跡あり」が必ずしも願入寺境内の城ヶ谷内城跡を示すとは言い切れないことがわかる。
　願入寺境内に残る土塁は、北側及び東側に一部残っている。地元の古老の話によれば、東側も全面的に残っていたと言う。高さも３m余りもある大型のものである。しかし南側に土塁は存在せず、東側の幅広の谷から迂回すれば、簡単に曲輪内（境内）に突入することができる。また東側の山上から曲輪内（境内）が丸見えとなり、こちらから下ってこれば簡単に曲輪内（境内）に突入することができる。入口の石垣だが、一部落し積みとなっており、江戸中期以降に積まれたと考えられる。
　以上のことを考慮すれば、願入寺境内に残る土塁は防御施設とは考えられず、願入寺の正面を整えるために構築された宗教施設としての土塁と考えられ、城郭説は否定したい。

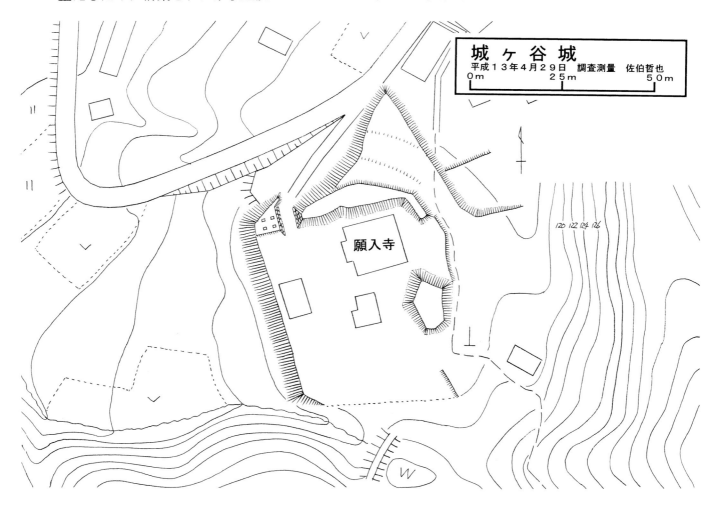

109. 虫ヶ峰山頂遺構（むしがみねさんちょういこう）

①七尾市町屋　②－　③－　④－　⑤－　⑥－　⑦－　⑧削平地・切岸・土塁・堀切
⑨45m×40m　⑩標高292.2m、比高250m　⑪27

　14世紀中頃、羽咋郡永光寺と鳳至郡総持寺の住職を兼務し、50kmの道のりを毎日往復していたと伝えるのが「峨山道」と呼ばれている（『富来町史』通史編 1976 富来町役場）。その峨山道の通過点に位置しているのが虫ヶ峰である。その麓の町屋集落には永和3年(1377)年号を持つ六字名号碑があり、熊野信仰との関連が指摘されている。すなわち峨山道は、元来熊野修験や石動山山伏達が行き交う修験の道だったと推定される（『図説中島町の歴史と文化』1995 中島町役場）。現在虫ヶ峰山頂には白山神社が鎮座し、毎年5月上旬には穀造祭り（コクゾウ祭り、田休み祭り）が行われている（『中島町史』通史編 1996 中島町役場）。このような事例から、虫ヶ峰は中世以来、信仰の山として使用されてきたと言えよう。

　虫ヶ峰山頂に鎮座する白山神社の北及び西側に土塁①が巡り、西側に堀切②を設けて尾根続きを遮断している。南から東側に切岸③を巡らせ、その直下に平坦面④を設けている。現在の出入口は⑤地点だが、⑥地点にもスロープ状の通路が残っているので、かつては通路⑥から平坦面④を通って境内に入っていたかもしれない。境内の最高所⑦地点にかつて堂が建っていたかもしれない。

　土塁や堀切の規模は、いずれも1m程度で防御施設としてはあまりにも小規模すぎる。これでは敵軍の攻撃を遮断することはできない。周囲に設けられた土塁や堀切は防御施設ではなく、宗教施設と考えられる。恐らく土塁や堀切は、境内の周囲に結界として設けられたのであろう。宗教施設の土塁・堀切として貴重な遺構と言えよう。

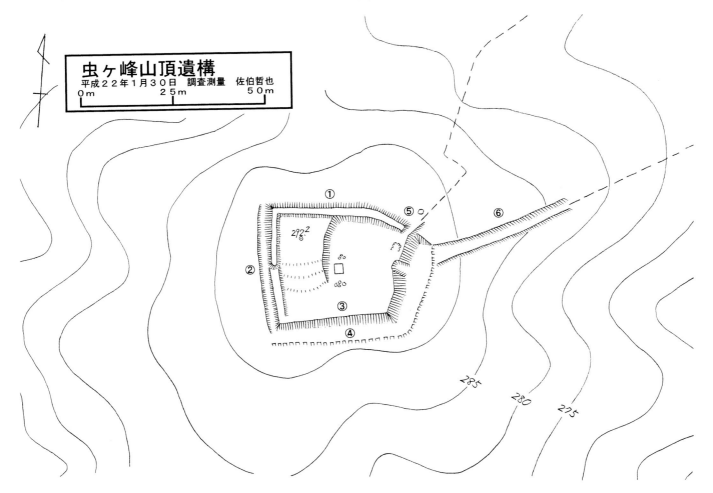

110. 高爪山山頂遺構（たかつめやまさんちょういこう）

①志賀町及び輪島市門前町　②－　③－　④－　⑤－　⑥－　⑦－　⑧削平地・切岸・堀切
⑨140m×90m　⑩標高342m、比高150m　⑪22

　高爪山は「能登富士」と呼ばれるほど秀麗な山容をしており、古くから山岳信仰の山として登られてきた。山頂部には、平安時代から鎌倉時代にかけて能登有数の山岳寺院となった大福寺により、山岳密教系寺院の六社権現を祀る本殿と諸堂が建立されたといわれている（「能登半島高爪山山頂山麓遺跡群総合調査報告書」『石川考古学研究会々誌』第57号 2014 石川考古学研究会）。
　現在山頂には高爪神社奥宮のみ鎮座だけとなっているが、山頂一帯には多数の平坦面が残っており、諸堂が建っていたことを推定させる。注目したいのは、北側の尾根続きに設けられた堀切である。ここだけに堀切を設けても敵軍の攻撃を遮断することはできず、従って防御施設としての堀切ではないことは明らかである。宗教施設の結界として設けられた堀切と推定される。
　この堀切について興味深い指摘がある。加藤克郎「3月特別例会「高爪山山頂・山麓総合調査」に参加して」（『石川考古』第308号 2011 石川考古学研究会）記載「加賀藩史料」寛永2年（1625）高爪山観音堂管理に関する史料には、「観音堂より百間下り、百間目東西南北四ヶ所に堀を掘、其間四ヶ所に塚を築、松を植、自今以後之境目に相極申候」と記載されている。つまり観音堂より百間四方の東西南北に境界として堀を掘ったのである。単なる境界でなく、聖域を区切る境界だったと考えられる。
　現存の堀切と奥宮とは尾根伝いで約160mあり、百間に近い。従って現存の堀切は寛永2年に掘られた堀の可能性が高い。他の三ヶ所の堀は見当たらず、計画倒れで終わったと考えられる。高爪山の堀切は、構築年代と目的がある程度判明する貴重な遺構と言えよう。

高爪山山頂遺構
平成16年3月22日　調査測量　佐伯哲也

111. 西海千ノ浦土塁遺構（さいかいちのうらどるいいこう）

①志賀町西海千ノ浦　②－　③－　④－　⑤－　⑥－　⑦－　⑧削平地・切岸・土塁・横堀
⑨120m×70m　⑩標高－　比高－m　⑪23

　遺跡はほぼ海岸線に面しており、現在は雑木林になっている。遺跡は縄張図のように二重の土塁を巡らしている。外側の土塁は94m×72m。南側のみ一部横堀が残っている。高さは1〜2m。堀底からは1.5〜2.5mもあり、一応防御施設としても役立ちそうである。土塁の上幅は約50cmで、柵や板塀を建てることが可能である。出入口は、土塁の欠損部のような平虎口①である。

　内側の土塁は、西側の土塁は完存しているが、他の保存状態はよくない。しかし残存している土塁・横堀から、平面形は歪ながらも51m×39mの長方形だったと考えられる。歪な形のため、外側の土塁と並行していない部分が生じている。土塁の高さは30cm〜50cmで、堀底からでも60cm〜80cmしかなく、防御施設としては役に立ちそうに無い。

　内側土塁が外側土塁と違う点は、まず内側に横堀を設けている点がある。また出入口②は、不明瞭ながらも櫓台を備えていた可能性がある。そして石塚③の存在である。高さ1m、2m四方の正方形をしており、単なる集石でないことを、周囲を巡る浅い溝が物語っている。

　それでは千ノ浦土塁遺跡はどのような性格の遺跡なのであろうか。内外の土塁が並行せず、形が歪になっているため、宗教遺跡とは考えにくい。また土塁の規模が小さく、また外側土塁の虎口がはっきりしないため、城郭施設とも思われない。ここで谷内尾晋司氏より石塚③は猪の尾を埋葬した供養塚の可能性が高いという教示を得た。このことから当遺跡は、猪等の害獣から農作物を守る猪垣と推定したい。石塚③は付近で捕獲した猪の尾を埋葬したのであろう。

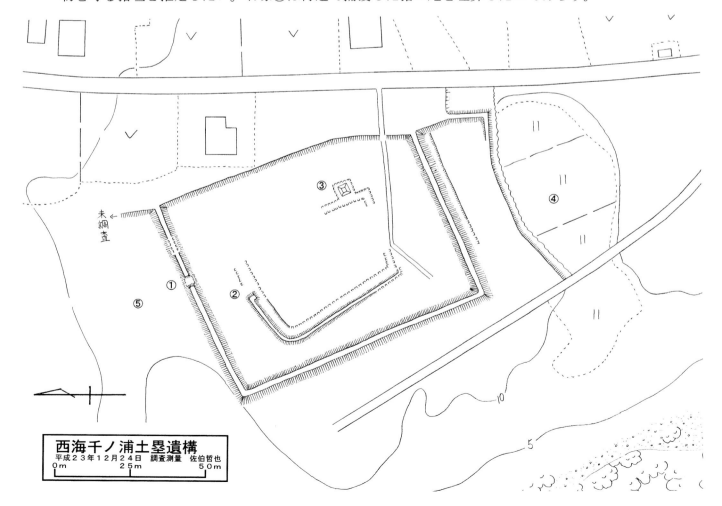

112. 小彦名神社遺跡 （すくなひこなじんじゃいせき）

①志賀町酒見　②－　③－　④－　⑤－　⑥－　⑦－　⑧削平地・切岸・土塁
⑨170m×160m　⑩標高－　比高－m　⑪23

　少彦名神社東側①地点は、一見城郭施設の枡形虎口のように屈曲しているが、これは山道が斜面を登るために屈曲しているのであって、城郭施設ではない。その証拠に、①地点を通らなくても上部平坦面に簡単に到達することができる。これでは①地点を防御遺構（城郭遺構）とすることはできない。恐らく山麓集落の住人が、神社に参拝するための参道だったのであろう。
　②地点にも道跡が残っている。こちらのほうが不明瞭なため、①地点より古い道跡と推定される。①・②地点の参道は神社を経由した後、③地点の山道に接続していたと推定される。③地点の山道は拡幅されて昔の面影を失ったが、かつては尾根越えの主要道路として使用されており、①・②地点の参道も尾根越えの道として使用されていたのであろう。
　注目したいのは、④地点の平坦面である。かつて少彦名神社が鎮座していた場所と推定され、尾根越えの山道沿いに位置していたことが判明する。平安中期の木造薬師如来坐像を所蔵（現在は龍護寺蔵）していたことから、平坦面の造成も中世以前に遡る可能性を指摘することができよう。

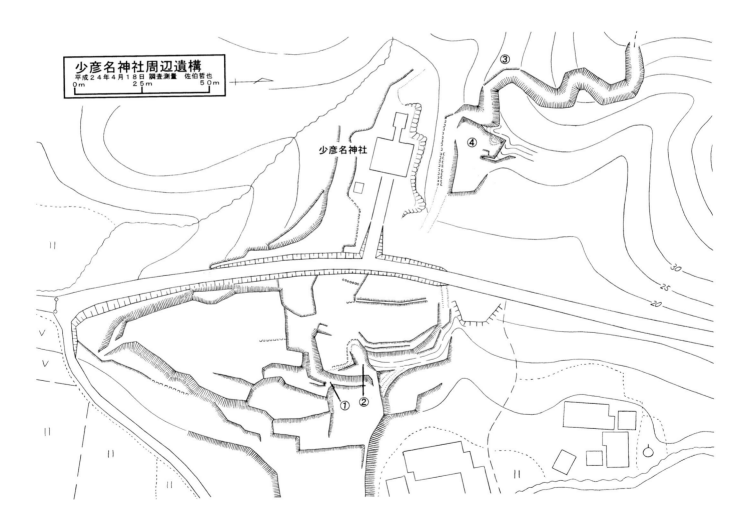

113. 牧山の陣 1 （まきやまのじんいち）

①志賀町仏木 ②－ ③－ ④－ ⑤－ ⑥－ ⑦－ ⑧土塁・横堀 ⑨ 150m × 50m
⑩標高－ 比高－m ⑪ 30

　牧山の陣１～３は、永禄２年(1559)３月、温井・三宅氏と長氏が激突した仏木合戦の陣城遺構とする説が存在するが、筆者は違うと思っている。以下、その論拠を述べる。
　まず伝承だが、付近の古老に聞いてみたところ、仏木合戦の伝承も含めて、伝承は一切伝わっていなかった。
　次に遺構だが、土塁の高さは１～２ｍ、横堀の深さは 0.5 ～１ｍと、一応敵軍の攻撃を遮断できそうである。付近は広々とした地形が広がっており、雑木林あるいは耕作地に利用されている。まず疑問に思うのは、地形の制約を全く受けない地形なのに、なぜ歪な形に土塁や横堀を巡らさなければならなかったのか、全く理解できない。このような歪な平面形では、デッドスペースが生じてしまい、使いにくい陣形となってしまう。
　北側が大きく破壊されているので断定はできないが、天然の要害が全く期待できないのに、横矢折れを設けて防御力を増強していない。横矢折れを設けるスペースがあったのにもかかわらずに、である。さらに虎口を設けた形跡も見られない。そもそも温井・三宅氏は他の城郭で土塁や横堀をほとんど使用していないのである。なぜ仏木合戦の陣城で大量に土塁・横堀を使用したのか、これも疑問である。
　以上、どの点をとっても城郭施設としては異質であり、しかも欠点となってしまうミスである。従って現存の土塁・横堀を陣城遺構とすることはできない。現在土塁の内側を耕作地として使用しているので、猪垣とするのが、最も妥当な考えであろう。

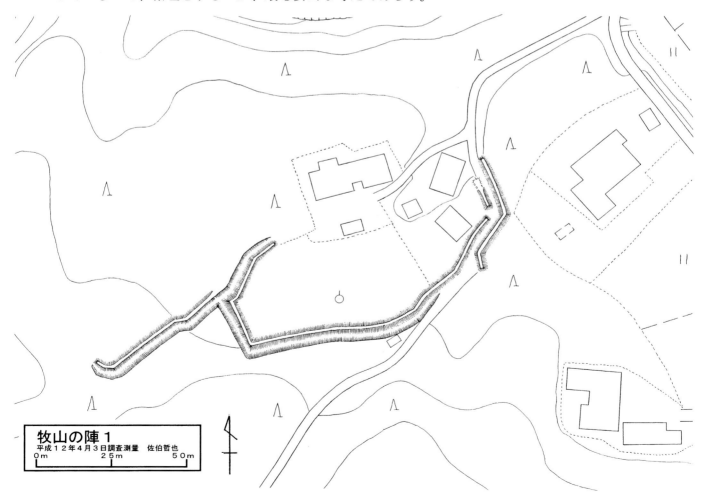

114. 牧山の陣 2 （まきやまのじんに）

①志賀町牧山　②－　③－　④－　⑤－　⑥－　⑦－　⑧土塁・横堀・切岸　⑨140m×40m
⑩標高44m　比高20m　⑪30

　牧山の陣1～3は、永禄2年(1559)3月、温井・三宅氏と長氏が激突した仏木合戦の陣城遺構とする説が存在するが、筆者は違うと思っている。以下、その論拠を述べる。

　まず伝承だが、付近の古老に聞いてみたところ、仏木合戦の伝承も含めて、伝承は一切伝わっていなかった。

　次に遺構だが、陣城遺構であれば、なだらかな山頂が主郭で、主郭を防御するために北側に切岸・土塁・横堀が一体となった防御ラインを設けている。これによって、北側の斜面を登ってくる敵軍の攻撃は遮断できる。

　しかしこの陣城の最大の弱点は、南側の尾根続きである。この方面は広々としたなだらかな尾根が続いており、この方面から敵軍は簡単に主郭に到達してしまう。従ってこの方面に敵軍の攻撃を遮断する防御線を構築することが、必要不可欠の課題となる。そうしていないのは致命的な欠陥と言え、本遺構が陣城遺構でないことを雄弁に物語っている。たとえ北側の斜面を登ってきた敵軍の攻撃を遮断しても、敵軍は東西に分かれ、斜面を迂回して山頂に到達したであろう。そうさせないためにも、防御ラインを山麓まで落とさなければならない。そうしていないのは、やはり陣城遺構でないことを物語っている。

　以上、どの点をとっても城郭施設としては異質であり、しかも致命的な欠陥といえる。従って現存の防御ラインを陣城遺構とすることはできない。山麓の農作物を猪の被害から守るため、猪が山麓に下ってくるのを防ぐ猪垣とするのが、最も妥当な考えであろう。

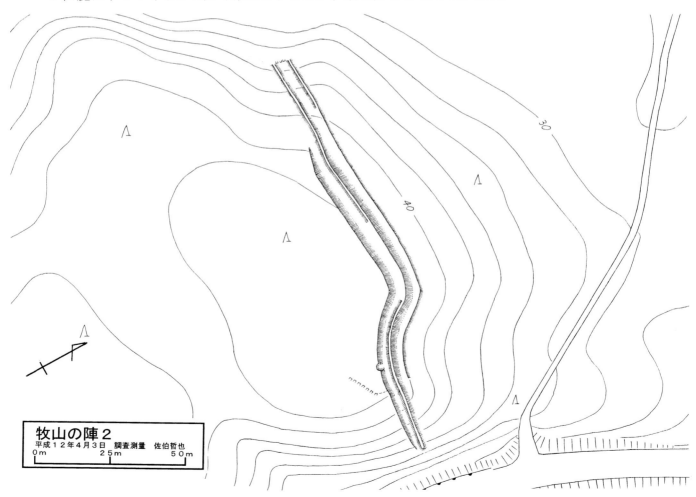

115. 牧山の陣 3 (まきやまのじんさん)

①志賀町牧山　②－　③－　④－　⑤－　⑥－　⑦－　⑧土塁・横堀・切岸・帯曲輪
⑨60m×70m　⑩標高52m　比高24m　⑪30

　牧山の陣1～3は、永禄2年(1559)3月、温井・三宅氏と長氏が激突した仏木合戦の陣城遺構とする説が存在するが、筆者は違うと思っている。以下、その論拠を述べる。

　まず伝承だが、付近の古老に聞いてみたところ、猪垣という伝承が残っていた。しかし仏木合戦の伝承は伝わっていなかった。

　次に遺構だが、陣城遺構であれば、土塁・横堀・帯曲輪に囲まれた斜面Aが主郭となるが、これは致命的な欠陥である。本来ならばなだらかな地形が広がる山頂を主郭にするのだが、何故か山頂を無視している。この結果、敵軍は簡単に山頂を占領して、陣内の様子を全て把握してしまう。従って城主にとって山頂を敵軍に占領させないことが絶対条件となる。そうしていないのは、本遺構が陣城でないことを物語っている。さらに

　この陣城の最大の弱点は、南西側の尾根続きである。この方面は広々としたなだらかな尾根が続いており、この方面から敵軍は簡単に主郭に到達してしまう。従ってこの方面に敵軍の攻撃を遮断する防御線を構築することが、必要不可欠の課題となる。そうしていないのは致命的な欠陥と言え、本遺構が陣城遺構でないことを雄弁に物語っている。さらに土塁や横堀を構築して、なぜ斜面を守らなければならなかったのか、全く理解できない。

　以上、城郭施設としては異質であり、しかも致命的な欠陥といえる。従って現存遺構を陣城遺構とすることはできない。かつて斜面に段々畑があり、伝承通り猪垣で、農作物を猪の被害から守るため、猪が畑内に入ってくるのを防ぐ猪垣とするのが、最も妥当な考えであろう。

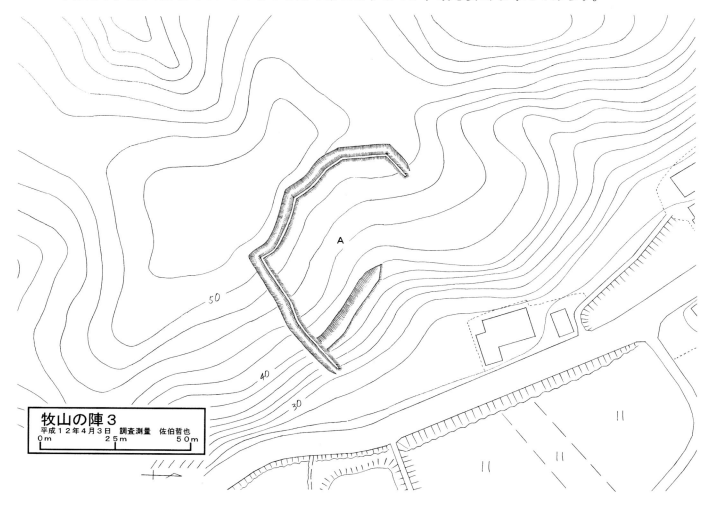

116. 赤倉神社奥院遺構（あかくらじんじゃおくのいんいこう）

①七尾市田鶴浜町　②－　③－　④－　⑤－　⑥－　⑦－　⑧土塁・横堀　⑨40m×80m
⑩標高110m　比高90m　⑪32

　赤倉神社は、かつて赤蔵権現と称していた山岳寺院である。赤倉権現の創立は明確にできないが、奥院付近からは平安時代の祭祀遺構・遺物が確認・採取されている（『新修七尾市史』15 通史編Ⅱ近世 2012 七尾市役所）ことから、おおよそ10世紀ころには信仰活動が始まっていたと考えられる。最盛期には120坊あったとされ、さらに観応2年(1351)には「赤蔵寺」に能登の守護方吉見氏頼が立て籠もったことが確認されている（『加能史料』南北朝Ⅰ 1993 石川県）。また赤蔵権現の別当寺を務めた栄春院・怡岩院など真言宗寺院なども現存しており、神仏習合の情景も偲ばせている。

　赤蔵権現の最高所は大御前と呼ばれており、赤倉神社の奥院が建っている。この奥院は寛文4年(1664)長連頼によって再建されている。その背後（西側）には、切岸と浅い横堀がセットになった防御ラインが巡っている。この防御ラインは奥院の背後を巡っているだけで、尾根続きを遮断していない。これでは尾根続きを進攻してきた敵軍の攻撃は遮断できない。また奥院前面（東側）は防御施設を全く設けておらず、こちらも敵軍の攻撃を遮断することはできない。

　以上の説明により、奥院背後の防御ラインは防御施設とは考えられない。恐らく奥院を含む境内の結界と推定されよう。構築年代は、奥院が再建された寛文4年と推定することも可能であろう。

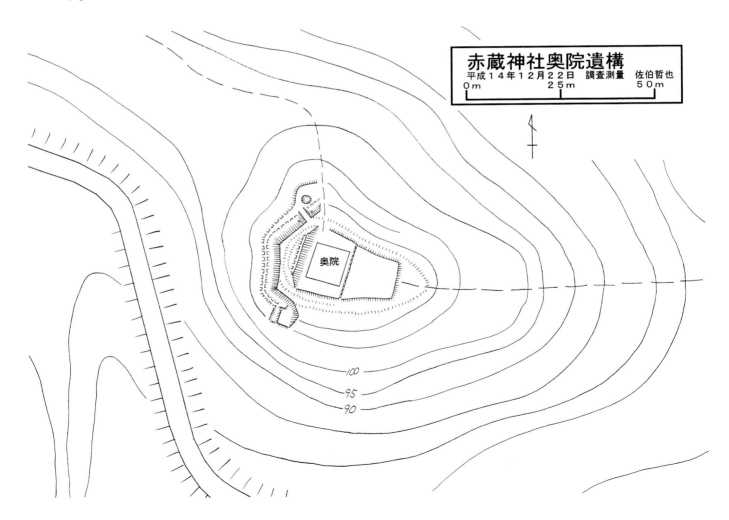

117. 東嶺寺長家墓所（とうれいじちょうけぼしょ）

①七尾市田鶴浜町　②－　③－　④－　⑤－　⑥－　⑦－　⑧土塁・横堀　⑨ 50m × 60m
⑩標高 20 m　比高 15 m　⑪ 32

　長連龍の次男連頼は、兄好連の死により慶長 16 年（1611）僅か 8 才で家督を継いだ。連頼は慶安 4 年（1651）、父連龍の三十三回忌を行うために東嶺寺の殿堂および墓所を改修している（『田鶴浜町史』0000 田鶴浜町）。

　縄張図を見てわかるように、東嶺寺東側の丘の上に長家墓所がある。墓所の最奥に長連龍の墓石を置き、コの字形に土塁を巡らしている。注目したいのは、背後に大規模な土塁と横堀がセットになった防御ラインを設けて尾根続きを遮断していることである。コの字形の高さはわずか 50cm 程度しかなく、敵軍の攻撃を遮断できるのは防御ラインの南側のみとなる。比高はわずか 15 m しかなく、敵軍は簡単に北・東・西側から進攻してしまう。南側のみを遮断しても防御施設としては全く役に立たないのである。

　以上の説明により、防御ラインは防御施設とは考えられない。墓所の境界として設けられたと考えられる。長氏の権力を誇示するために、このような大規模な境界となったのであろう。構築年代も慶安 4 年として良く、年代が判明する貴重な遺構といえよう。

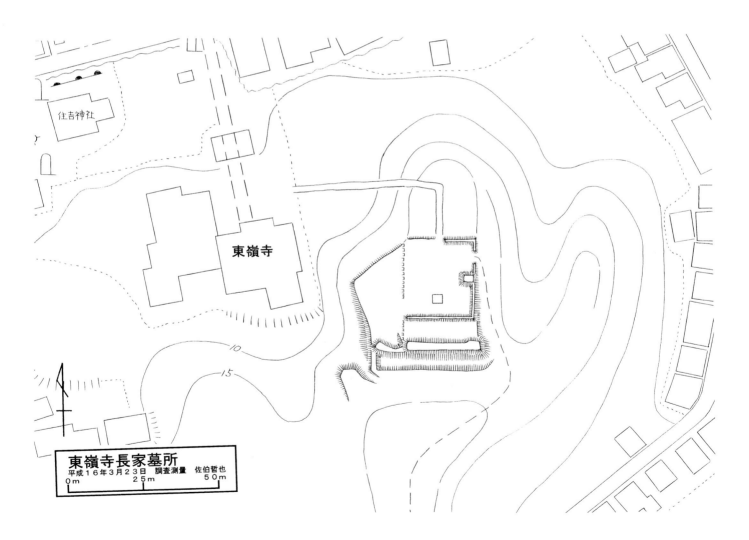

118. 伊掛山堀切状遺構（いかけやまほりきりじょういこう）

①七尾市沢野　②－　③－　④－　⑤－　⑥－　⑦－　⑧堀切　⑨45m×10m
⑩標高224m　比高170m　⑪36

　伊掛山(252.3m)にはかつて医王寺と呼ばれる山岳寺院が存在し、七尾城の北東に位置することから畠山義慶から鬼門鎮護の寺として五町四方の土地を寄進され、大いに繁栄したといわれている。天正10年(1582)石動山天平寺焼亡後、石動山衆徒72坊が伊掛山に避難し、彼等が石動山復興の原動力になったことはよく知られている。天正11年前田利家は、柴草屋五郎左衛門尉等に伊掛山の枝木までも伐採せぬよう命じているが、これは非難した石動山衆徒の監視命令も含まれていると考えられる（『鹿島町史』石動山資料編1986鹿島町役場）。

　堀切は、伊掛山山頂から百海町集落に続く遊歩道に存在する。周辺に他の防御施設や平坦面は存在せず、城郭遺構でないことは明らかである。山頂から一旦下った鞍部にあるため、ここを神域の境とし、その境界線として堀切を設けた可能性がある。石動山や原大御前と同じ性格の堀切と考えられよう。

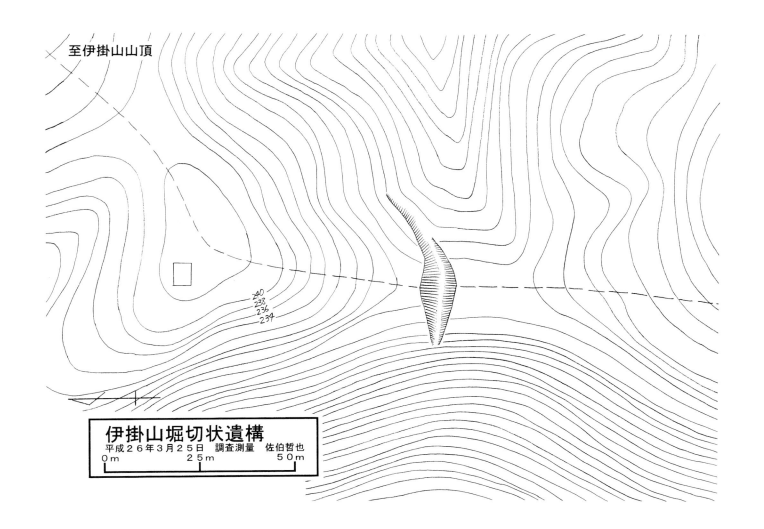

119. 原大御前堀切状遺構（はらおおごぜんほりきりじょういこう）

①宝達志水町原　②－　③－　④－　⑤－　⑥－　⑦－　⑧堀切　⑨20m×20m
⑩標高375m　比高210m　⑪45

　原大御前（399m）を主峰とする志雄の赤蔵権現は、中世に山岳信仰として栄えた寺院である。山頂の原大御前に奥院、中腹に本堂平・赤倉平・釣鐘堂跡・金剛坊・御連枝という地名が残り、原大御前や本堂平等に礎石群が現存している（『志雄町史』1974 志雄町役場）。
　原大御前の背後（南側）の尾根続きに、堀切が一本残っている。この尾根の先は宝達山に連なる険しい山脈が続くのみで、敵軍が進攻してくる可能性は全くない。つまり堀切を設けて尾根続きを遮断する必要性は全く無いのである。
　以上の説明により、堀切は防御施設として設けられたのではないと考えられる。恐らく宗教施設の結界として設けられたのであろう。伊掛山や赤倉神社・高爪山に見られる堀切と同じ性格の溝状遺構と考えられよう。

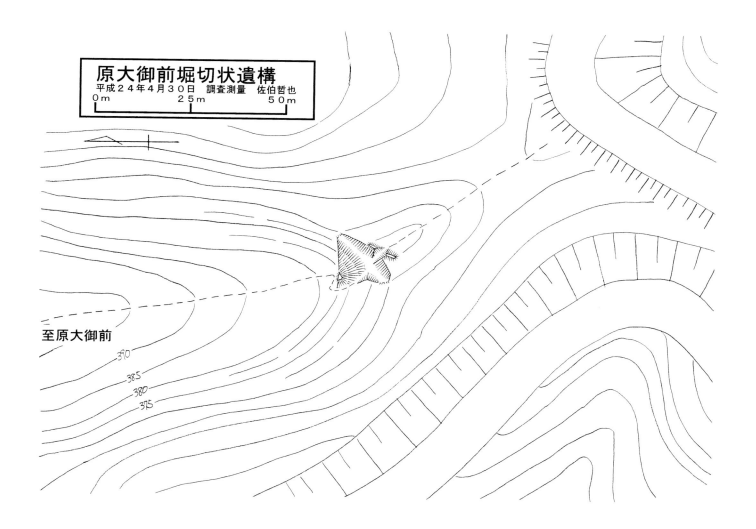

Ⅴ．特別論文

七尾城支城群について

佐伯哲也

1. はじめに

　七尾城には山麓は勿論のこと、背後の尾根続きにも多くの支城を配置している。山頂の主要曲輪群を詳細に研究するだけでは、七尾城の本当の姿は見えてこない。ここでは支城群も含めた七尾城全体の姿に言及し、七尾城の時代変遷について述べてみたい。なお、個々の詳細説明については、1．城館遺構、2．城館関連遺構を参照にされたい。

2. 支城・山麓屋敷・寺院伝承地

　現在確認されている七尾城の支城・山麓屋敷・寺院伝承地を下記に列記する。
①背後の尾根伝いの支城
　a)古府枡形砦　b)物見台遺構　c)展望台遺構
②山麓の支城
　a)古府谷山支群　b)矢田砦　c)古城新薮北支群
③山麓屋敷群・寺院伝承地
　a)小池川原丸山支群　b)古城新薮南支群　c)妙国寺伝承地　d)蔵屋敷跡　e)矢田鉄砲山遺構

3. 考察

(1) 支城群について

　城館と確認された遺構の内、総構えの中に存在する古城新薮北支群を除く古府枡形砦・物見櫓遺構・展望台遺構・古府谷山支群・矢田砦については、下記項目について一致した条件を持っている。
　　①城域の端部に位置している。
　　②畝状空堀群を備えている。
　古府枡形砦は城域の南西隅、物見櫓遺構・展望台遺構は南東隅、古府谷山支群は北西隅、矢田砦は北東隅に位置している。つまり城域を防御する城郭だったといえる。多数の防御施設を設けており、敵軍の攻撃を遮断する機能を備えている。勿論城域外から進攻してくる敵軍の動きをいち早くキャッチして、本城に連絡する監視所・連絡所の役割も果たしていたと考えられる。

　注目したいのは、上記古府枡形砦・物見櫓遺構・展望台遺構・古府谷山支群・矢田砦5城（以下、5城と略す）全てに畝状空堀群を備えていることである。能登の中世城郭で畝状空堀群を備えている城郭は多くない。能登国に残る畝状空堀群を備える城郭は下記の通り。
　　飯田城・黒峰城・荻城・館開城・枡形山砦・町屋砦・熊木城
この中で、上杉氏に関与していないのは館開城のみであり、残りの城郭は全て上杉氏の改修を指摘することができる。とすれば、5城に残る畝状空堀群も上杉氏が構築したことを指摘することができよう。永禄12年(1569)畠山氏重臣八代俊盛が物見櫓遺構を使用していることから、5城は畠山氏時代から存在していたと推定される。つまり天正5年七尾城を攻略した上杉氏は、従来の城郭を改修したものの、城域はそのままの広さで使用したと考えられよう。ちなみに主要曲輪群にも一ヶ所だけ畝状空堀群を用いている。それは尾根㉖に設けられた畝状空堀群で、この畝状空堀群も主要曲輪群の北端に位置しており、畝状空堀群は城域の端部に設けるという条件は同じである。上杉氏は越中でも畝状空堀群を城域の端部に設ける傾向がある。越中における上杉軍最大の拠点である松倉城（富山県魚津市）に畝状空堀群を設けず、支城群の升方城に設けている。また越中西部における上杉氏の拠点増山城（富山県砺波市）は、主要曲輪群に畝状空堀群を設けず、城域端部の防御ラインに設けている。畝状空堀群を城域の端部に設けるという点では完全に一致している。このような点からも、七尾城の畝状空堀群は上杉氏が構築した可能性を指摘すること

ができよう。

　それでは、前田氏は支城群をどのように使用したのであろうか。支城群に残る遺構から、前田氏が改修したことが確認できるのは古府谷山支群のみである。もっとも前田氏は旧来の城郭を改修せずにそのまま使用した可能性も残るが、上杉氏のように防御施設を構築するような積極的な使用はしなかったのは事実である。主要曲輪群を見てみると、前田氏の改修した範囲は本丸〜三ノ丸に限定され、主要曲輪群としての城域を縮小して使用している点に注目したい。織豊政権武将は、広大すぎる中世城郭の城域を縮小して使用するケースが多く見られ、七尾城もその典型的な事例とみなすことができよう。守りやすくするために城域を縮小し、支城も１ヶ所のみ使用したとする方が素直な解釈であろう。

　主要曲輪群から派生した尾根は、ほとんどが大規模な堀切によって遮断されている。遮断していないのは大手道が通っている尾根と尾根㉕のみである。尾根㉕は主要曲輪群と古府谷山支群を繋ぐ尾根であり、つまり主要曲輪群と古府谷山支群は尾根㉕を通して繋がっていたのである。これは古府谷山支群の性格を考える上で、重要な事実である。

　七尾城に現存する石垣は、ほぼ主要曲輪群に限定され、支城群に残るのは古府谷山支群のみである。そして唯一の例外は、尾根㉕に設置された小曲輪群に用いていることである。このような事実から、尾根㉕は主要曲輪群と古府谷山支群を繋ぐルートとして、利家が整備したと考えられよう。

　それでは、なぜ利家は古府谷山支群のみを改修したのであろうか。古府谷山支群の縄張り（「64．七尾城古府谷山支群」を参照）を見ると、尾根⑨を通るルートを異常に警戒し、ルートを直接城内に通し、通行者を直接監視・掌握でき、しかもそれが敵軍であれば全滅できるような防御構造になっている。通行者全てを監視するとともに、絶対に敵軍を上部（主要曲輪群）に行かせないという城主（＝前田利家）の強固な意志の表れである。尾根⑨は敵軍が通る危険性が高かったのか、防御力をほとんど持たない屋敷群は、谷一つ隔てた東側の尾根に隠れるようにして設けられている。

　古府谷山支群の縄張りを見ると、利家は尾根⑨のルートを重要視（＝警戒）していることが判明する。善端直氏の研究（善端直「能登畠山氏の城下町「七尾」の復元的考察」『七つ尾』第25号2006七尾城址文化事業団）によれば、七尾城下には南北に走る２本の主要道路（善端氏は論文の中で、道１・道２としている）が存在していた。道１は所口湊・小丸山城に繋がり、道４は府中湊に繋がっており、さらに道１は金沢城にも繋がっていた。文字通り七尾城下は勿論のこと、前田氏領内を支配するためには必要不可欠の重要道路だったと言えよう。尾根⑨のルートは、小池川原丸山支群西側、さらに能登国総社を経由して、道１・４の合流点につながっていたと推定されるのである。つまり利家は道１・４を監視・掌握するために尾根⑨のルートを整備し、敵軍の進攻に備えるために古府谷山支群を改修したと考えられるのである。

　従来の大手道では北側に寄りすぎており、道４しか監視・掌握できず、所口湊の監視が手薄になる。このために両方の道を監視・掌握できる尾根⑨のルートの整備が必要になったのであろう。現在小丸山城の築城は天正17年に始まったと考えられるが、計画は利家入国当初からあったと考えても良い。能登一国の領国経営を考えて、港湾施設あるいは船でもたらされた物資の流通を考えて、利家が尾根⑨のルートを整備したとしても何等不自然さはない。巨大すぎて防御しにくい城域を縮小し、さらに港湾施設に着目した利家に、戦国武将だけでなく、領国経営者としての優れた一面を見ることができよう。

　ちなみに九尺石を持つ温井屋敷の虎口⑮からＪ曲輪を経由するルートと、古府谷山支群から尾根⑨のルートは一致しない。しかし虎口⑮からＪ曲輪を経由するルートも大谷川を下って道１・４の合流点に達していたと思われる。このようなことからも、いかに利家が道１・４を重要視していたかが判明しよう。

　利家が小池川原丸山支群と古城新藪北支群の間に新大手道を設置し、それが温井屋敷の虎口⑮に繋がっていたとする説（山村亜希「中近世能登七尾の湊町と城下町の景観」『能登七尾城・加賀金沢城』2006 千田嘉弘・矢田俊文）もある。その根拠は、小池川原丸山支群と古城新藪北支群が城郭で、利家時代に整備されたとする。しかし小池川原丸山支群は屋敷地あるいは寺院跡と推定され、また古城新藪北支群は畠山氏時代に整備されたと考えられる。さらに新大手道そのも

のが存在したとする根拠も乏しい。従ってこの説は否定したい。
　古城新薮北支群については次の（２）で述べる。

（２）山麓屋敷群・寺院伝承地

　山麓屋敷群の中核をなすのが、最大の面積を誇る古城新薮南支群である。古城新薮南支群は総構え内のほぼ中央に位置し、しかも守護館を見下ろす高台に構えられている。守護館に匹敵する格式をもった支群と位置づけすることができる。広々とした、しかもきちんと削平された平坦面が規則正しく並べられており、しっかりした建物群の存在が推定できる。井戸と推定される竪穴も残っていることから、居住空間と考えて問題あるまい。当支群は守護館を見下ろしているものの、出入口は守護館の方を向いており、守護館との親密性も感じられる。筆者は当支群を畠山氏の居館あるいは宗教遺構と推定した。畠山氏の公式な居館は高屋敷㉗にあり、私的な居館は山上の主要曲輪群にあったとされている。山上の居住については未だ流動的だが、いずれにせよ冬期の居住は不可能である。冬期間の私的居館とすることについては、仮説の範疇なら許されよう。さらに筆者は山上の居館については、特別な行事の時のみ使用する別荘のようなものと推定している。とすれば、一年を通じての畠山氏の私的居館とする可能性も否定できない。

　古城新薮南支群が畠山氏の私的居館とするならば、古城新薮北支群の考え方は簡単である。つまり居館を防御する城館である。尾根続きの先端に位置する古城新薮北支群は、総構えが突破されれば、敵軍に直撃される場所に位置する。そのような場所に城館を置き、尾根続きの南側に隣接する居館を、敵軍の攻撃から防御するのは、ごく自然な考え方である。虎口は平凡な平虎口のため利家の改修とは考えにくいが、横矢が効くような構造になっているため、16世紀後半に下ることは間違いない。上杉謙信の能登進攻が具体化してきた天正初年頃に、畠山氏が改修したと考えたい。もっとも古城新薮北支群は妙国寺跡の伝承も残ることから、当初妙国寺境内として整備され、軍事施設として再整備されたとき、妙国寺は他へ移転された可能性も残る。

　蔵屋敷の性格は詳らかにできないが、井戸跡はなく、居住施設とは考えにくい。また虎口や土塁もないことから軍事施設とも考えにくい。名称から食料全般を保存する蔵が建っていた場所と推定される。また妙国寺伝承地は、妙国寺という固有名詞を確定することはできないが、大手道の登り口に位置することから、何らかの宗教施設が存在していたと考えられる。

　各遺構の性格を上記のように理解するなら、総構えの位置も理解しやすくなる。総構えの中に、大手道・守護公式館・畠山氏私的館・宗教施設・食糧貯蔵施設と七尾城山麓における中枢施設が存在していたことが判明する。それは守護畠山氏が公務を行っていくのに必要な施設であり、平常時生活し合戦時必要な施設である。畠山氏にとって必要不可欠な施設といって良い。総構えはこの中枢施設をすっぽりと包んでいる。つまり総構えは中枢施設を防御できるような位置に構築されているのである。発掘調査により、総構えは16世紀後半に構築されたことが判明している。上杉謙信の能登進攻が現実味を帯びてきた天正初年に、中枢施設を防御するために畠山氏が構築したとする仮説を提唱することができよう。

　総構えは中央やや北寄りに、壮大な折れを設けて切岸に対して横矢を効かしている。しかし肝心の大手道に対し横矢は全く掛かっていない。さらに大手道と総構えが直交する場所も発掘調査が実施されたが、明確な横矢折れや枡形遺構は検出されなかった（なんとなく横矢が効きそうな場所はないでもないが、計画的な横矢掛けとではない）。このようなことからも、総構えは利家時代に構築されたのではなく、その前時代、畠山・上杉氏時代に構築されたと考えられる。上記のように畠山氏が構築したと考えたい。

　総構えの外側に位置するのが、小池川原丸山支群と矢田鉄砲山遺構である。小池川原丸山支群は敵軍の直撃を受ける位置にありながら、尾根の北端に土塁を設けず、また尾根続きも明確な遮断線を設けておらず、防御施設としては致命的なミスを犯している。このため防御施設とはせず、屋敷あるいは宗教遺跡と推定した。総構え外とは言うものの、小池川原丸山支群北直下の集落内において平成20・21年の発掘調査が行われ、多くの掘立柱建物や石組井戸・16世紀代の土師器皿・陶磁器類が出土し、城下町の一部であることが判明した（財団法人石川県埋蔵文化財センターＨＰ掲載の現地説明会資料を参考にした）。出土遺物の中で円面硯は当時の貴重品であり、上級武士か僧侶階級の持ち物だったと推定された。

円面硯の出土により、小池川原丸山支群が寺院跡という安直な考えは慎まなければならないが、可能性は一歩前進したと言える。平坦面Eの出入口②から出ているスロープ状の通路は、円面硯が出土した集落へと延びており、小池川原丸山支群と集落との親密性を窺うことができる。総構えの外側に配置されているのは、勿論スペース的に余裕がないという現実的な問題もあろうが、やはり総構え内に存在したとされる妙国寺との格式差を考える必要があろう。

　矢田鉄砲山遺構については、尾根に堅堀を設けて城郭の要素を保有しているものの、背後の山上部を全く加工していないという致命的欠点も持っており、城郭とは言えない。またきちんと削平された広大な平坦面と井戸跡が残り、屋敷地として性格も持つ。つまり基本は屋敷地なのだが、城郭としての機能も多少は兼ね備えているのである。この奇妙な性格を持つ遺構は、矢田鉄砲山遺構の他に、主要曲輪群から離れた尾根②の先端にも残っている。総構えの外側に位置し、さらに城下町からも外れていることから、身分があまり高くない人物の屋敷と思われるが、詳らかにできないのが現実である。さらに多くの事例を集積して遺構の性格を述べてみたい。

3．まとめ

今まで長々と述べてきたことをまとめると下記のようになる。
（1）上杉氏は畠山氏時代の広大な城域をそのまま使用し、支城群は畝状空堀群を構築して補強している。
（2）前田利家は広大な城域を縮小し、山麓の古府谷山支群のみ改修している。これは港湾施設に繋がる街道を監視・掌握するためだったと考えられ、領国経営者としての利家の優れた一面を見ることができる。
（3）畠山氏の中枢施設である大手道・大手道・守護公式館・畠山氏私的館・宗教施設・食糧貯蔵施設を防御するために、畠山氏が16世紀後半に総構えを構築したと推定される。
（4）同じ城下町に位置する寺院でも、総構えの内・外では格式や性格に差があると思われる。

4．今後の課題と取り組み

（1）課題

　七尾城周辺に残る畝状空堀群を上杉氏が構築したものと推定した。確かに事例的にはそれで正しいのだが、ごく少数だが能登の在地土豪も畝状空堀群を構築しており、畠山氏構築の可能性も僅かだか残る。筆者は上杉氏構築で良いと考えるが、多方面から研究してさらに上杉氏構築説を補強したい。

　大手道・守護公式館・畠山氏私的館・宗教施設・食糧貯蔵施設を畠山氏の中枢施設と考えた。しかし大手道・畠山氏私的館・食糧貯蔵施設は上杉氏にとっても重要施設だったはずである。従って大手道・畠山氏私的館（改修して上杉氏居館とする）・食糧貯蔵施設、そして山上主要曲輪群を防御するために、上杉氏が総構えを構築した可能性も僅かながら残る。筆者は畠山氏構築で良いと考えるが、多方面から研究してさらに上杉氏構築説を補強したい。

（2）取り組み

　戦国期の畠山氏は、山上の主要曲輪群に居住していたとされている。とすれば山麓の居館施設は、機能を衰退させているはずである。勿論地表面観察ではそこまで判明させることはできない。他の戦国大名の山城で、戦国期に山麓館の居住機能が衰退している事例の有無を調査したいと思っている。その前に、まず何をもって「居住」といえるのか、この定義を議論する必要があろう。とくに北陸は積雪期には山麓に下りてきた可能性が高い。さらに山上の居住施設は、特別な行事のときだけ使用した別荘的な建物だった可能性も高い。戦国期の七尾城において、本当に永住していた居館が山上の主要曲輪群に存在していたと断言するには、まだまだ多数のハードルを越える必要があろう。

以上

Ⅵ．位置図

「本書に掲載した地図は、国土地理院長の承認を得て、同院発行の2万5千分1地形図を複製したものである。（承認番号　平27北複、第15号）」

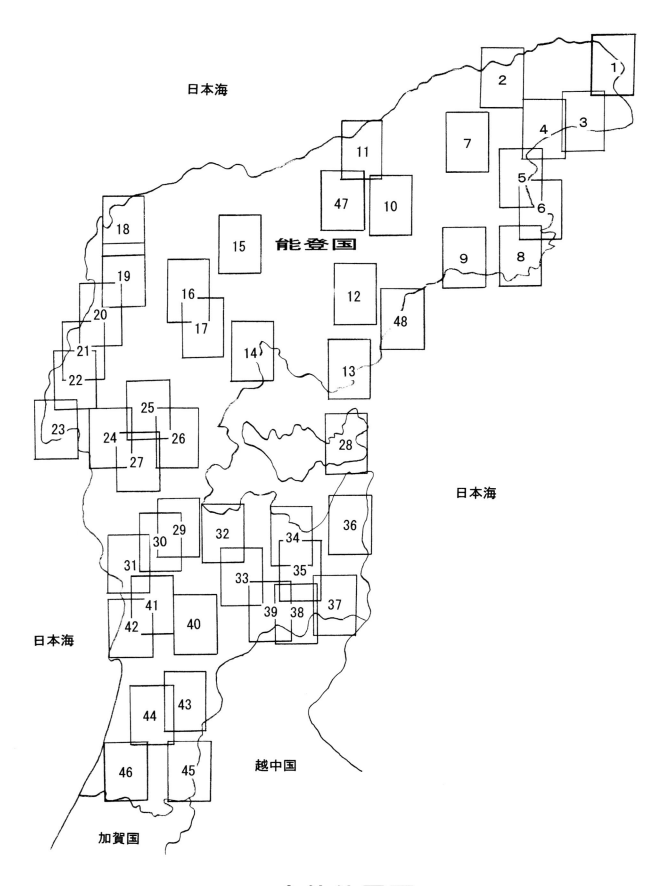

全体位置図

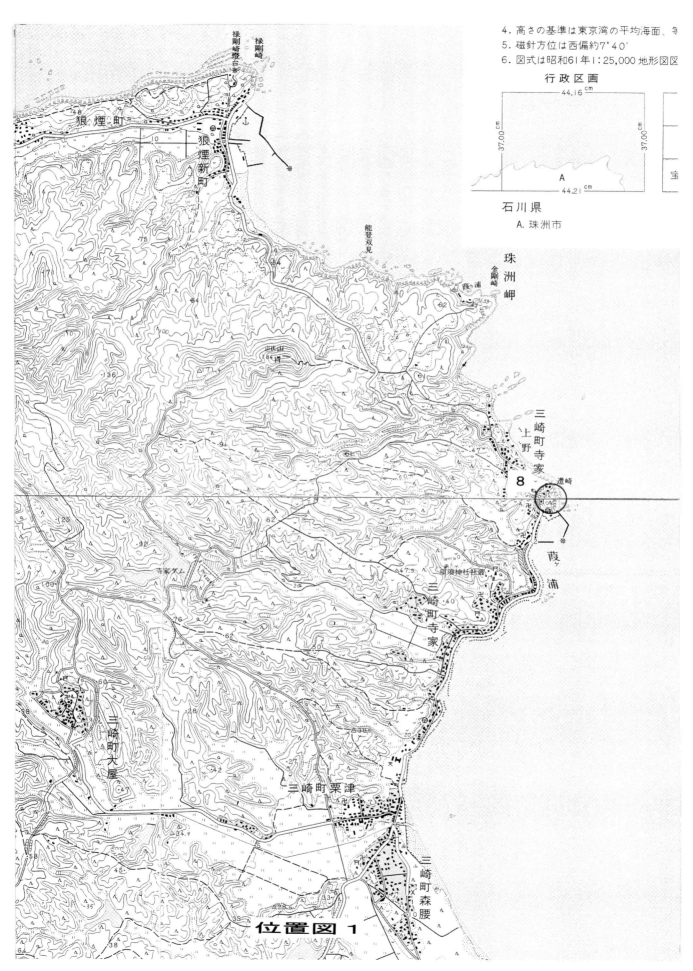

位置図 1

位置図2

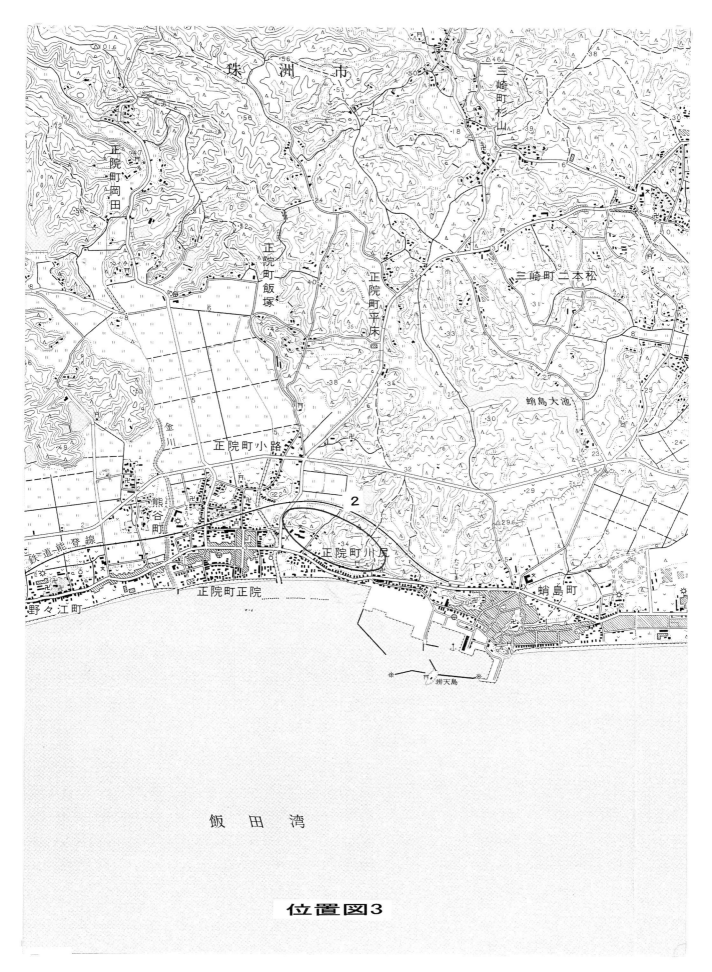

位置図3

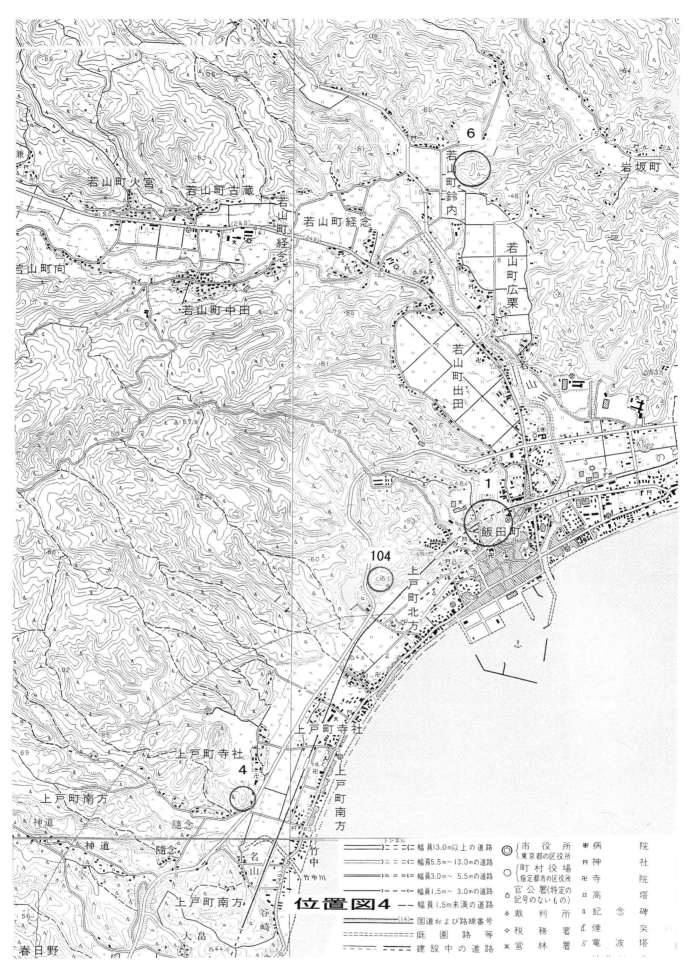

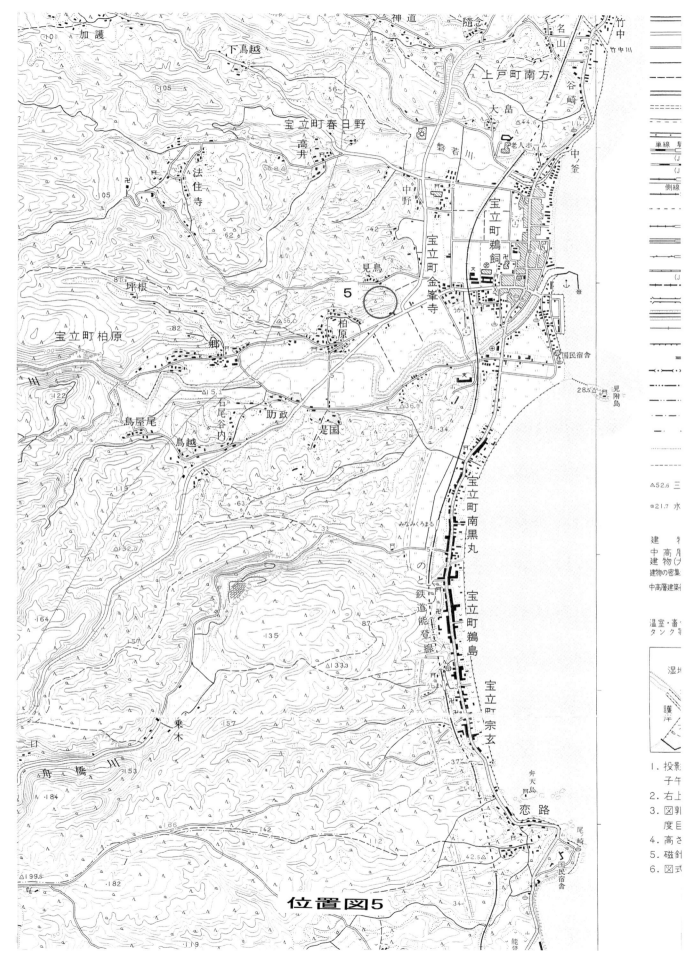

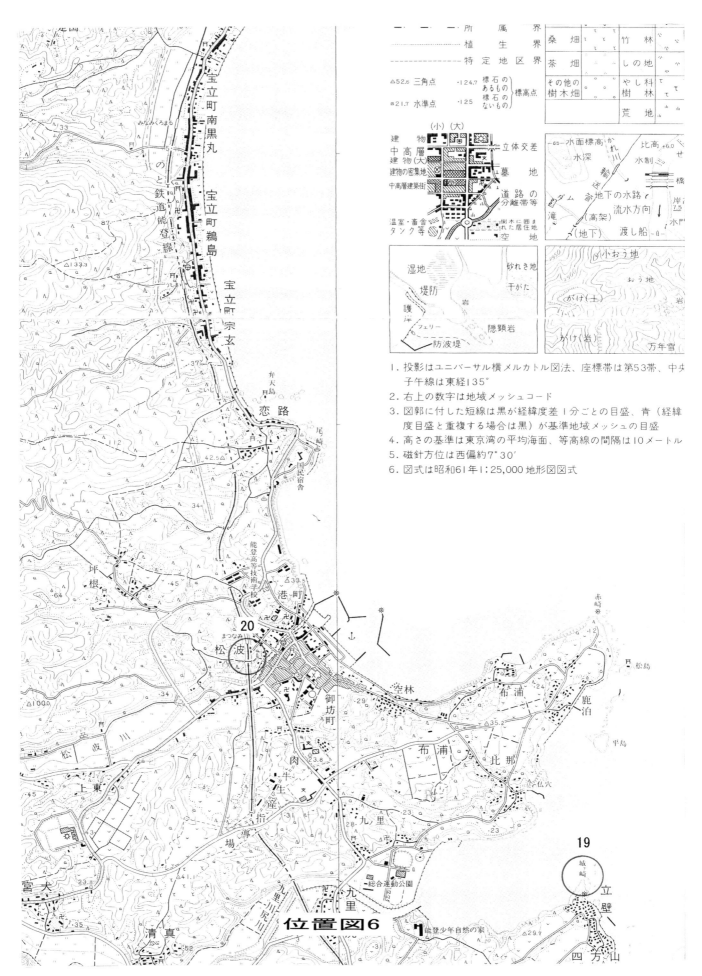

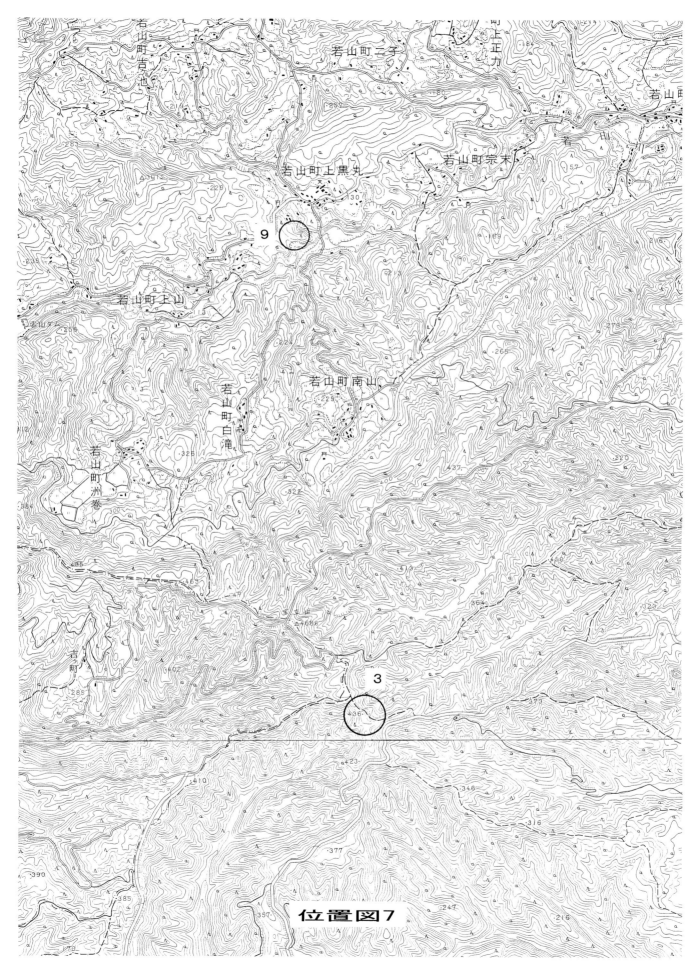

位置図7

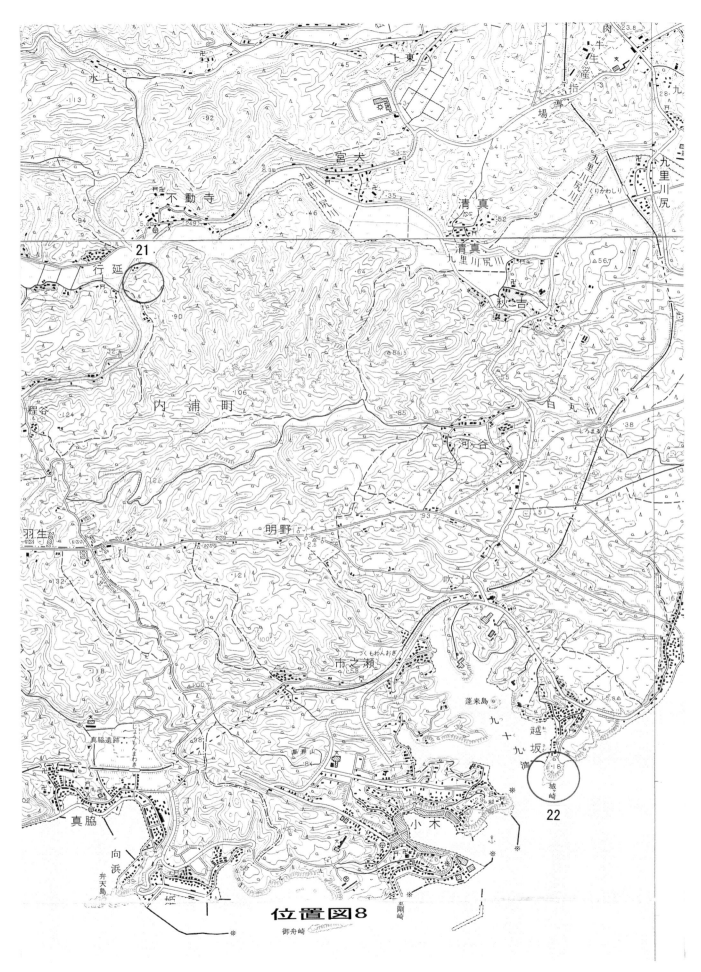

位置図8

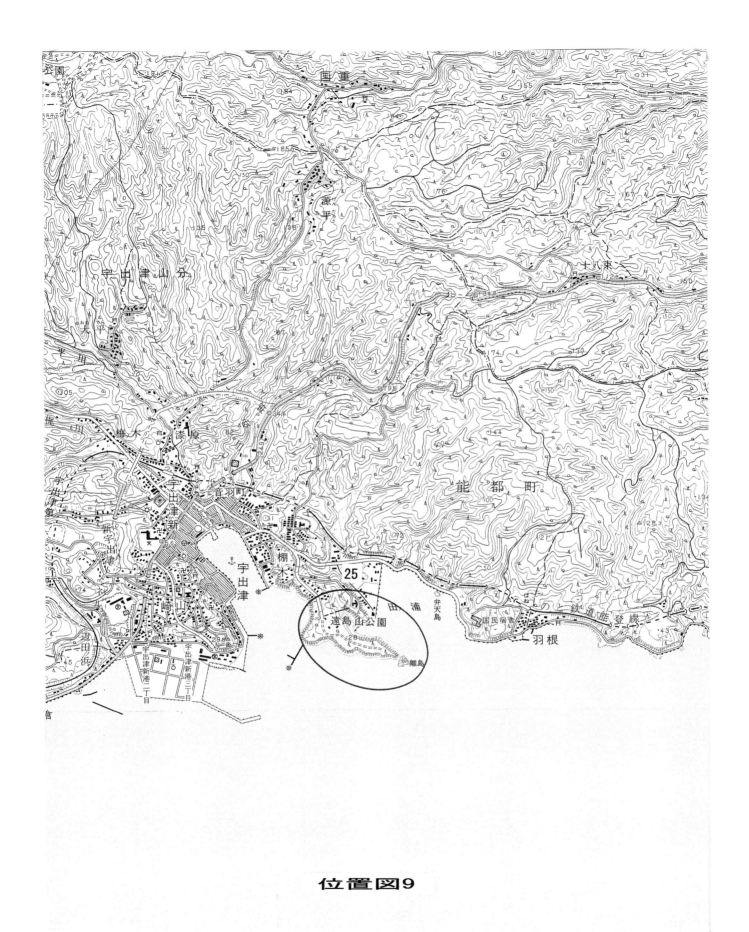

位置図9

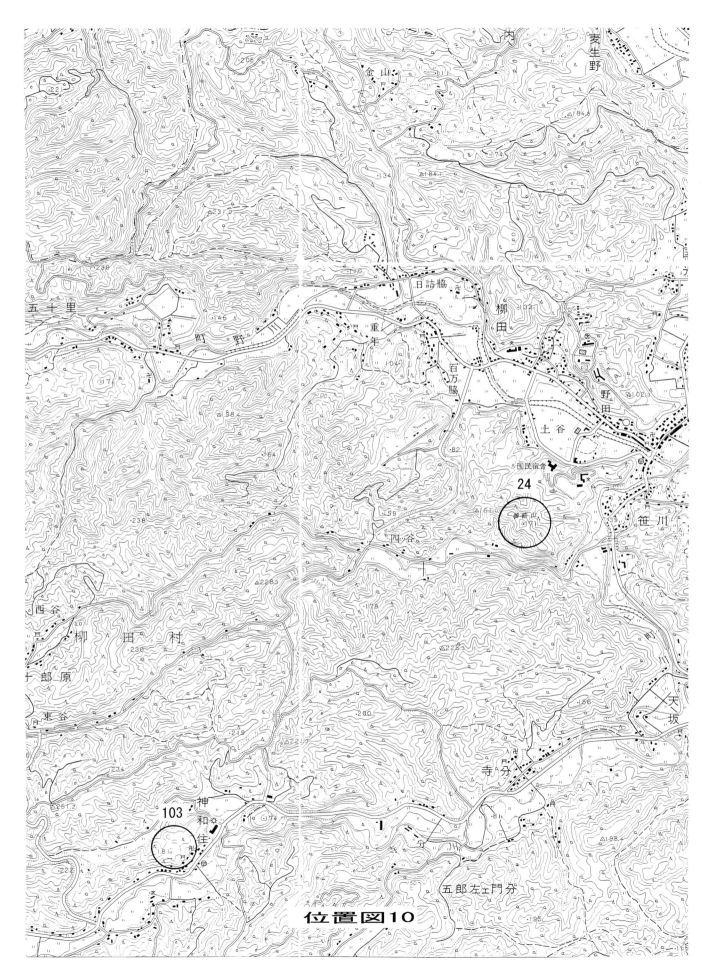

位置図10

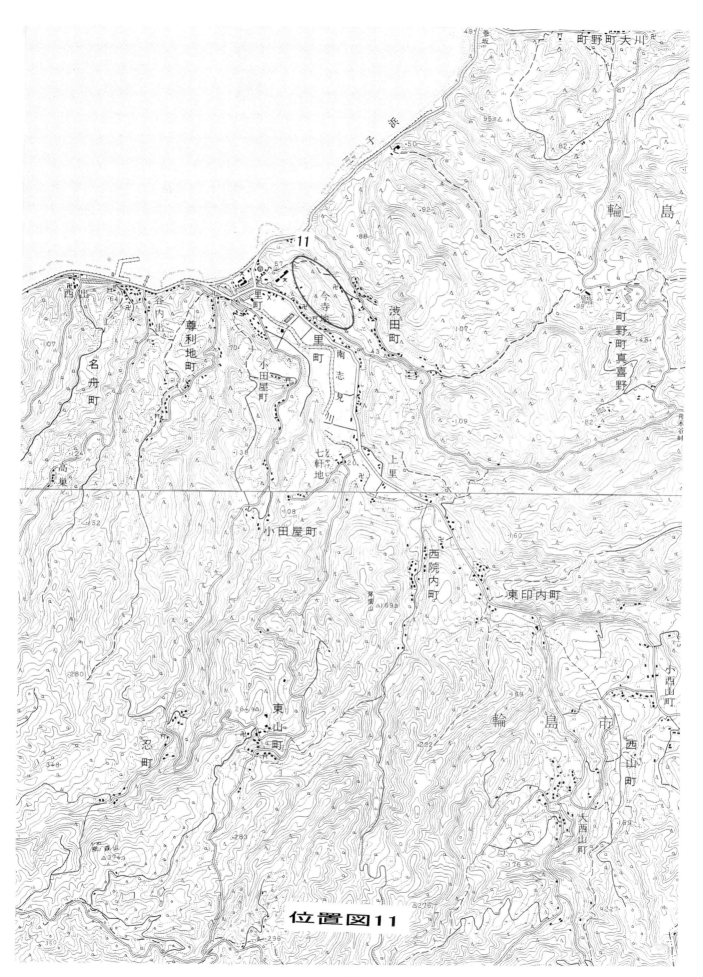

位置図11

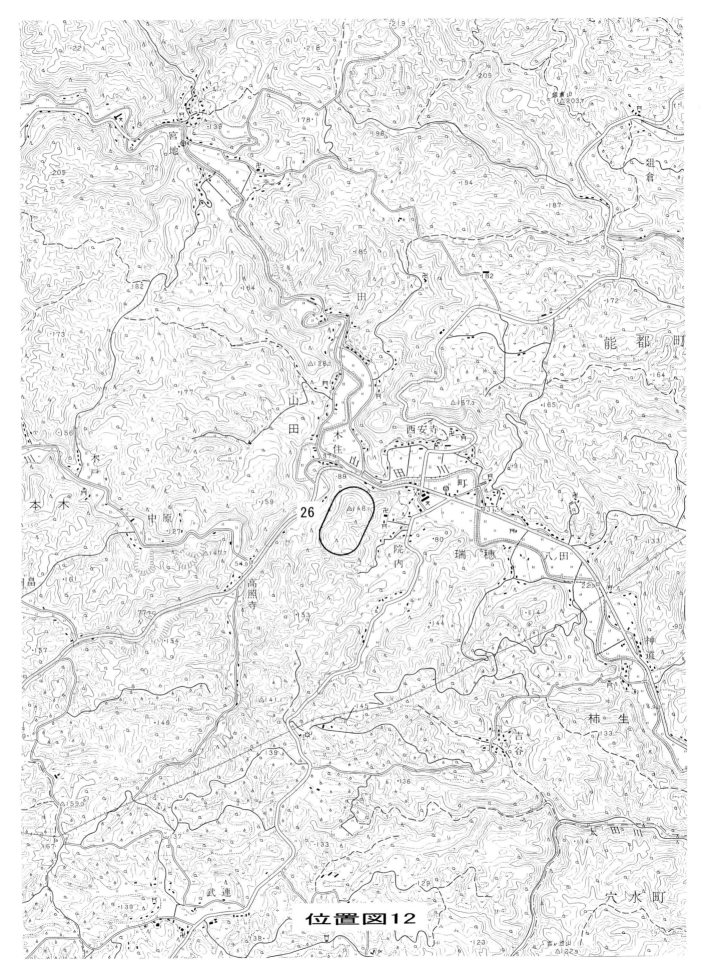

位置図12

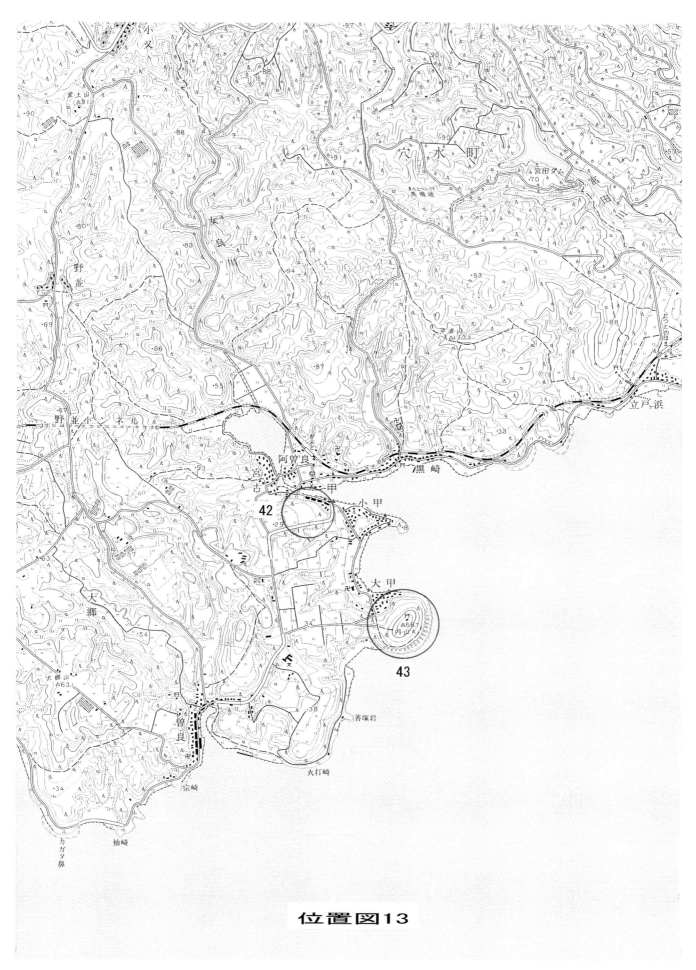

位置図13

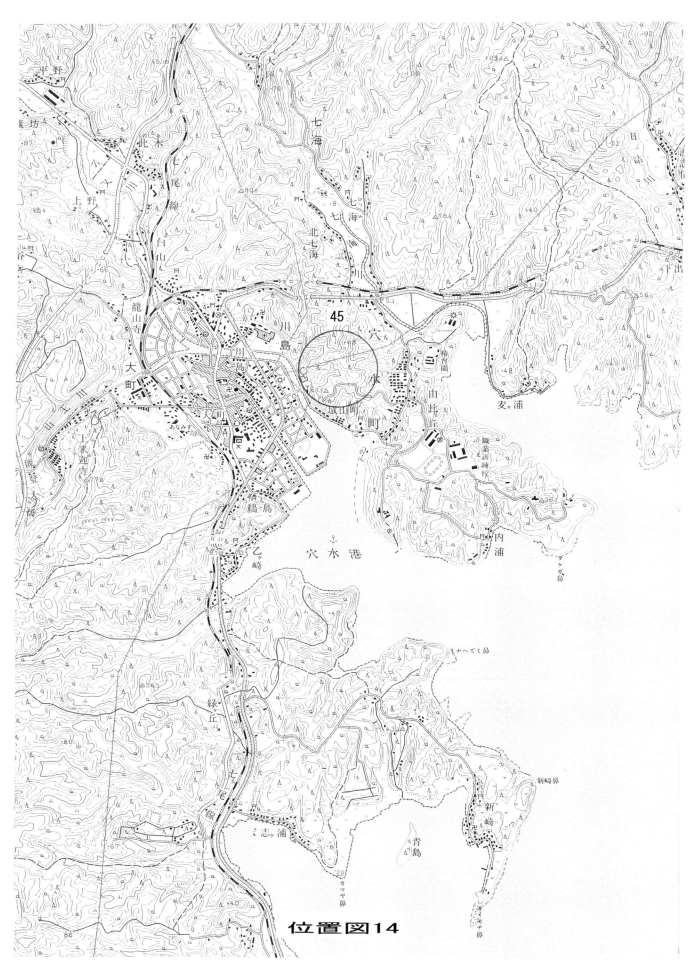

位置図14

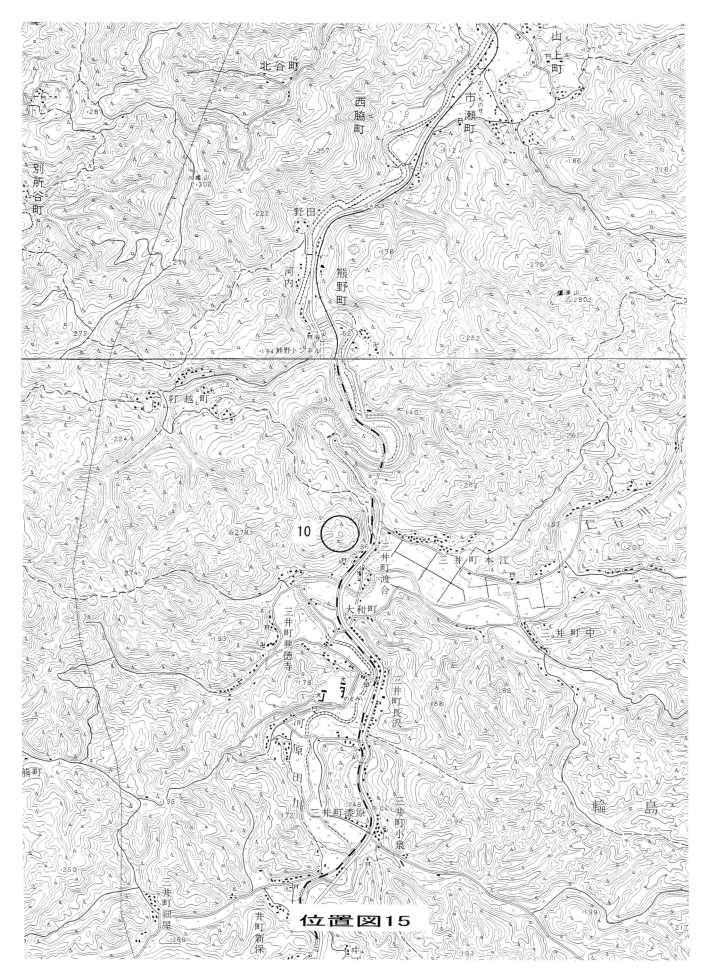

位置図15

位置図16

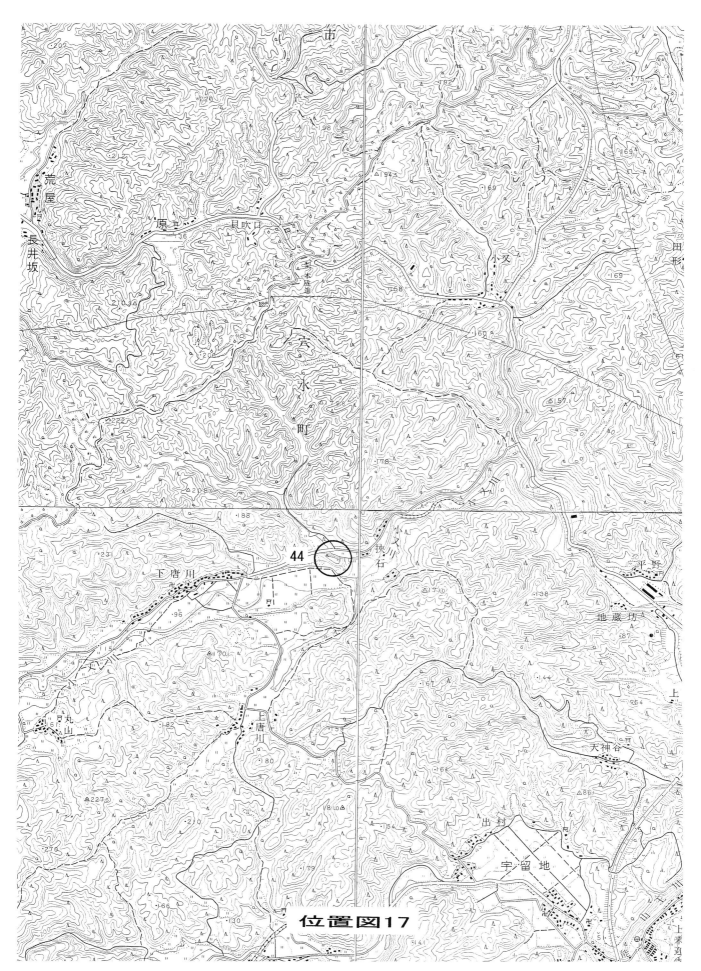

位置図17

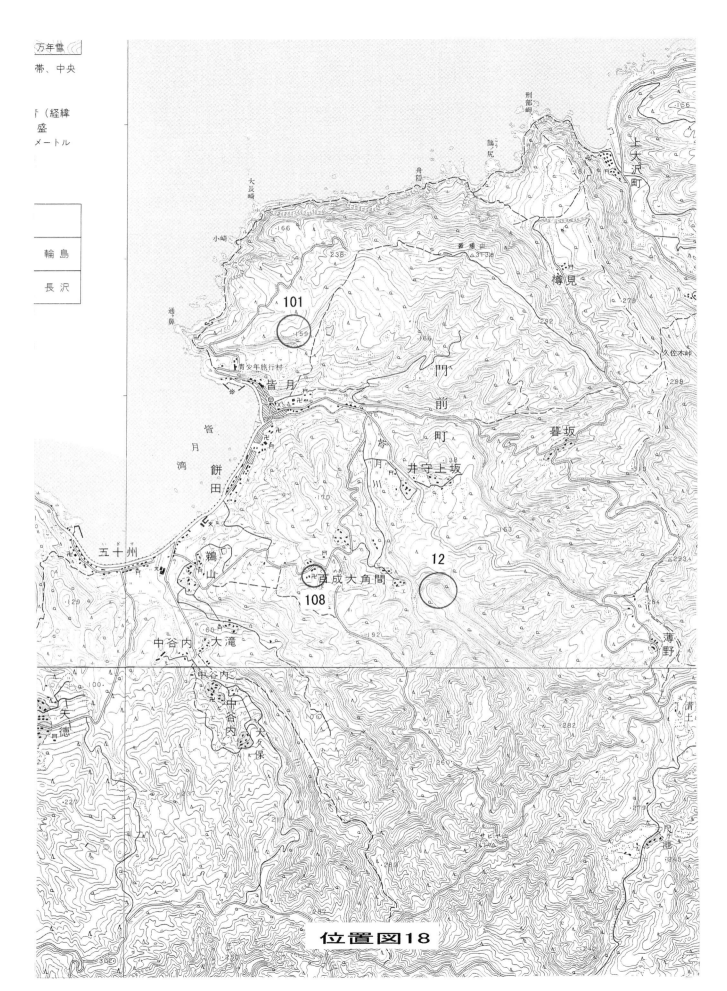

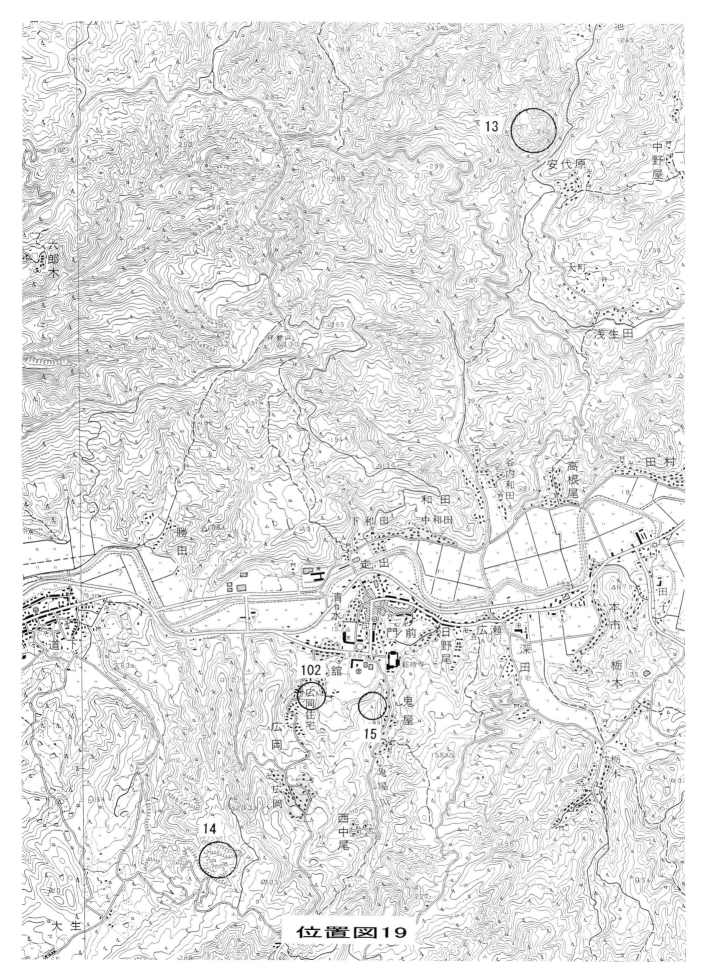

位置図19

位置図20

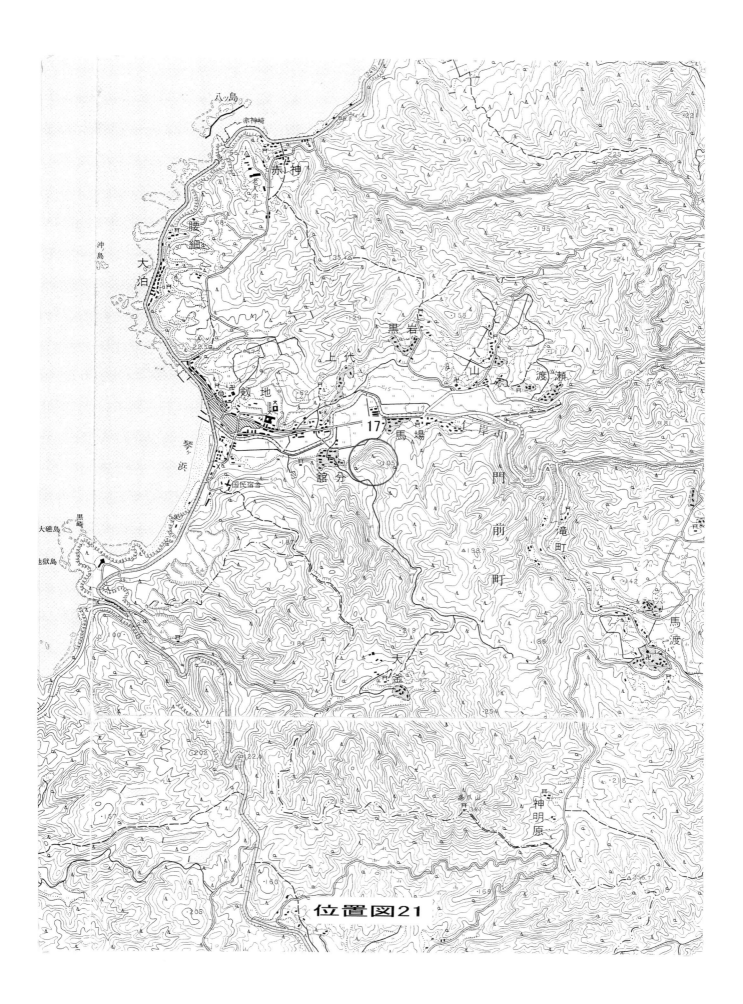

位置図21

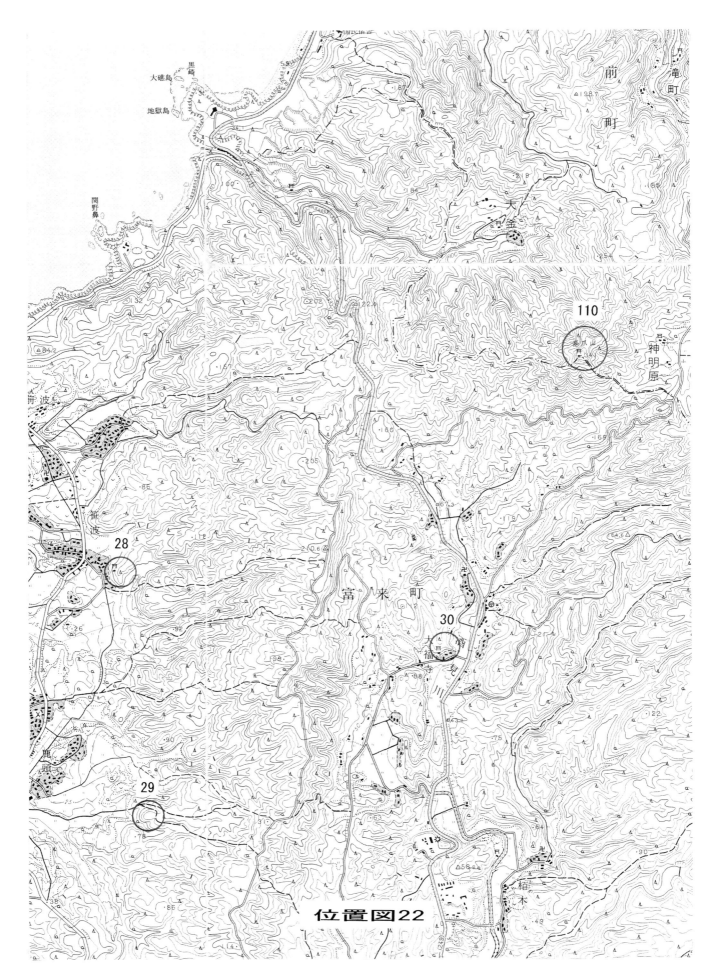

位置図22

位置図23

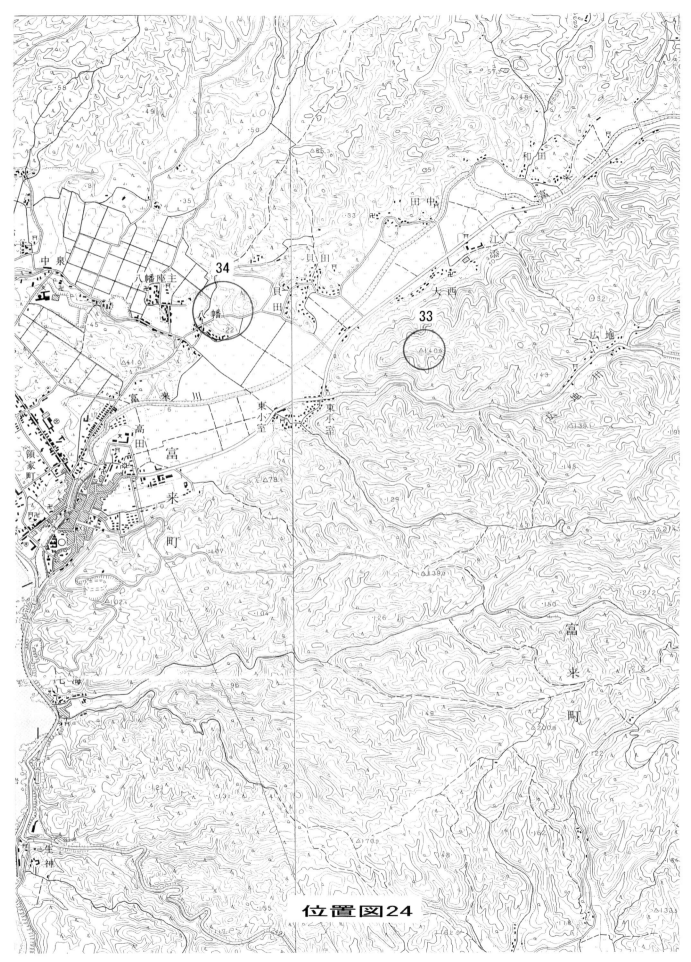

位置図24

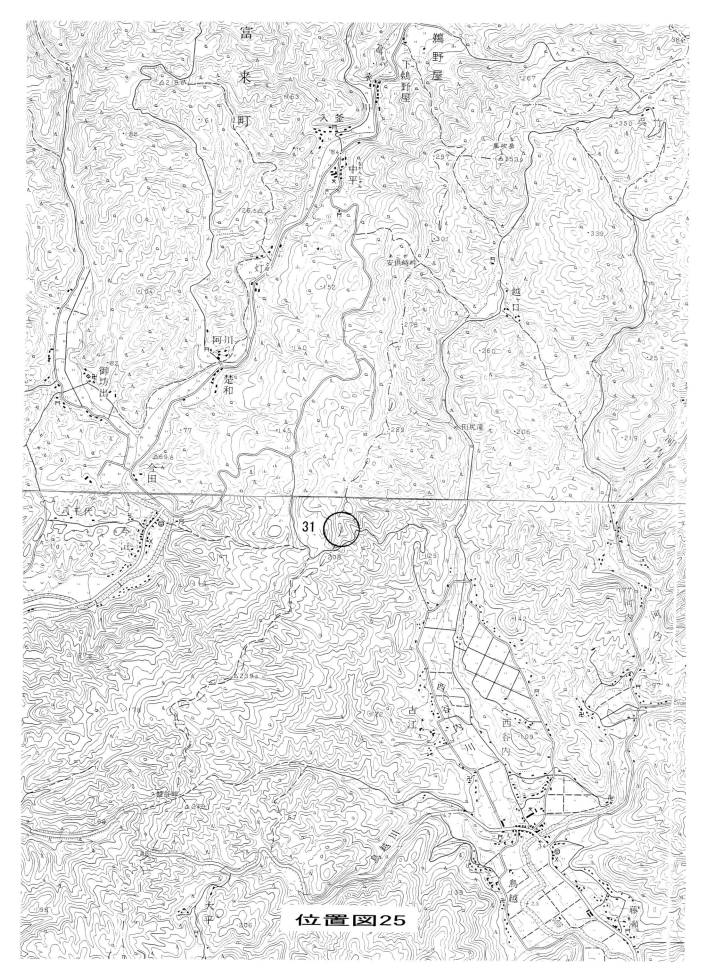

位置図25

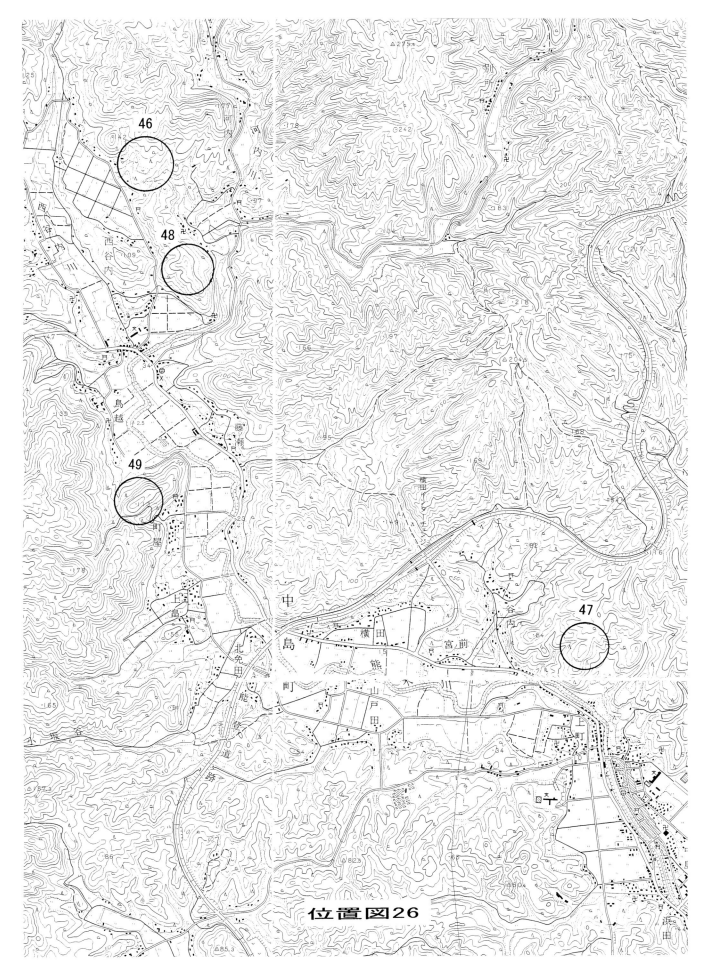

位置図26

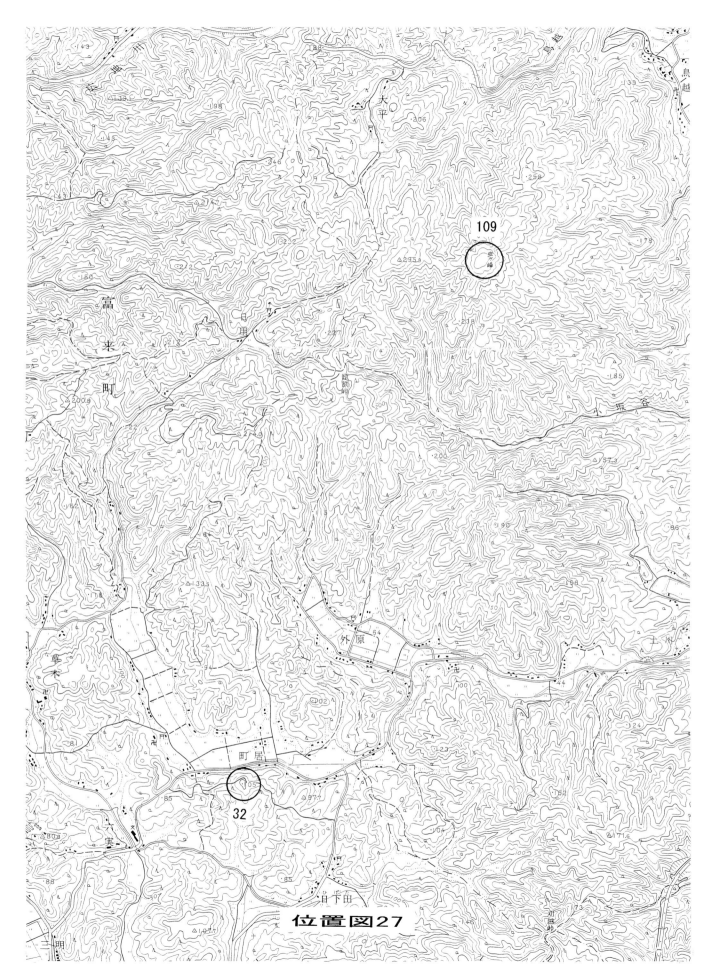

位置図27

位置図28

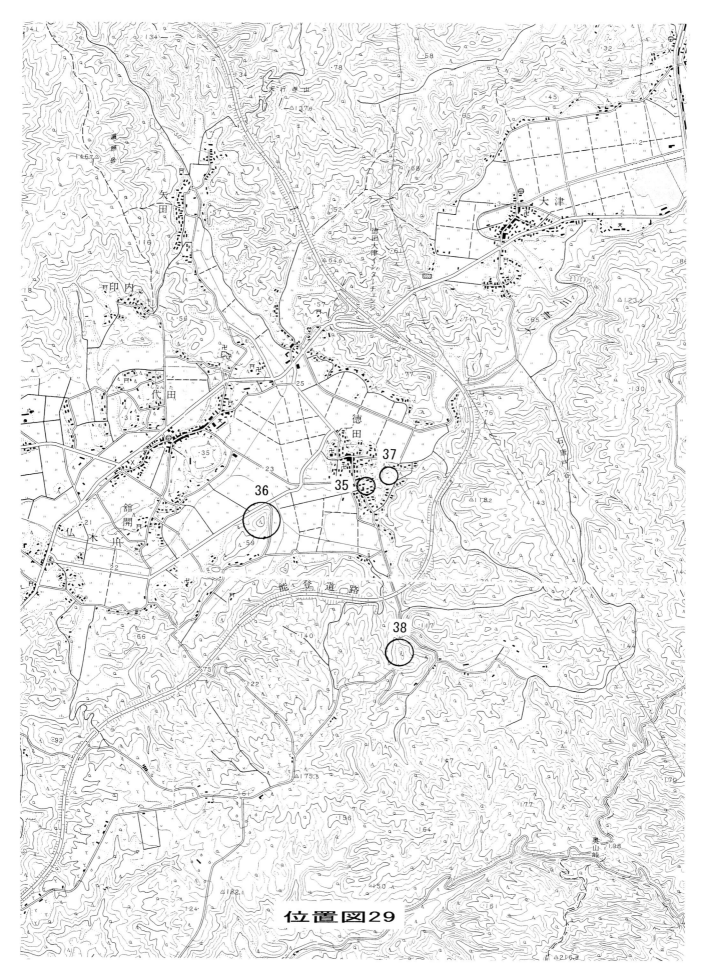

位置図29

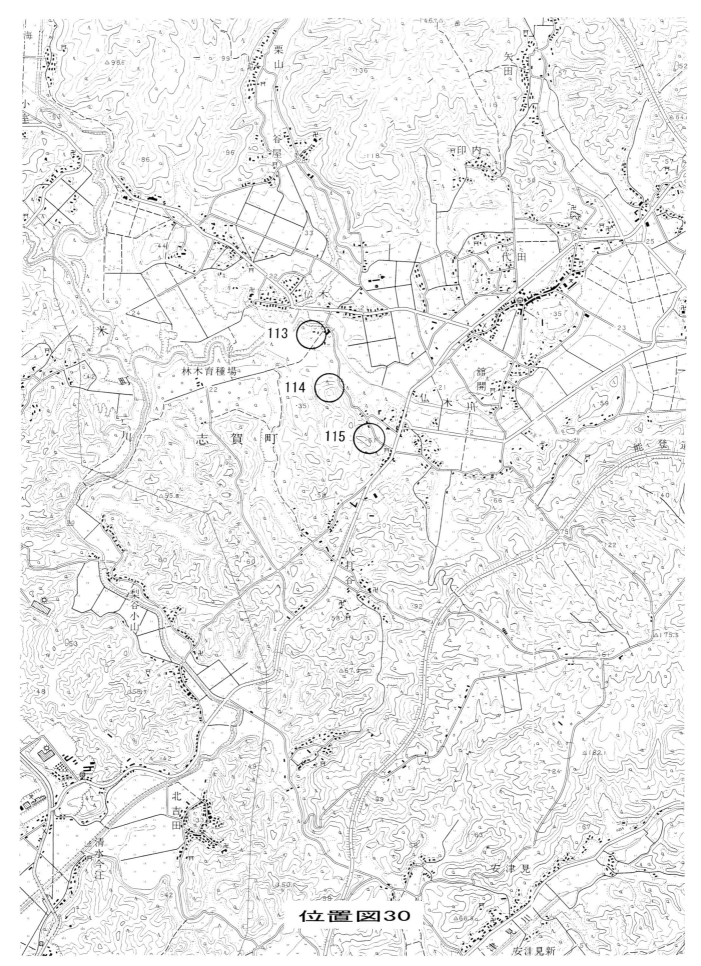

位置図30

位置図31

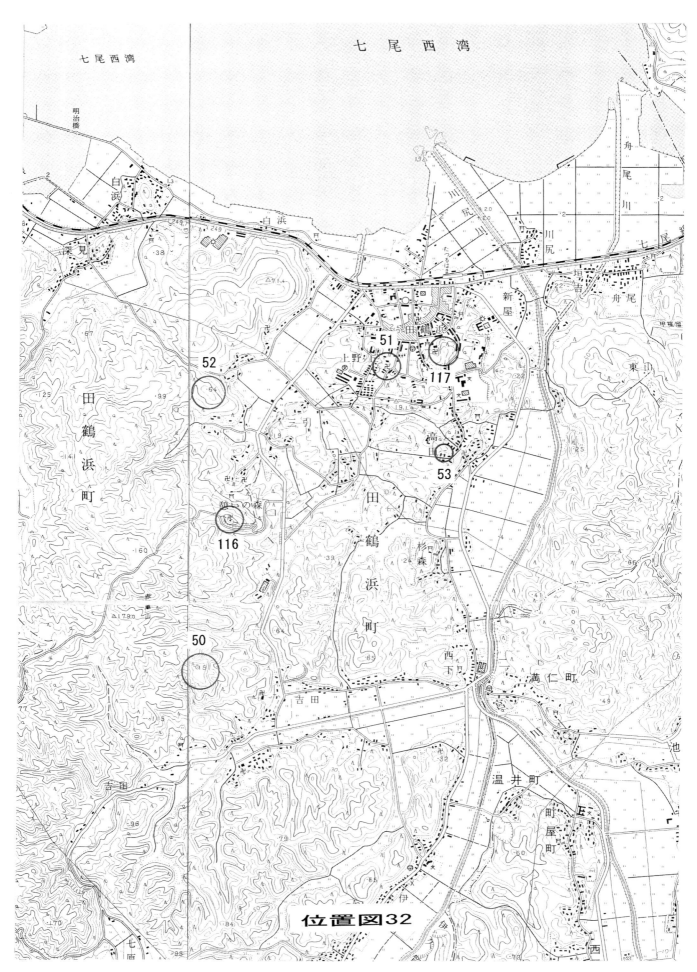

位置図32

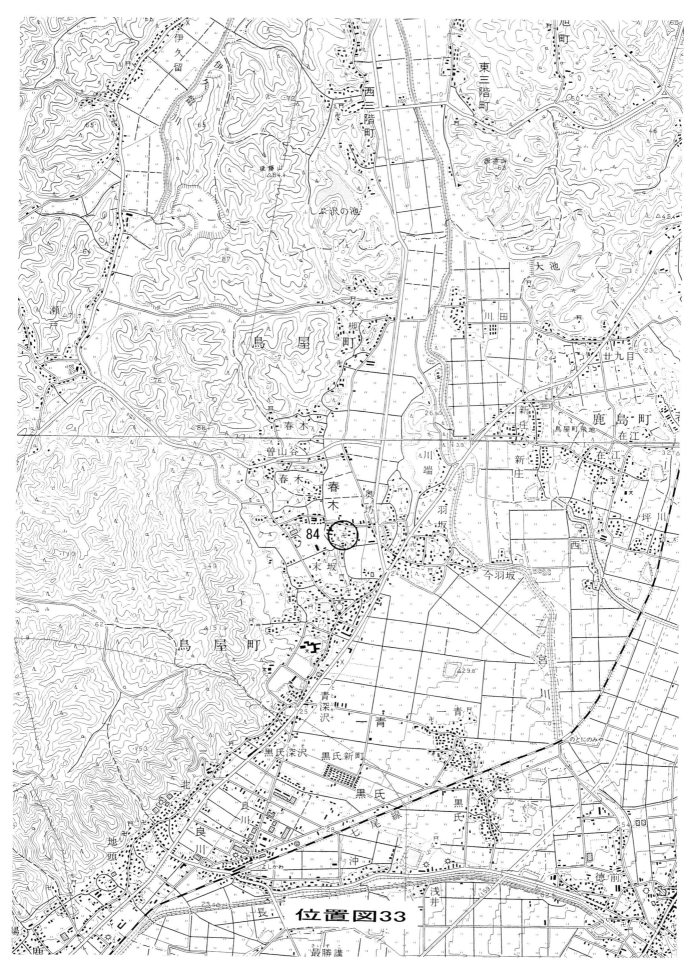

位置図33

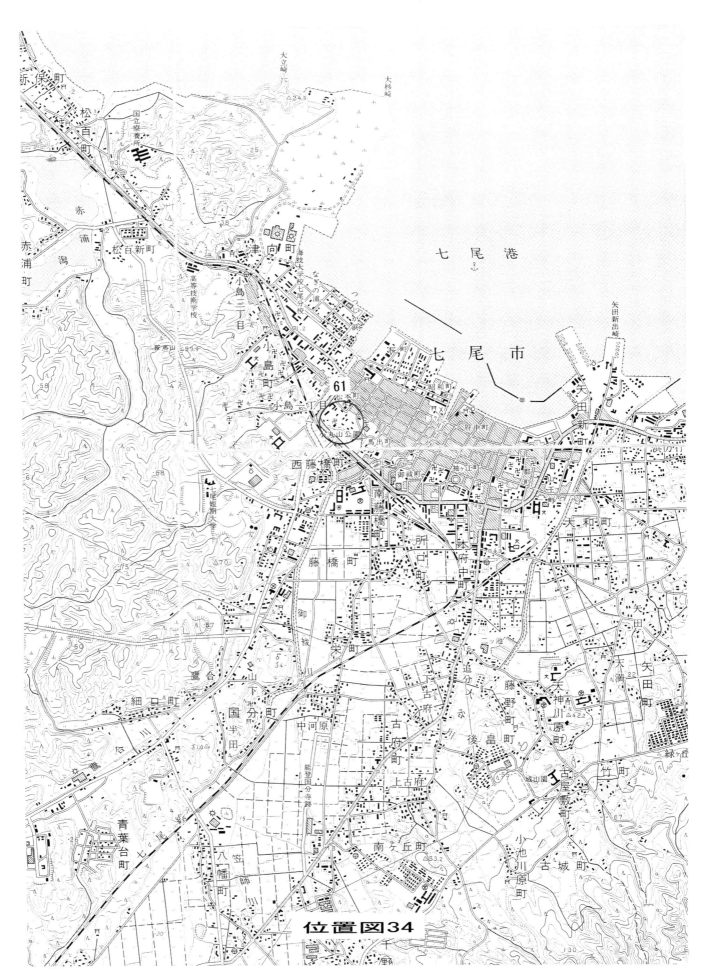

位置図34

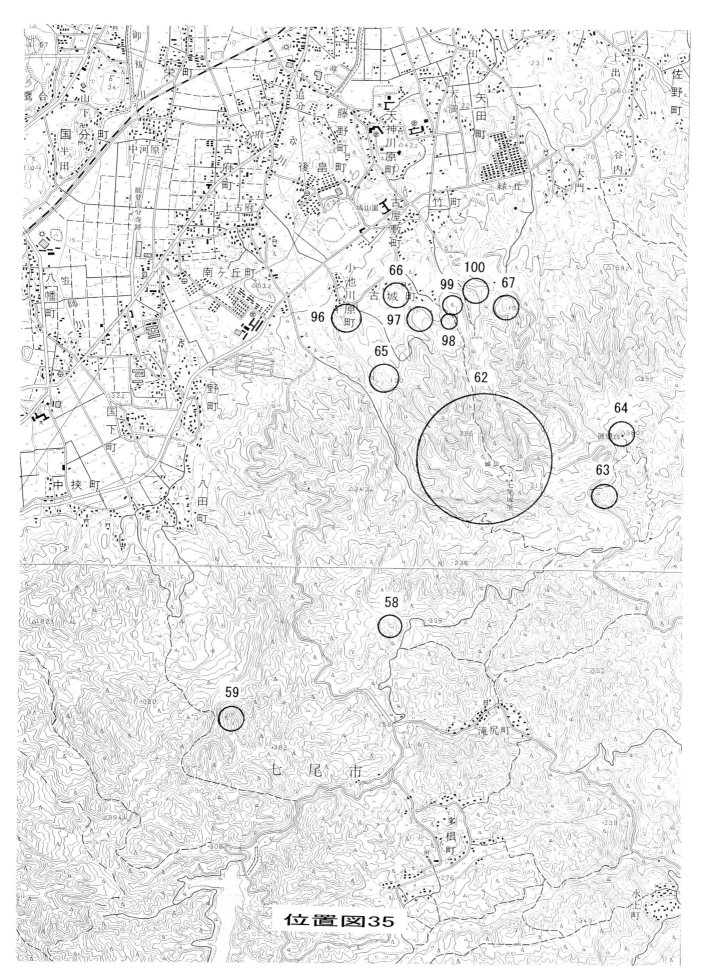

位置図35

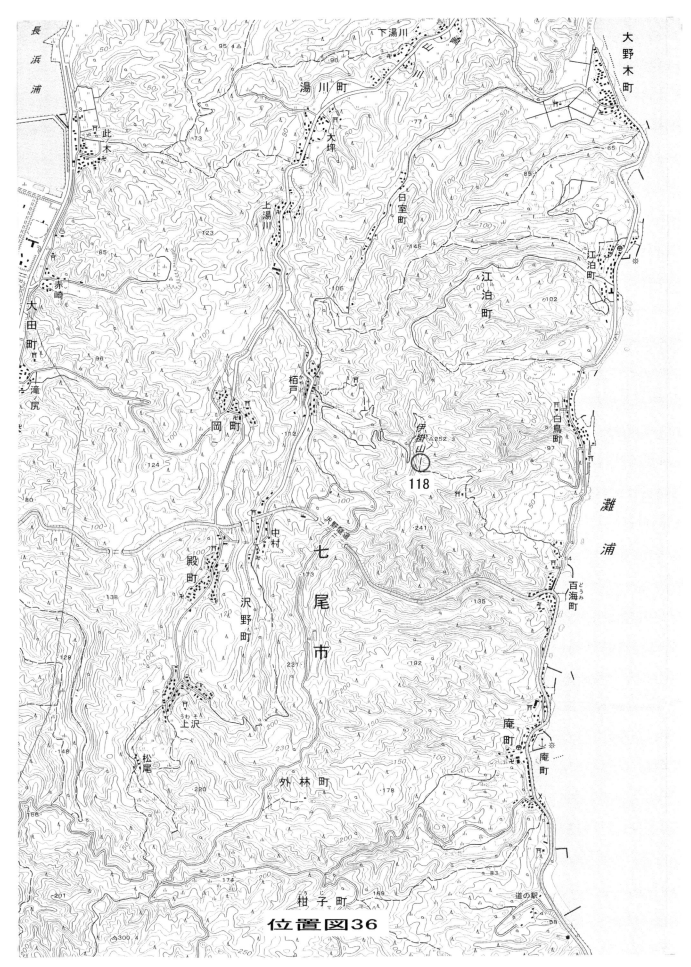

位置図36

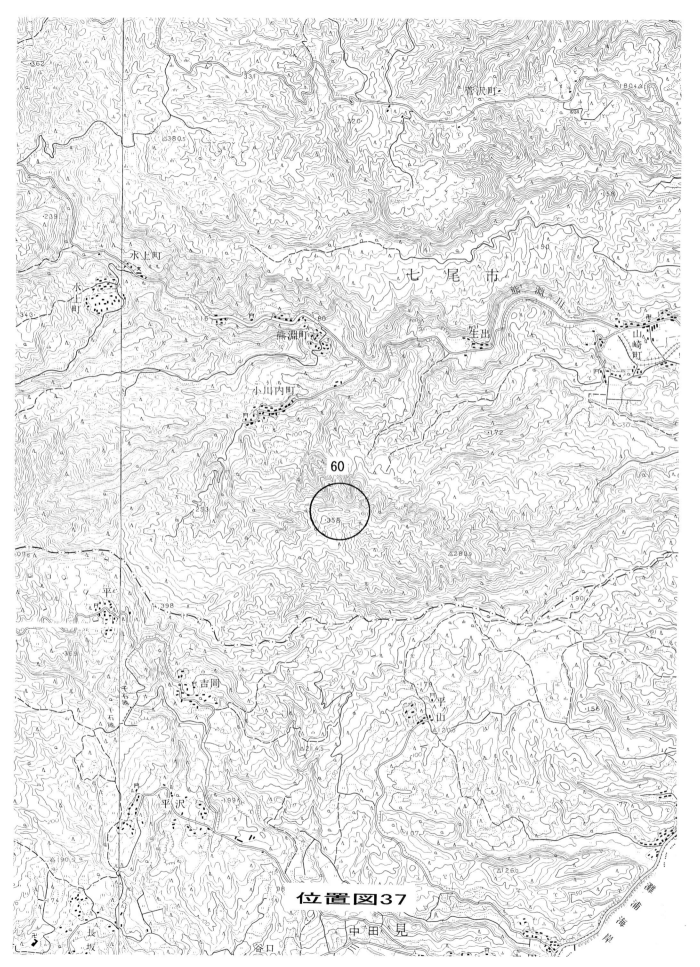

位置図37

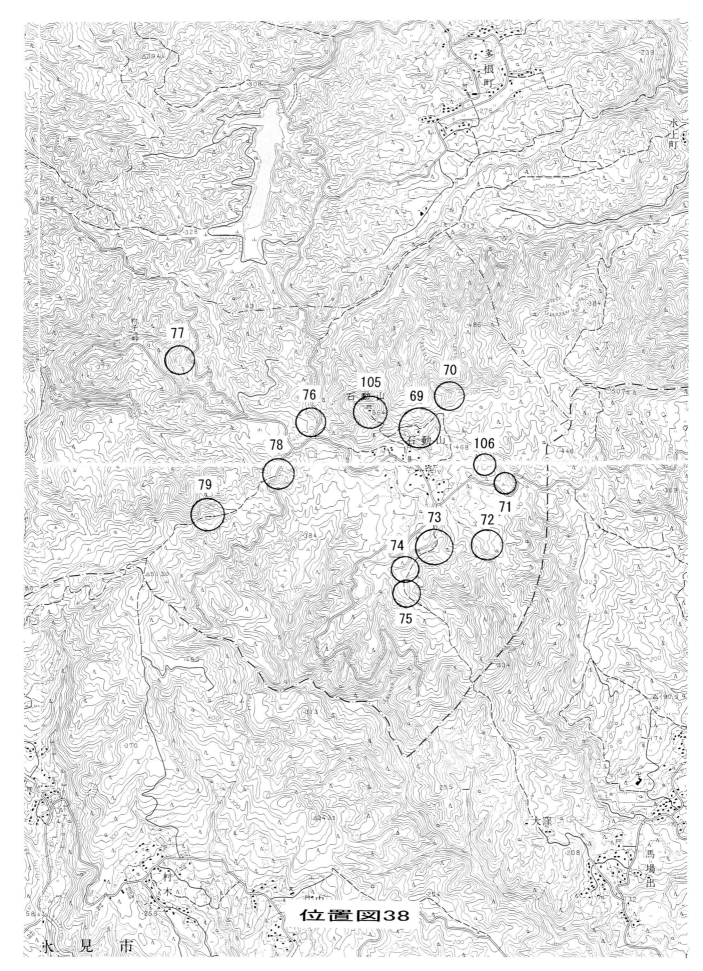

位置図38

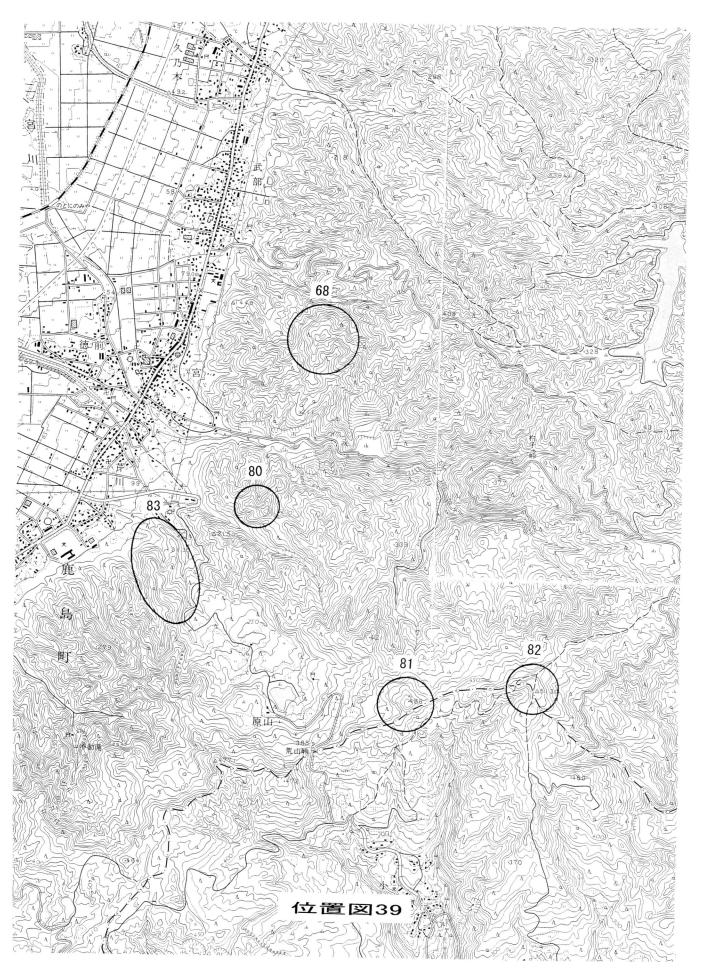

位置図39

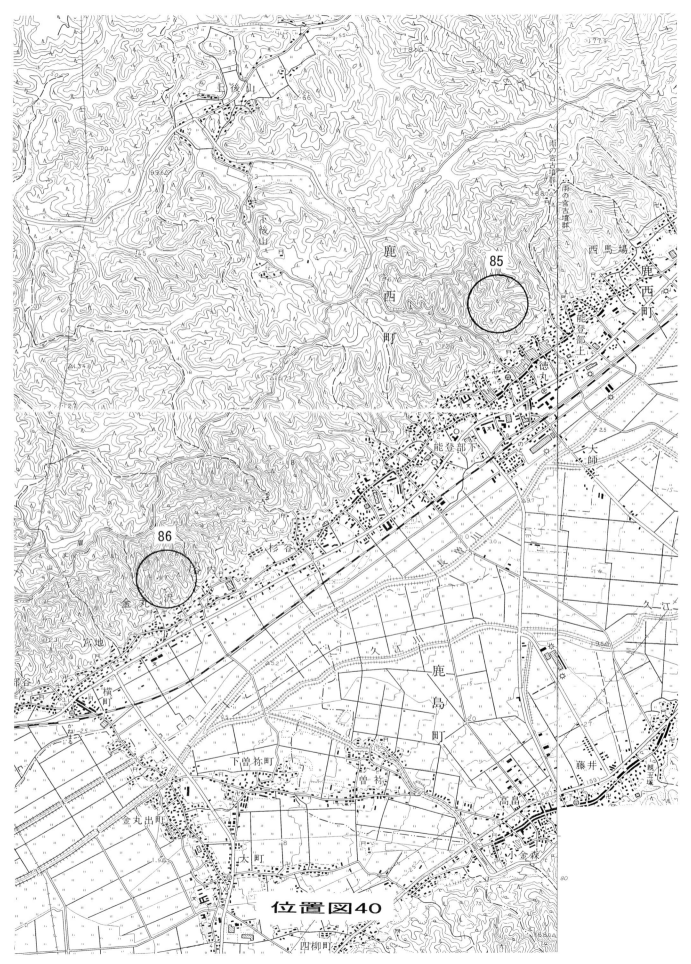

位置図40

位置図41

位置図42

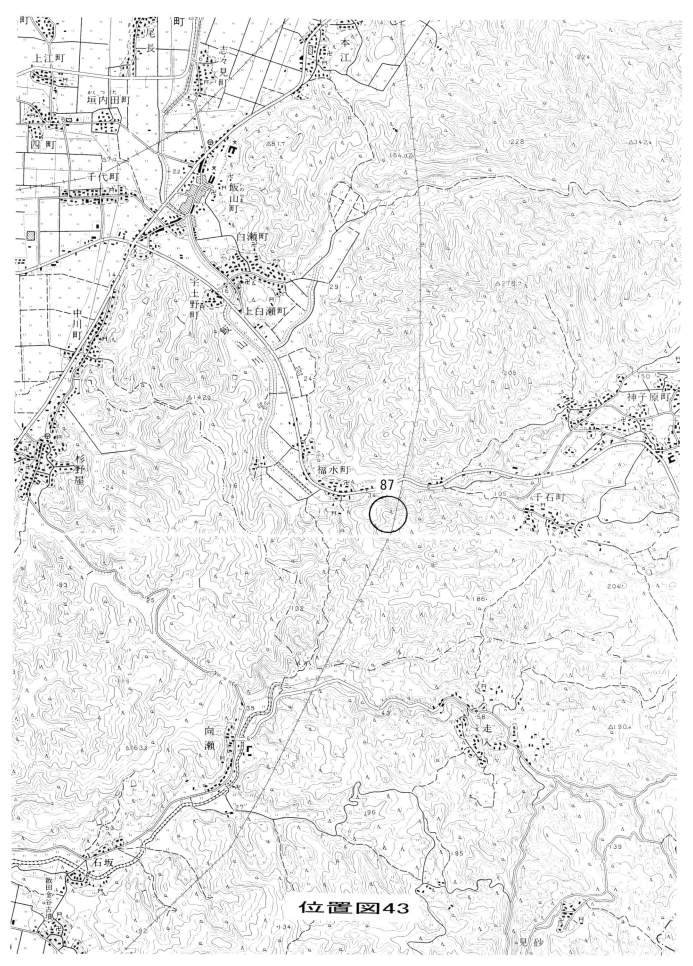

位置図43

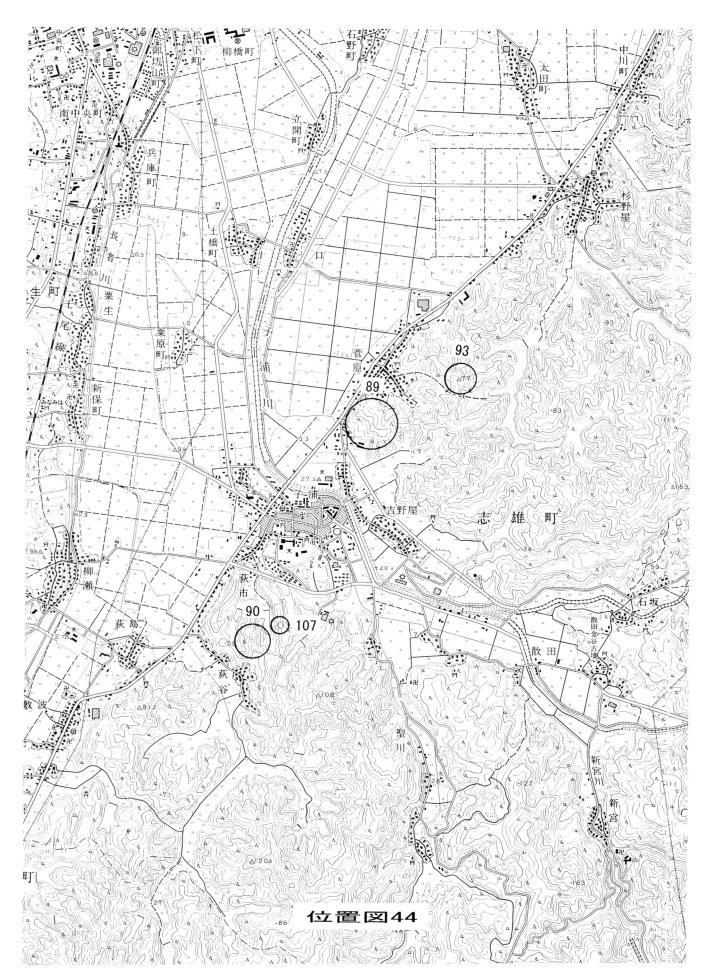

位置図44

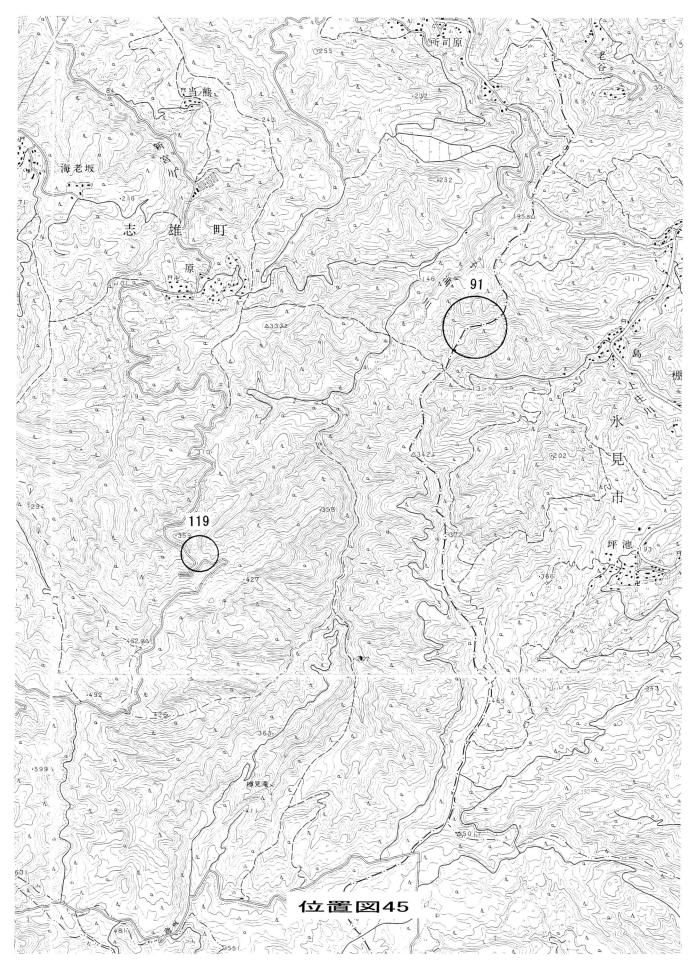

位置図45

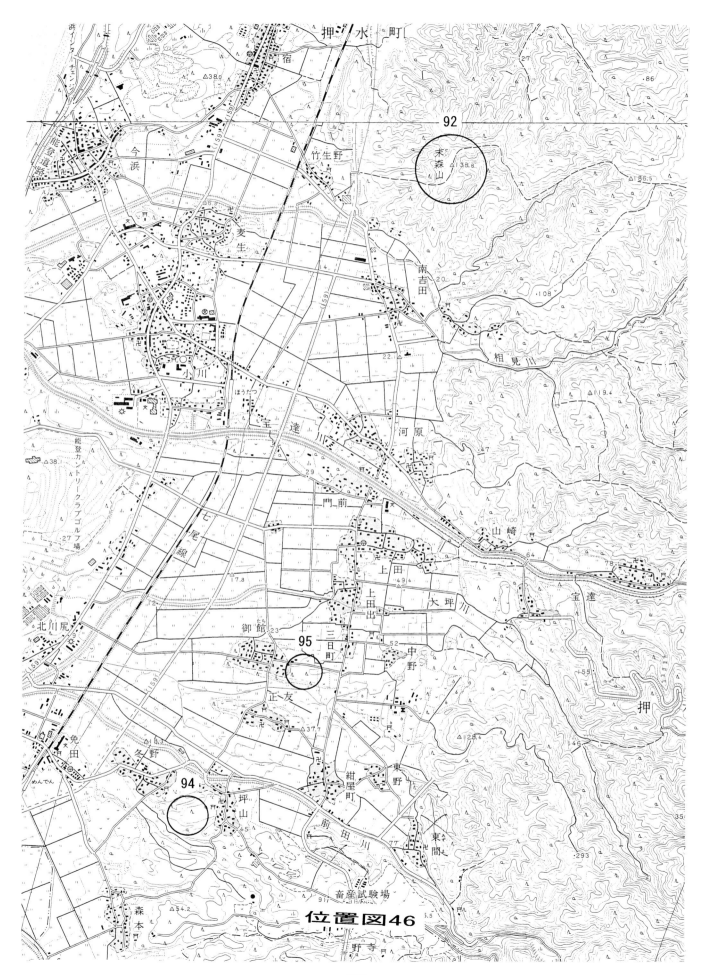

位置図46

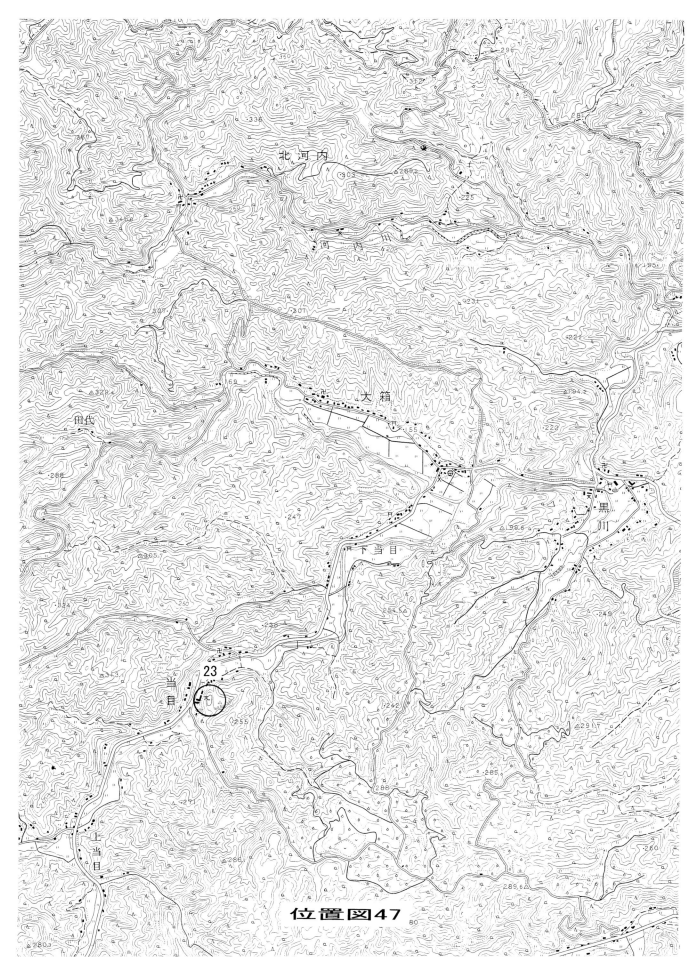

位置図47

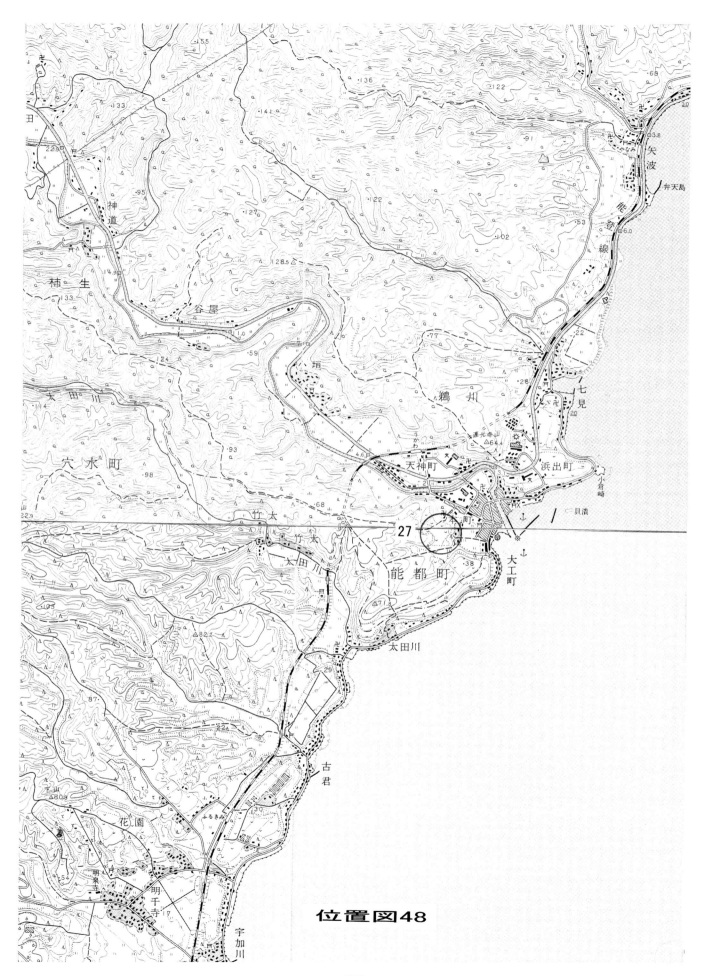

位置図48

Ⅶ．能登中世城郭一覧表

能登中世城郭一覧表

Ⅰ．城館遺構

番号	城名	所在地	①主な城主 ②主要年代 ③主な遺構
1	飯田城	珠洲市飯田	①飯田与三右衛門②16世紀後半③堀切・畝状空堀群・土塁・削平地
2	正院川尻城	珠洲市正院町川尻	①長与一景連②16世紀後半③削平地・横堀
3	黒峰城	珠洲市宝立町春日野	①阿部判官義宗・上杉氏②16世紀後半③畝状空堀群・土塁・堀切・削平地
4	萩城	珠洲市上戸町	①上杉氏？②16世紀後半③畝状空堀群・堀切
5	見鳥城	珠洲市宝立町	①上杉氏？②16世紀③削平地・土塁・堀切
6	小太郎城	珠洲市若山町	①某小太郎？②16世紀③削平地・堀切・竪堀
7	馬緤砦	珠洲市馬緤	①恒利氏②16世紀③削平地・堀切
8	寺家物見砦	珠洲市三崎町寺家	①刀禰氏？②16世紀後半③土塁・横堀・削平地
9	黒丸城	珠洲市若山町上黒丸	①不明②16世紀③削平地・切岸・堀切
10	渡合城	輪島市三井町渡合	①三井氏②16世紀③削平地・堀切・竪堀
11	南志見城	輪島市里町	①南志見氏②16世紀③削平地・土塁・堀切
12	城あのづこ城	輪島市百成大角間	①大舘将監？②16世紀③削平地・竪堀・切岸
13	安代原城	輪島市安代原	①石田三成②16世紀後半③削平地・切岸・竪堀
14	道下城	輪島市道下	①畠山氏②16世紀後半③削平地・切岸・竪堀
15	鶴山砦	輪島市鬼屋	①畠山氏？②16世紀③削平地・切岸・堀切
16	是清城	輪島市是清	①大舘氏②16世紀③削平地・土塁・堀切
17	馬場城	輪島市馬場	①仁岸氏②16世紀後半③削平地・堀切・竪堀
18	荒屋城	輪島市別所	①長氏？②16世紀後半③削平地・堀切
19	立壁城	能登町立壁	①久乃利氏？②16世紀③削平地・切岸
20	松波城	能登町松波	①松波氏②16世紀後半③切岸・土塁・竪堀

番号	城名	所在地	①主な城主 ②年代 ③遺構
21	背継城	能登町行延	①末次氏②16世紀後半③切岸・竪堀・土塁
22	越坂城	能登町越坂	①太田氏②16世紀後半③削平地・切岸
23	左近田砦	能登町当目	①左近田氏②戦国時代③削平地・堀切
24	米山城	能登町笹川	①町野上総介②16世紀後半③削平地・堀切
25	棚木城	能登町棚木	①棚木氏②16世紀後半③削平地・堀切
26	大峰山城	能登町院内	①大峰神社？②16世紀後半③堀切・畝状空堀群
27	鵜川館	能登町鵜川	①温井氏②室町～戦国時代③切岸・横堀
28	笹波砦	志賀町笹波	①不明②室町～戦国時代③堀切
29	寺尾城	志賀町鹿頭	①不明②16世紀後半③堀切・土塁・枡形虎口
30	大福寺砦	志賀町大福寺	①大福寺？②16世紀後半③削平地・堀切・竪堀
31	根尾御前山砦	志賀町今田	①不明②室町～戦国時代③削平地・堀切
32	村松砦	志賀町町居	①不明②16世紀後半③削平地・堀切・切岸
33	木尾嶽城	志賀町東小室	①藍浦長門②16世紀後半③堀切・土塁・切岸
34	富来城	志賀町八幡	①福富行清②室町～戦国時代③横堀
35	得田氏館	志賀町徳田	①得田氏②室町～戦国時代③土塁
36	館開城	志賀町館開	①得田氏②16世紀末③削平地・堀切・畝状空堀群・竪堀・土塁
37	石田館	志賀町徳田	①石田氏②室町～戦国時代③竪堀・横堀
38	青谷城	志賀町青谷	①得田氏②16世紀③削平地・堀切・土塁
39	末吉城	志賀町末吉	①手筒氏②16世紀③削平地・堀切・土塁
40	平式部館	志賀町町	①平式部②15～16世紀？③土塁
41	土田城	志賀町二所宮	①土田氏②16世紀③削平地・堀切
42	甲山城	穴水町甲	①轡田肥後②16世紀後半③削平地・土塁・横堀

番号	城　名	所　在　地	①主な城主　②年代　③遺構
43	丸山城	穴水町甲	①上杉氏②16世紀後半③削平地・土塁・横堀
44	下唐川砦	穴水町下唐川	①不明②16世紀後半③削平地・堀切・竪堀
45	穴水城	穴水町川島	①長氏②16世紀後半③削平地・堀切・土塁
46	西谷内城	七尾市西谷内	①国分氏②16世紀末③削平地・横堀・土塁
47	熊木城	七尾市谷内	①熊木氏・上杉氏②16世紀後半③畝状空堀群・土塁・横堀・竪堀
48	枡形山城	七尾市西谷内	①上杉氏②16世紀後半③畝状空堀群・土塁
49	町屋砦	七尾市町屋	①上杉氏②16世紀後半③畝状空堀群・堀切
50	幾保比城	七尾市吉田	①長氏？②16世紀末③堀切・竪堀・土塁
51	田鶴浜館	七尾市田鶴浜	①長氏②17世紀③土塁
52	曲松城	七尾市三引	①不明②16世紀後半③横堀
53	高田館	七尾市田鶴浜	①長氏②17世紀③土塁・横堀
54	二穴城	七尾市二穴	①畠山氏②16世紀末③削平地・土塁・竪堀
55	野崎城	七尾市野崎	①畠山氏②16世紀後半③削平地・堀切
56	向田城	七尾市向田	①長胤連・畠山氏②16世紀後半③堀切・畝状空堀群・竪堀・削平地
57	鰀目城	七尾市鰀目	①畠山氏②室町〜戦国時代③削平地・土塁
58	古府枡形砦	七尾市古府町	①上杉氏？②16世紀後半③横堀・竪堀
59	八田城ヶ峰城	七尾市八田町	①畠山氏②16世紀後半③堀切・竪堀・横堀
60	大泊後藤砦	七尾市大泊町	①後藤氏②16世紀後半③堀切・竪堀・横堀
61	小丸城	七尾市馬出町	①前田利家②16世紀末③削平地・土塁
62	七尾城	七尾市古府町	①畠山氏・上杉氏・前田氏②15〜16世紀③削平地・切岸・土塁・竪堀・堀切・石垣
63	七尾城物見台遺構	七尾市古城町	①畠山氏・上杉氏②16世紀後半③削平地・畝状空堀群・堀切・土塁・切岸

番号	城名	所在地	①主な城主　②年代　③遺構
64	七尾城展望台遺構	七尾市古城町	①畠山氏・上杉氏②16世紀後半③削平地・土塁・切岸・畝状空堀群
65	七尾城古府谷山支群	七尾市古府	①上杉氏・前田氏②16世紀後半③削平地・切岸・土塁・堀切・竪堀・横堀・石垣
66	七尾城古城新薮北支群	七尾市古城町	①畠山氏・上杉氏・前田氏②16世紀③削平地・切岸・土塁・堀切・横堀・櫓台
67	七尾城矢田砦	七尾市矢田	①上杉氏②16世紀後半③削平地・畝状空堀群
68	多茂城	中能登町武部	①武部氏②16世紀後半③削平地・土塁・堀切
69	石動山城	中能登町石動山	①天平寺・上杉氏・前田氏②16世紀後半③削平地・土塁・堀切・横堀
70	石動山多根道砦	中能登町石動山	①天平寺②16世紀③削平地・堀切
71	石動山平沢道2砦	中能登町石動山	①天平寺②16世紀後半③削平地・切岸・土塁
72	石動山長坂道砦	中能登町石動山	①天平寺②16世紀後半③削平地・切岸・土塁・堀切・横堀
73	石動山大窪道1砦	中能登町石動山	①天平寺②16世紀後半③削平地・切岸・土塁・堀切・横堀
74	石動山大窪道2砦	中能登町石動山	①天平寺②16世紀後半③削平地・切岸・土塁・堀切・横堀
75	石動山大窪道3砦	中能登町石動山	①天平寺②16世紀後半③削平地・切岸・土塁・堀切・横堀
76	石動山二宮道1砦	中能登町石動山	①天平寺②16世紀後半③削平地・切岸・土塁・横堀・畝状空堀群
77	石動山二宮道2砦	中能登町石動山	①天平寺②16世紀後半③削平地・切岸・土塁・堀切・竪堀
78	石動山荒山道砦	中能登町石動山	①天平寺②16世紀後半③削平地・切岸・土塁・横堀・畝状空堀群
79	小柴峠砦	中能登町石動山	①天平寺②16世紀後半③削平地・切岸・土塁・横堀

番号	城名	所在地	①主な城主　②年代　③遺構
80	徳前砦	中能登町徳前	①武部氏？② 16 世紀③削平地・切岸
81	荒山城	中能登町芹川	①天平寺・佐々氏・前田氏② 16 世紀後半③削平地・堀切・土塁・横堀・切岸
82	石場山城	中能登町石動山	①天平寺②天正 10 年？③土塁・堀切・竪堀
83	勝山城	中能登町芹川	①畠山氏・佐々氏② 16 世紀後半③削平地・切岸・土塁・堀切・竪堀
84	春木斎藤館	中能登町春木	①斎藤氏② 16 世紀③土塁・空堀（一部水堀）
85	徳丸城	中能登町徳丸	①長連龍② 16 世紀後半③削平地・土塁・堀切
86	金丸城	中能登町金丸	①温井氏・八代氏② 16 世紀後半③堀切・竪堀
87	福水館	羽咋市福水	①長連龍② 16 世紀後半③削平地・切岸・横堀
88	芝原将監館	羽咋市芝原	①芝原将監② 14 世紀③削平地・土塁
89	菅原館	宝達志水町菅原	①前田利家② 16 世紀③削平地・堀切・土塁
90	三日城	宝達志水町荻市	①得田氏② 16 世紀③畝状空堀群・堀切・切岸
91	棚懸城	宝達志水町原	①不明② 16 世紀③削平地・切岸・堀切
92	末森城	宝達志水町南吉田	①土肥氏・前田氏② 16 世紀後半③削平地・切岸・土塁・堀切・横堀・竪堀
93	国田城	宝達志水町菅原	①国田氏② 16 世紀③削平地・切岸・堀切
94	坪山砦	宝達志水町坪山	①畠山氏・佐々氏② 16 世紀末③削平地・切岸・土塁・竪堀・横堀・堀切
95	御舘館	宝達志水町御舘	①岡部氏？② 16 世紀後半③横堀・土塁

Ⅱ. 城館関連遺構

番号	城名	所在地	①主な城主　②年代　③遺構
96	七尾城小池川原丸山支群	七尾市小池川原	①畠山氏・上杉氏・前田氏② 16 世紀③削平地・切岸・土塁

番号	城　名	所　在　地	①主な城主　②年代　③遺構
９７	七尾城古城新薮南支群	七尾市新薮	①畠山氏・上杉氏② 16 世紀③削平地・切岸・土塁
９８	七尾城妙国寺伝承地	七尾市木落谷	①－② 16 世紀③削平地・切岸・土塁
９９	七尾城蔵屋敷	七尾市木落谷	①畠山氏・上杉氏② 16 世紀③削平地・土塁
100	七尾城矢田鉄砲山遺構	七尾市矢田町	①畠山氏・上杉氏② 16 世紀③削平地・切岸・土塁・竪堀

Ⅲ．城館候補遺構

番号	城　名	所　在　地	①主な城主　②年代　③遺構
101	皆月城	輪島市皆月	①奥平氏② 16 世紀③削平地・切岸・堀切
102	舘山砦	輪島市館	①畠山氏？② 16 世紀③竪堀
103	神和住城	能登町神和住	①不明② 16 世紀③削平地・土塁・横堀・井戸
104	陣ヶ平砦	珠洲市上戸	①不明　② 16 世紀　③削平地・切岸
105	石動山大御前遺構	中能登町石動山	①天平寺　② 16 世紀　③堀切
106	石動山平沢道１砦	中能登町石動山	①天平寺　② 16 世紀　③堀切
107	三日東城	宝達志水町荻市	①不明　② 16 世紀　③削平地・切岸

Ⅳ．城館類似遺構

番号	城　名	所　在　地	①主な城主　②年代　③遺構
108	城ヶ谷内城	輪島市百成大角間	①－　②－　③土塁・石垣
109	虫ヶ峰山頂遺構	七尾市町屋	①－　②－　③削平地・切岸・土塁・堀切
110	高爪山山頂遺構	志賀町及び輪島市	①－　②－　③削平地・切岸・堀切

番号	城名	所在地	①主な城主　②年代　③遺構
111	西海千ノ浦土塁遺構	志賀町西海千ノ浦	①－　②－　③削平地・切岸・土塁・横堀
112	少彦名神社遺跡	志賀町酒見	①－　②－　③削平地・切岸・土塁
113	牧山の陣1	志賀町牧山	①－　②－　③土塁・横堀
114	牧山の陣2	志賀町牧山	①－　②－　③土塁・横堀・切岸
115	牧山の陣3	志賀町牧山	①－　②－　③土塁・横堀・切岸・帯曲輪
116	赤蔵神社奥院遺構	七尾市田鶴浜町	①－　②－　③土塁・横堀
117	東嶺寺墓所	七尾市田鶴浜町	①－　②－　③土塁・横堀
118	伊掛山堀切状遺構	七尾市沢野	①－　②－　③堀切
119	原大御前堀切状遺構	宝達志水町原	①－　②－　③堀切

あとがき

　「能登はテゴワカッタ！！」というのが、正直な実感である。能登城郭の研究歴も約20年あり、ほとんど研究は完了していたという自負があった。従って越中中世城郭図面集Ⅲ発行後２～３ヶ月で、能登城郭図面集も発行できると思っていた。しかし能登城郭図面集を発行するのに図面集Ⅲ発行から２年を要してしまう結果となる。

　石川県における城郭研究の大先輩である高井勝己先生の名著『図説石川県の城』は、能登中世城館を全て網羅した大書である。軽い気持ちで玉本を購入し、ページをめくった瞬間愕然とした。自分が全く知らない未知の城郭が並んでいたのである。実は自分の調査が半分程度しか完了していなかったことを思い知らされたのである。こうして能登中世城郭の再調査がスータトする。

　奥能登、特に珠洲市・輪島市の山々は奥深く、麓から城跡までのアプローチの長さに閉口した。また、場所が全くわからない城跡も多く、一日中山中を駆けずり回っても一城も発見できないときもあった。方向が全くわからない山中にあって、正確に自分の位置を読み取り、行く方向を決定できたのは、３０年間培ってきた登山の知識だと思っている。登山を続けてきて本当に良かったと思った。

　奥能登は豪雪地帯である。冬は雪に埋もれ、城館調査は３月末でないと始めれない。雪が解けたとしてもミゾレや氷雨の毎日が続く。待ちに待った調査日が来たと思ったのに、三日間全てミゾレが降り、薄暗い薮の中でカッパを着て震えながら縄張図を書いたこともあった。しかし不思議と調査をやめようとは思わなかった。この苦しくて薄暗い調査の向こうには、明るい未来が待っていると思った。

　本書で筆者がこだわったのは、文献史学・考古学調査の充実である。詳細な縄張図を掲載し、そこから読み取れた詳細な情報を記載するのは勿論なのだが、それだけで正確に城郭は語れない。筆者は縄張り研究・文献史学・考古学が三本の矢となって、初めて正確な城郭が語れると思っている。城郭に関する一次史料及び考古学の成果は全て記載し、出典も明らかにした。この結果、城郭研究者のみならず、文献史学者や考古学者にも親しみやすい内容になっていると密かに自画自賛している。

　城郭に関するどのような文献資料が刊行されているのか、これを調べるのも重要な研究の一つである。一つ残らず調査しようと思い、能登の各市町村立図書館を全て訪ね、全ての文献資料に目を通した。今でもどこの市町村立図書館に、どのような資料が保管されているのか、ほとんど覚えている。

　考古学については、報告書に目を通すだけでなく、できるだけ発掘担当者に会いに行き、生きた情報を入手しようと思った。内浦町（現能登町）教育委員会の新出直典氏には現地を丁寧に案内していただき、本当にお世話になった。また、七尾城の情報を得るために何度も七尾市教育委員会に出向きで、その都度懇切丁寧な対応をしていただき、本当にお世話になった。なお平成20年に急逝された同教育委員会の津田耕吉氏には公私共にお世話になった。この場を借りて改めてご冥福をお祈りしたい。

　不幸にも、刊行されている城郭報告書の内容と違っている場合がある。筆者の見解は、数度にわたって詳細な現地調査を行った結果であり、純粋な研究者としての意見を率直に述べたものである。他意などあるわけなく、これにより議論や興味が深まれば良いと思っている。

　能登城郭調査中、高爪山総合調査が始まり、筆者も調査員として参加した。高爪山周辺の城郭は、この調査で判明したものである。調査に参加して本当に良かったと思っている。

　このように本書は多くの方々に支えられて完成することができた。四半世紀にわたって筆者を支えて下さっている宮本哲郎氏には、公私共にお世話になっている。内浦町（現能登町）教育委員会の新出直典氏・七尾市教育委員会の善端直氏・千場勉氏には多数の貴重な情報を提供していただいた。橋本忠剛先生には、七尾城を案内していただくだけでなく、勉強会も開催していただいた。諸氏には本当にお世話になった。御礼を申し上げたい。そして筆者のワガママを全面的に受け入れて本書を発行していただいた桂書房の勝山社長に御礼を申し上げ、最後としたい。次は加賀編だ。がんばらなくっチャ！！。

筆者紹介

佐伯哲也（さえき・てつや）

① 昭和38年11月23日　富山県富山市に生まれる。

② 昭和57年4月関西電力株式会社に入社する。

③ 平成8～15年、富山県・石川県・岐阜県の中世城郭館跡調査の調査員として各県の城館を調査する。

④ 北陸を中心として、全国の中世城郭を約1500ヶ所調査する。

⑤ 主な在籍団体

　　北陸城郭研究会　城館史料学会　飛騨史学会　越中史壇会

　　山の考古学会　富山考古学会　石川考古学研究会　飛騨考古学会

⑥ 現住所

　　富山県富山市小杉2143－6　TEL（076）429－8243

能登中世城郭図面集　Ⓒ Saeki Tetsuya 2015　ISBN 978-4-905345-87-9

定価　四、〇〇〇円＋税

初版発行　二〇一五年八月一日

著　者　佐伯哲也

発行者　勝山敏一

発行所　桂　書　房
　　〒930-0103　富山市北代三六八三−一一
　　TEL　〇七六−四三四−四六〇〇
　　FAX　〇七六−四三四−四六一七

印　刷　株式会社すがの印刷

地方小出版流通センター扱い

＊造本には十分注意しておりますが、万一、落丁・乱丁などの不良品がありましたら送料当社負担でお取替えいたします。

＊本書の一部あるいは全部を、無断で複写複製（コピー）することは、法律で認められた場合を除き、著作者および出版社の権利の侵害となります。あらかじめ小社あて許諾を求めて下さい。